파란

②

정민의 다산독본

다산의 두 하늘, 천주와 정조

파란 波瀾 ②

천년의상상

글을 열며

1

한 사람의 인생에는 몇 차례의 변곡점이 있다. 어떤 만남 이후 그는 그 이전으로 돌아갈 수 없다. 다산(茶山, 1762-1836)은 세 차례의 운명적인 만남을 가졌다. 천주교와 정조, 그리고 강진과의 만남이 그것이다. 또한 다산의 생애는 크게 보아 유배 이전과 유배 시기, 그리고 해배 이후의 세 단계로 나눌 수 있다. 유배 이전의 키워드는 정조와 천주교이다. 정조 임금의 그늘이 그를 키웠고, 천주교는 그에게 생애 전체에 걸쳐 절대적인 영향력을 행사했다. 40세 이전, 다산에게서 이 둘을 빼고 나면 다산은 없다.

젊은 날의 다산은 직진형 투사였다. 예기가 있었고 명민했다. 상황 판단이 빨랐고, 자리를 가리는 안목이 출중했다. 그는 옳다고 생각하면 타협 없이 직진했다. 자신이 속한 그룹의 돌격 대장, 행동 대장이었고, 책사이자 모사였다. 유배 이후 결이 조금 뉘어진 뒤의 다산과 젊은 날의 다산은 사뭇 느낌이 다르다.

정조와 천주교는 젊은 날 다산의 두 하늘이었다. 그의 생애에서 천주교는 벗어날 수 없는 굴레요 족쇄였다. 다산은 온몸으로 천주교를 받아들였다. 정조 또한 다산의 삶을 붙들어 맨 또 다른 굴레다. 수험생 시절부터 정조는 다산을 유심히 지켜보았고, 깊이 아꼈다. 정조는 천주교로 계속 문제의 중심에 선 다산을 끝까지 감싸주며 곁에 두었다. 임금의 지극한 사랑 때문에 다산은 자의 반 타의 반으로 천주교를 떠났다. 정조라는 배경이 없었다면 다산은 진작에 적당敵黨에게 끌려가 죽었을 사람이었다.

다산은 늘 득의와 좌절이 교차하는 지점 위에 서 있었다. 임금이 중용하려 할 때마다 꼭 신앙 문제가 그의 발목을 붙들었다. 그럼에도 그는 언제나 보석처럼 빛났고, 임금의 마음에 꼭 드는 신하였다. 어떤 어려운 미션을 맡겨도 다산은 대수롭지 않게 해냈다. 아무도 할 수 없는 일을 그는 아무렇지도 않게 해치웠다. 800개에 달하는 『시경詩經』 관련 질문에도 최고 답안을 제출했고, 기중가起重架와 유형거游衡車를 발명해서 화성華城 건설에 엄청난 경비 절감을 가져오기도 했다. 한강에 설치한 배다리 설계도 그의 작품이었다. 어디 그뿐인가? 세계 문화유산이 된 화성의 설계 도면이 그에게서 나왔다.

그는 늘 그랬다. 무슨 일이든 맡기기만 하면 척척 해냈다. 다만 그때마다 꼭 일이 터져서 궂은일만 많이 하고 그 열매는 맛보지 못했다. 젊은 다산의 한쪽 어깨에 조선 천주교회의 역사가 얹혔고, 다른 쪽에는 정조 대왕의 꿈이 올려져 있었다. 그는 자주 이러지도 저럴 수도 없는 처지에 놓이곤 했다. 그때마다 다산은 우회하지 않고 정면 돌파를 택했다. 그 때문에 많은 불이익을 당했지만 한 번도 후회하지 않았다.

2
———————————

이 책을 구상하게 된 계기가 있다. 2017년 7월, 한 달간 와세다대학에 방문학자로 머물렀다. 그때 와세다대학교 도서관에서 『수필 라이 산요隨筆 賴山陽』란 책과 만났다. 라이 산요는 일본의 다산쯤에 해당하는 학자다. 이 책은 이치시마 슌조市島春城가 와세다대학교 출판부에서 1925년에 간행한 638쪽에 달하는 거질이었다.

서문의 내용은 이랬다. 저자가 라이 산요에 경도되어 수십 년 간 몰두하다 보니, 어느 순간 그의 약점과 어두운 면이 조금씩 눈에 들어왔다. 이로 인해 존모의 마음이 엷어지는 느낌이 들었다. 그래서 그는 독자의 입장에서는 다소 불편한 점이 있겠지만 라이 산요를 더 구체적이고 적나라하게 들여다보는 작업이 그에 대해 좀 더 색다른 시선을 가져다줄 것이라고 생각했다.

마침 나도 다산에게 그런 비슷한 감정을 느끼고 있던 터였다. 다산의 일대기를 다룬 평전 형식의 저술은 벌써 여러 책이 간행되었다. 다산의 생애와 인간, 그리고 학문 성과가 일목요연하게 정리되어 있긴 하지만, 왠지 그 속에서 다산은 박제되어 생기를 잃은 느낌이었다. 글 속의 다산은 위대하나 살아 있지는 않았다.

이 책에서 나는 박제화된 성인 다산을 만들 생각이 없다. 그도 우리와 같이 숨 쉬고 고통받고 고민하던 청춘이었다. 그의 인간적인 면모를 우리는 사실 그대로 받아들일 필요가 있다. 그의 문집은 사료로 치면 오염된 부분이 적지 않다. 다산은 자기 검열을 통해 불리하거나 불편한 내용은 삭제하고, 일관성 확보를 위해 많은 글에 손을 댔다. 하지만 이것을 다른 기록과 겹쳐보자 다산이 썼다가 지웠던 부분들이 얼핏 드러났다. 이 책에서는 다산이 지웠음직한 자료를, 날것 그대로 맥락 없이 남겨진 다른 자료와 겹쳐 읽음으로써 지워진 부분을 복원해보려고 애를 썼다.

검토 과정에서 나는 기록이 얼마나 무서운지를 깊이 깨달았다. 글로 남은 것이 모두 진실을 담고 있지는 않았다. 진실은 그 행간에 열 길 물속처럼 숨어 있었다. 한 편의 시는 그저 읽을 때는 풍경에 얹은 감흥일 뿐이다가, 배경을 알고 읽자 격정적인 내면의 토로로 변했다. 문맥이 매끄럽지 않은 어떤 글은 앞뒤로 지운 내용으로 인한 비약 때문이었음을 문득 깨달았다. 편지 한 통, 문장 한 편이 다 그랬다. 배경을 앉혀놓고 읽자 다산의 속내가 훤히 비쳤다. 그 다산은 그간 내가 알던 다산이 아니었다.

1938년 최익한崔益翰은 신문지상에 「『여유당전서與猶堂全書』를 독讀함」이란 글을 65회에 걸쳐 연재했다. 다산 저작과 사유의 전모를 최초로 드러낸 기념비적 글로, 지금으로부터 꼭 80년 전 일이다. 그때 그가 『여유당전서』, 즉 '다산의 책'을 꼼꼼히 읽었다면, 나는 다산의 책이 아닌 '다산이라는 책'을 읽고 싶다. 최익한은 "선생은 철두철미하게 당시 사회적 산물이었다"라고 했다. 다산은 격랑의 한 시대를 앙가슴으로 부딪치며 살았다. 후학들은 그에게서 완전무결한 지성을 보려 하고, 일말의 흠집조차 용인치 않으려 든다. 세상에 그런 인간은 없다.

다산도 인간인지라, 들여다볼수록 몰랐어도 좋을 것이 자꾸 보였다. 그것은 다산의 위대성에 가려진 그늘 같은 것이었다. 젊은 시절 다산의 정치에 대한 동물적 감각과 행동은 사람을 깜짝깜짝 놀라게 했다. 한편 강진에서 얻은 소실과 딸에 대한 다산의 처신은 깔끔하지 못했다. 강진 시절 제자들은 어째서 해배 이후 스승에게 대부분 등을 돌리게 되었을까? 다산 부부의 금슬은 알려진 것처럼 정말 좋았을까? 하지만 이런 일련의 질문들은 다산의 위대성에 던지는 흠집 내기와는 다르다. 다산의 인간적 면모가 때로 우리 기대에 못 미친다 해도, 이것들은 엄연히 다산의 위대성을 만들어낸 하나의 배경일 것이기 때문이다.

하지만 다산의 작은 흠결을 말하면 발끈하며 성을 내는 사람들을 나는 그간 많이 만났다. 10년 전 강진에서 열린 다산 학술 행사에서였다. 발표 중에 다산초당 시절 다산이 풍을 맞아 마비가 왔을 때 두었던 소실댁과 그녀와의 사이에서 난 딸 이야기를 잠깐 했다. 행사가 끝난 뒤 뒤풀이 자리에서 어떤 이가 정색을 하고 내게 말했다. "그만 좀 해두시지요. 뭔 좋은 소리라고 그런 말을 합니까?" 왜 소실과 딸 이야기를 꺼내 다산 선생을 모욕하느냐는 뜻이었다. 태도가 대단히 불쾌했지만 참았다. 내가 비난조로 말한 것도 아니고, 그때 다산의 형편이 그만큼 절박했다는 뜻이었는데도 그랬다. 다산은 단점이나 흠결을 말할 수도 없는 존재로구나 하는 느낌이 들었다. 그렇지만 그런 사람이 어디에 있나? 그것은 살아 있는 인간 다산이 아니라, 화장하여 방부처리한 시신이거나 신화화된 미신에 지나지 않는다. 나는 살아있는 다산, 우리와 같은 인간적 흠결을 지닌 다산과 만나고 싶다. 그것이 다산이 이룩한 성취를 더 높고 환하게 비춰줄 것이다.

3

글을 쓰는 내내 틈만 나면 다산의 유적지와 천주교 성지를 찾아다니고, 관련 연구자들과 만나 대화했다. 이전의 논점들을 점검하고, 주변 사료를 꼼꼼히 뒤졌다. 촘촘하게 다산의 생애 궤적을 연대순으로 추적하며 뒤쫓았다. 가속도가 붙자 제동장치를 잃은 열차처럼 폭주했다. 건강도 아슬아슬했다. 불안정한 혈압이 내내 나를 괴롭혔고, 나중엔 너무 무리해서 당뇨까지 왔다. 신경이 곤두서서 밤중에도 잠을 자주 깨곤 했다.

이제 먼저 젊은 다산을 정리해 세상에 내보낸다. 나는 다산을 천주교 신자로 만들 생각이 없고, 그 반대도 아니다. 나는 오직 사실을 밝히고 진실을 드러내는 데만 집중했다. 지금까지 다산 연구에 중간은 없었다. 천주교 측에서는 다산이 한때 배교했지만 만년에 회개해서 신자로 죽었고, 국학 쪽에서는 신자였다가 배교한 뒤로는 온전한 유학자로 돌아왔다고 했다. 다산의 천주교 신앙은 일반적인 범위를 훨씬 상회하는 심각한 것이었다. 그의 배교를 액면 그대로 믿을 수 없다. 진실은 중간에 있는데 전부냐 전무냐로 싸우면 답이 없고, 다산의 정체성만 흔들린다. 사람이 이랬다저랬다 할 수는 있어도 이도 저도 아닌 사람을 만들면 안 된다.

지난 시간 동안 나는 다산에 대해 꽤 많이 알고 있다고 생각했는데, 이번 책을 쓰면서 전혀 그렇지 않다는 것을 알았다. 특히 젊은 다산의 모습이 처음엔 대단히 낯설었다. 내가 알던 그가 맞나 싶을 정도였다. 몇 번의 영점조준을 변경하자 비로소 다시 초점이 맞았다. 익숙하게 알던 사람이 낯설게 되었다가 다시 가깝게 다가온 느낌이었다.

집필 과정에서 참 많은 분들의 도움을 받았다. 배론 성지의 이우갑 신부님과 수원가톨릭대학교의 여진천 신부님, 그리고 무주 다산영성연구소 김옥희 수녀님께 고마운 뜻을 먼저 담는다. 천주교 관련 사료 때문에 애를 먹을 때 중요한 자료를 아낌없이 찾아주셔서 막힌 길을 열어주었다. 그 밖에 여러 박물관과 각 지역의 교회사연구소 및 성지에서 만났던 많은 분들과 격려를 아끼지 않았던 주변의 성원도 잊을 수 없다. 본의 아니게 자료 도움을 받고도 그분들의 입장과 반대되는 견해를 펼치게 된 경우도 있었다. 누구 편을 들기 위해 이 책을 쓴 것은 아니어서 미안했지만 어쩔 수 없었다.

이형우 선생은 매주 연재가 진행될 때마다 전체 파일을 업데이트해서 갈무리해 보내주었다. 김경희, 신영호, 유동훈 선생의 격려도 큰 힘이 되었다. 편집자인 선완규 선생은 나와 해묵은 인연이 깊다. 매번 쓴 글을 그이가 늘 먼저 읽고 코멘트해주었다. 방향이 흔들릴 때마다 중심을 잡는 데 큰 힘이 되었다. 편집자 홍보람 씨의 꼼꼼한 손길 덕에 많은 착오를 바로잡을 수 있었다. 깊이 감사드린다.

이 책에서 나는 다산의 사람됨과 과학적이고 합리적인 작업과정, 절망과 고통에 처한 인간의 고뇌와 상황 대처 능력, 사각지대에 놓인 자료의 발굴에서부터 그의 인간적 결점과 그늘까지를 포함해서 총체적으로 살펴보려 했다. 다산의 생애를 따라가는 여정은 아직 절반도 채 못 왔다. 대방의 질정을 삼가 청한다.

2019년 8월 매미 울음 속에 행당서실에서 정민

1권 차례

글을 열며

1장 소년 시절

2장 정조와의 만남

3장 **다산의 또 다른 하늘, 천주교**

다산과 천주교

4장 **다산은 신부였다**

안정복과 이기양의 일합

독서한 사람도 이렇게 합니까? | 세상길이 참 어렵다 | 입조심이란 세

글자를 써 붙여두고

교회 재건과 10인의 신부

이벽을 애도한 박제가의 만사 | 가성직제도와 10인의 신부 | 다산은 신

부였다

성균관 어귀의 교회 본부

다시 가동된 천주교 조직 | 뜬 인생의 위로 | 대범해진 행보

정미반회사건의 앞뒤

은거의 꿈과 구리개 시절 | 깊어지는 고민 | 선연이 악연으로

회유와 협박

말이 퍼지자 일이 커졌다 | 버리지도, 버릴 수도, 버려서도 안 된다 |

무거운 은혜

5장 **남인과 천주교**

서학이라는 무지개

서로 다른 꿈 | 이게 나라냐? | 비참한 인생에 비쳐 든 무지개

남인의 분화, 채당과 홍당

권력 앞의 줄서기와 의도적 도발 | 대채와 소채, 두 과부의 싸움 |

2권 차례

9장 배교와 금정 시절

죽란시사 결성과 미묘한 시선

11장 목민관 다산

12장 닫힌 문 앞에서

7장

격돌과 충격

반격과 반전

사람은 사람으로 만들고 책은 불태워라

────────────────

채제공蔡濟恭은 무엇보다 홍낙안洪樂安의 태도를 참기 힘들었다. 직접 상소로 올려도 될 일을, 자신에게 공개 질의서 비슷한 장서長書로 보냈을 뿐 아니라 그 사실을 여기저기 떠벌리고 다녔기 때문이다. 글도 의도적으로 여러 사람의 손을 타고 옮겨지고 있었다. 채제공은 가급적 이 문제를 확대하지 않으려 했지만, 사정은 갈수록 악화되었다.

어떤 경우에도 어머니의 제사를 지내지 않고, 조상의 신주까지 불태운 패륜을 없던 일로 할 수는 없었다. 그렇다고 윤지충尹

持忠과 권상연權尙然 두 사람의 처단으로 끝날 문제도 아니었다. 윤지충은 다산과 사촌 간이었고, 이승훈李承薰과도 가까웠다. 채제공은 다산 집안과 새로 사돈을 맺은 지 얼마 되지 않았고, 이승훈의 부친 이동욱李東郁은 채당蔡黨의 주축 중 하나였다. 불똥이 이들에게까지 튈 경우 최종 공격의 화살은 자신에게로 집중될 것이 명백했다. 저들의 말을 따르자니 자신의 손발을 제 손으로 자르게 생겼고, 홍낙안 등을 화심禍心으로 몰아 일벌백계하려니 천주학을 두둔한다는 소리가 바로 나올 판이었다.

10월 16일, 대사헌 구익具㦲과 정언 박윤수朴崙壽 등이 진산사건珍山事件의 조속한 처리를 요청하는 합계合啓를 올렸다. 조정 내부에서도 공론화의 신호탄이 쏘아 올려졌다.

정조는 비답批答에서 이렇게 말했다.

"윤지충 등의 일탈은 말단에서 발생한 문제라 나라 차원에서 대응할 문제가 아니다. 풍문으로 전해진 말을 다 믿기도 어렵다. 여기에 가증스레 많은 말들이 사달을 빚어내고 있으니, 이는 조정에서 엄금하려 하는 까닭이다. 태학 유생들의 본분을 벗어난 외람된 행위도 방치할 수 없다. 진산 일은 전라관찰사가 처리케 한다. 유생들이 통문通文을 돌려 사달을 만들려는 행동은 경고한다. 윤허하지 않는다."

이튿날은 대사간 신기申耆가 다시 상소를 올렸고, 조회에 나온 대신들도 잇달아 문제를 제기했다. 임금은 원론적인 말만 되풀이하며 좀체 움직이려 들지 않았다.

채제공도 더 이상 침묵만 계속할 수 없었다. 10월 20일, 채제공은 국왕 정조에게 진산사건의 처리 방침을 구두로 보고했다. 윤리상 변괴變怪는 엄정하게 처리하되, 특별한 단서가 없는 사람에게 공격 의도를 가지고 지목하여 해치려 하는 책동만큼은 반드시 막아야 한다고 보고했다.

이후로도 10월 23일에 지평 한영규韓永逵와 사간 이언우李彦祜 등이 잇달아 진산사건의 조속한 처벌을 요청했다. 이때도 정조는 "홍낙안 등의 일은 사적인 편지의 문구를 가지고 물을 경우 나라의 체통과 관계가 있을 뿐 아니라, 별도의 노림수가 이 가운데 있는지 어찌 알겠는가?" 하며 불허의 비답을 내렸다. 개인 차원의 투서로 국가가 움직일 수는 없다. 게다가 이 가운데 모종의 협잡이 있는 듯하다. 이것이 당시 정조의 판단이었다.

10월 24일, 좌의정 채제공은 천주교도의 처리 문제를 정면에서 거론한 차자를 올렸다. 서두에서 채제공은 이 문제의 발단이 홍낙안이 자신에게 보낸 장서에서 비롯되었음을 분명히 했다. 이어 자신 또한 천주학을 원수처럼 미워해 글까지 지어 논변한 바 있다고 한 후, 이 문제를 처리하는 원칙은 당나라 때 한유韓愈가 이단 처리 지침으로 제시한 "그 사람은 사람으로 만들고, 책은 불태우며, 거처는 민가로 만든다人其人, 火其書, 廬其居"라는 말을 기준으로 삼자고 고했다. 천주학 서적은 불태우고 신자들의 거처를 민가로 만들되, 그 사람은 죽이지 않고 정학正學으로 교화해야 한다는 주장이었다.

어진 임금이 위에 계셔서 조정이 편안하고 성내에 시끄러운 일이 없는데도 홍낙안 등은 당장 큰 변란이라도 일어날 것처럼 떠들어 민심을 동요케 하고 있다. 이는 모종의 의도를 가지고 남을 침해하려는 책동으로 보이니, 어느 한편에 치우치지 않는 정치를 밝혀달라고 청하였다.

이승훈의 반격과 권이강의 상소

호남관찰사 정민시鄭民始에 의해 진산의 두 사람에 대한 조사가 진행되는 동안, 서울에서의 논의는 점점 홍낙안의 투서 행위 자체로 초점이 옮겨 갔다. 정조와 채제공은 홍낙안의 돌출 행동이 고감대신敲撼大臣, 즉 대신을 두드려 흔들려는 불순한 저의에서 나온 것으로 보았다. 홍낙안은 장서에서 천주학을 믿는 자들이 관련 서적을 간행하여 중외에 널리 배포하고 있다고 고발했다.

10월 29일, 권이강權以綱이 상소를 올렸다. 그는 상소문에서 진산사건과 천주학을 행하는 무리를 한껏 성토한 뒤에, 홍낙안의 장서 중에 책자를 간행했다는 말이 있으니, 이 일을 한 사람과 인쇄 시설이 설치된 장소를 찾아내 판목을 헐어버리고 그 사람을 죽여 뿌리를 뽑고 근원을 막아야 한다고 주장했다. 임금은 비답을 내려, 권이강이 홍낙안의 장서에서 '간책刊冊'이란 두 글자를 잡아내어 조사를 청한 것을 사리에 맞는 말이라 칭찬하고, 정원政院에서 홍낙안에게 물어 천주학 서책의 간행자를 잡아내라고 명했다.

권이강의 상소에는 노림수가 들어 있었다. 상소문은 천주학을 극력 비난하고 발본색원해야 한다고 말했지만, 기실 그는 이승훈의 가까운 인척이었다. 홍낙안의 장서 가운데 책을 인쇄하여 배포했다는 주장은 확인된 사실이 아니었다. 권이강은 짐짓 천주학을 치는 체하면서, 홍낙안이 증거를 댈 수 없을 이 표현을 물고 늘어져 홍낙안의 주장 전체를 허망한 것으로 돌리려 했다. 『벽위편闢衛編』은 권이강의 이 상소가 이승훈 등과 미리 짜고 제출한 것이었다고 적고 있다.

고발자인 홍낙안은 이제 죄의 증거를 자신이 직접 입증해야 하는 궁지에 몰렸다. 그는 다음 날인 10월 30일 밤 12시경에 부랴부랴 답변서를 올렸다. 자신이 1788년 인일제人日製에서 서학西學을 배척하는 글을 올린 이후, 서학의 무리들이 자신을 원수로 여겨 상대조차 하지 않았는데, 자신이 어찌 그들의 깊은 사정을 알 수 있겠느냐면서, 자신도 한 달쯤 전 승지를 지낸 이수하李秀夏가 충청도 보령에서 올라와 한 이야기를 들었을 뿐이라고 발뺌했다. 일껏 얘기해놓고 증거를 대라니까 증거가 없다고 한 폭이어서 홍낙안은 진땀이 났다.

다급해진 홍낙안은 이 답변서에서 1784년 이승훈이 북경에 가서 천주교 서적을 들여온 일과, 1787년에 반촌泮村에서 이승훈과 정약용丁若鏞 등이 천주교 서적을 함께 공부한 일을 이기경李基慶이 직접 보고 돌아와 탄식했던 일을 다시 끄집어냈다. 이승훈이라면 서적 간행에 대해 분명히 알고 있을 것이라고 물고 들어갔다.

임금은 증거 없이 길거리 풍문만으로 그런 말을 했느냐며 그 망령되고 경솔한 행동을 통렬하게 나무랐다. 또 그를 불러다가 사실을 반복해서 물어 조목조목 확인할 것을 명했다. 다산의 권유로 세상에 나와, 당시 평택현감에 나가 있던 이승훈도 붙들어와 신문하게 했다.

11월 3일, 이번에는 홍인호洪仁浩가 홍낙안의 편을 들어 상소를 올렸다. 이수하에게서 들은 말을 두루 적고 나서, 다시금 정미반회사丁未洋會事를 거론했다. 이기경에게 그 자세한 사정을 물어보면 간행의 증거는 아니라도 금서를 사사로이 감추어둔 증거는 얻을 수 있다고 얘기했다. 설령 사실이 아니라 해도 사사로운 편지에 적은 말에 착오가 있다 해서 대간이 이를 문제 삼을 수는 없다고 반발했다. 이어 안정복安鼎福의 사위인 권일신權日身이 천주교의 교주이고, 그의 세 아들도 외조부인 안정복의 장례에조차 참석지 않는 패륜을 일삼았음을 고발했다.

홍낙안이 신서파信西派 남인을 저격하자, 이치훈李致薰과 다산은 맞불 작전으로 집단행동을 막았다. 이어 권이강을 내세워 홍낙안의 말을 꼬투리 잡아 그가 지극히 허망한 주장을 펼치고 있다고 반격했다. 그러자 다시 홍인호가 나서서 이기경을 끌어들이고, 이승훈과 권일신을 교주의 명목으로 연좌시켰다. 이런 과정을 거치는 동안 이 문제는 남인끼리 물고 물리는 혼란의 수렁속으로 빨려 들어갔다. 양측 모두 한 발짝도 물러설 수 없는 건곤일척의 승부였다.

다산과 이기경의 긴 악연

결국 이기경이 불려 왔다. 그는 대답 과정에서 정미년에 반회에서 있었던 일을 얘기했다. 이기경은 자신도 정미년 겨울에 이승훈과 서양서를 함께 보았고, 책 속에 좋은 내용도 있었지만 이치에 어긋나고 윤리를 해치는 말이 많아 이후 이를 배척하게 되었다고 말했다. 또 자신이 홍낙안에게 이 일을 얘기한 적은 있으나 증거를 서준 것이 아니라, 친구 사이에 옳은 일을 권하는 의리에 지나지 않았다고 이승훈과 다산을 보호해주었다.

『사암연보俟菴年譜』에서는 이기경이 이렇게 진술하고 물러 나와 바로 다산에게 편지를 보내 자신이 대답한 내용을 전달하고, 이 대답을 가늠해서 함께 문제를 풀어나가자고 했다고 적고 있다. 내가 너희에 대해 좋게 말했으니, 여기에 발맞춰서 대응하라는 취지였다.

다산은 이기경의 편지를 받은 뒤 바로 이승훈의 동생 이치훈을 불러 그 말을 전했다.

"반회에서 서학책을 본 것은 사실이니 심문에 나아가서는 사실대로 대답해야지, 임금을 속여서는 결코 안 되네."

이치훈의 생각은 달랐다.

"밀고한 자가 이미 자수를 한 셈이 아닌가? 옥사獄事와 관련된 말은 비록 사실과 어긋나더라도 임금을 속인 것은 아닐세."

다산이 말했다.

"그렇지 않네. 밀고가 바른 일은 아니지만, 옥사에 올리는 말은 임금께 고하는 것일세. 조정에서는 진술한 말만 볼 테니, 거실巨室과 명족名族이 집집마다 모여 의논하는 것은 두려운 일일세. 지금은 거룩한 임금께서 위에 계시고, 훌륭한 재상이 다스림을 돕고 계시니, 이러한 때 곪은 종기를 터뜨려버리는 것이 좋지 않겠는가? 나중에는 후회해도 소용이 없을 것일세."

하지만 이치훈은 다산의 말을 듣지 않았다. 형 이승훈과 함께 이 문제로 대답하면서, 반회에서 천주학 서적을 읽었다는 것은 이기경의 무고이고, 애초에 그런 사실 자체가 없었다고 딱 잡아떼 무죄로 석방되었다. 애써 후의를 베푼 이기경은 이 일로 뒤통수를 세게 맞았다.

사형 집행과 초토신 상소

내게 이럴 수가 있는가?

이기경은 이 같은 결과에 격분했다. 자신으로서는 그래도 이승훈을 지켜주려고 위험을 무릅썼고, 더구나 당시 반회 모임에 함께 있었던 다산은 아예 이름조차 거론하지 않았다. 그러고는 말을 맞추자고 다산에게 대답 내용을 미리 알려주기까지 했다. 하지만 그들은 자신의 진술을 미리 안 상태에서 이를 역이용해 자신을 무고죄로 밀어 넣고 자기들만 쏙 빠져나갔다. 처사가 참으로 야비했다. 이자들이 내게 이럴 수가 있는가?

더 놀라운 것은 좌의정 채제공이 자신의 진술 내용을 취지와 정반대로 정리해서 임금께 보고했다는 풍문이었다. 경악한 이기경은 곧바로 채제공에게 자신의 진술을 기록한 문건을 보여달라는 편지를 두 차례에 걸쳐 보냈다. 채제공은 부모 상중에 있는 사람이 근신할 줄 모르고 두 차례나 편지를 보내 불손한 언사를 입에 올린 것을 나무라고, 분명하게 밝혀줄 테니 걱정 말라고 쏘아붙였다.

불안해진 이기경은 채제공의 아들 채홍원蔡弘遠에게 다시 편지를 썼다. 그도 홍낙안과 같은 처지가 되었다. 하지만 채제공은 그 후로도 여러 차례 임금을 뵙는 자리에서 이기경의 탄원 내용에 대해서 입도 뻥끗하지 않았다. 채제공은 처음부터 이 이야기를 꺼낼 뜻이 없었다.

한양에서 이 소란이 벌어지고 있는 사이에, 진산의 윤지충과 권상연은 1791년 10월 30일 아침부터 호남관찰사 정민시 앞에 끌려가서 문초를 받았다. 정민시는 11월 7일에 진산사건의 전후 경과를 적고 심문 내용을 정리한 보고를 올렸다. 심문 과정에서 윤지충은 천주학에 접하게 된 경과와 사건의 경위, 그리고 자신의 심경을 자세히 적은 『죄인지충일기罪人持忠日記』를 작성했다. 그 내용은 다블뤼(Antoine Daveluy, 한국명 안돈이安敦伊, 1818-1866) 주교가 쓴 『조선주요순교자약전Notices des Principaux Martyrs de Corée』에 전문이 번역되어 실려 있고, 달레(Charles Dallet, 1829-1878)의 『조선천주교회사Histoire de l'Église de Corée』에 전재되었다. 한글본은 현재 남아 있지 않다.

『사학징의邪學懲義』 끝에 부록으로 실린 「요화사서소화기妖盡邪書燒火記」는 1801년 신유박해辛酉迫害 당시 천주교 신자 집을 수색해서 적발한 천주교 관련 도상圖像과 교리서를 불태우기 전에 압수품 목록을 적어둔 내용이다. 그중 윤유일尹有一의 조카 윤현尹鉉의 집에서 압수한 엄청나게 많은 천주교 관련 서적 목록 중에 『죄인지충일기』 1책이 포함되어 있는 것을 보면, 이 기록이 실물로 존재했던 것은 틀림없다.

이들은 형벌을 당하면서도 당당하게 자신의 신앙을 증언했다. 후회하는 빛이 조금도 없었다. 정민시의 보고가 올라오자 두 사람의 처형을 주청하는 상소가 잇따랐다. 일이 점점 커지고 있었다. 간행물 문제로 옥죄어 홍낙안을 잡으려 한 것이 이기경을 불러들이는 결과를 낳았고, 다시 이승훈과 권일신이 소환되었으며, 이제 다산에게 불똥이 튀는 것은 시간문제였다.

사형 윤허와 옹색한 법 적용

11월 7일, 정조가 정민시의 보고를 읽고 나서, 형조판서 김상집 金尙集과 참판 이시수李時秀에게 말했다.

"좌상이 올린 차자 중에 '두드려 흔든다[敲撼]'라는 두 글자는 특히나 개탄스럽기 짝이 없다. 그들에게 진실로 두드려 흔들려는 마음이 있다면 다만 그 죄목으로 죄를 주면 그뿐이지, 어찌 열거한 조목에다 고감이란 두 글자를 적어, 팔방에 펴보여서 먼저 문제를 일으키는 것처럼 한단 말인가? 어제 유생들의 상소에서도 또한 묘당에서 죄주는 것을 늦춘다고 말을 했던데, 대신은 마땅히 이를 허물로 여겨야 할 것이다. 이 일은 대신의 친지가 많이 관여되어 있으니, 대신이 어찌 종적의 혐의가 없다 하겠는가?"

채제공의 일 처리 방식과 몸가짐을 나무라는 통절한 뜻이 담긴 말이었다.

다음 날인 11월 8일 형조판서 김상집이 윤지충과 권상연의 처형을 주청했다. 정조는 어쩔·수 없이 이를 윤허했다. 이들에게 붙여진 죄명은 『대명률大明律』의 사무사술師巫邪術을 금지하는 조항 중 "무릇 모든 좌도左道로서 정도를 어지럽히는 술수나, 혹 도상을 숨겨 보관하거나, 향을 피우고 무리를 모아 밤에 모였다가 새벽에 흩어지거나, 겉으로 착한 일을 하는 체하면서 민심을 선동하고 미혹시키는 경우, 괴수는 교형에 처한다"라는 조문과 「발총發塚」조의 "부조父祖의 신주를 훼손한 자는 시신을 훼손한 법률과 비례한다. 자손이 조부모나 부모의 시신을 훼손하고 버린 경우에는 참수하되, 두 죄가 함께 발생한 때에는 무거운 쪽으로 논죄한다"라고 한 조항을 적용했다. 두 사람에게는 달리 적용할 범법 사실이 없었으므로, 법 적용이 참으로 옹색하고 구차했다.

정조는 이승훈에게 반성문을 제출케 했고, 권일신은 유배형에 처했다. 이것으로 진산사건을 종결지을 작정이었다.

"이제 처분을 이미 엄하게 하여, 이른바 사학邪學의 일은 결말지었다 할 만하다. 다시 이러쿵저러쿵하는 말을 공거公車에 올려 번거롭게 응수하게 한다면, 도리어 일삼지 않는 의리가 아니다. 이것으로 분부한다."

임금은 두 사람을 죽이고 관련자를 처벌했으니 더 이상 이 문제로 왈가왈부하지 말라고 쐐기를 박았다.

정조의 명령서가 도착한 즉시 윤지충과 권상연 두 사람은 형장으로 끌려갔다. 두 사람은 형장으로 가면서도 예수 마리아의 이름을 불렀다. 윤지충에게서는 기뻐하는 표정마저 떠올랐다. 그는 마치 잔치에 나아가는 사람처럼 환한 얼굴로 의젓하게 걸어가며 천주교의 가르침을 설교했다. 형장에서 사형 집행 전에 관리가 한 번 더 배교하겠느냐고 물었지만 윤지충과 권상연은 단호하게 고개를 저었다. 윤지충은 예수 마리아를 외치며 침착하게 누웠다. 망나니의 칼이 그의 머리를 단칼에 잘랐다. 권상연도 예수 마리아를 외치는 도중에 칼날이 번뜩하더니 머리가 땅위로 굴렀다. 1791년 11월 13일 오후 3시의 일이었다. 윤지충은 33세였고, 권상연은 41세였다.

한편 왕은 명령서를 내려보낸 직후 이 일을 후회했다. 지급 인편으로 호남관찰사에게 보내 집행을 연기하라는 명령을 내렸다. 명령서가 도착했을 때 두 사람은 이미 목이 떨어진 상태였다. 정조는 이 일이 향후 천주교 신자 처리에 나쁜 선례가 될 것을 염려했다. 우려는 맞아떨어져 이후 천주교 신자들은 으레 이 조항의 적용을 받아 사형에 처해졌다.

이적과 기적

윤지충과 권상연 두 사람의 시신은 이후 9일간 방치되었다. 천주교 신자들에게 본보기를 보이려는 뜻에서였다. 9일째 되던 날

매장 허락을 받고 친척과 벗들이 두 사람의 시신을 수습하러 왔을 때 그들은 놀라운 광경을 보았다. 시신은 마치 방금 전에 처형된 것처럼 부패 흔적 없이 깨끗했다. 엄동이었는데도 몸에 경직이 오지 않은 부드러운 상태였다. 두 사람의 머리가 잘렸던 나무토막에는 조금 전에 뿜어 나온 것처럼 붉은 피가 흐르고 있었다. 사형 선고문이 새겨진 나무 판 위에도 선홍빛의 피가 조금도 굳지 않고 흥건한 채였다.

이때는 방 안의 그릇에 담은 물이 얼어붙을 정도의 혹한이었으므로, 이 놀라운 광경 앞에 모두들 할 말을 잊었다. 이를 보고 감동을 받아 신앙에 귀의하는 자까지 나올 정도였다. 이들은 감격한 나머지 하늘을 향해 찬미와 기도를 올렸고, 여러 장의 수건에다 순교자들의 선혈을 적셨다.

놀라운 일은 더 있었다. 의사조차 손을 놓아 죽어가던 중환자가 피에 젖은 나무 판을 담근 물을 마시고는 바로 자리를 떨치고 벌떡 일어났다. 사경을 헤매던 몇몇 사람들도 순교자의 피가 적셔진 수건을 만지자 금방 병이 나았다. 기적의 소문이 꼬리를 물었다. 사람들이 동요하며 웅성거렸다. 이후 지황池璜과 박 요한 등이 다시 북경으로 갈 때 그 피 묻은 천 조각 몇 개를 구베아(Alexander de Gouvea, 중국명 탕사선湯士選, 1751-1808) 주교에게 전달하면서, 이 놀라운 일에 대해 세세히 증언했다. 이 내용은 1797년 8월 15일에 북경의 구베아 주교가 사천泗川의 대리 감목 디디에 (Jean-Didier de Saint Martin, 중국명 풍약망馮若望, 1743-1801) 주교에게 보낸 편지에 아주 상세하게 적혀 있다.

윤지충과 권상연의 목이 떨어지던 날, 공교롭게도 이기경은 자신을 향한 부당한 모함과 채제공의 온당치 못한 일 처리를 성토하는 장문의 상소문을 올렸다. 이기경은 당시 상중이었으므로 지극히 근신해야 마땅할 처지였다. 하지만 그는 자신이 무덤 앞에서 시묘하는 처지임을 빗대어 스스로를 초토신草土臣이라 칭하면서도 굳이 상소를 올렸다. 이것이 이른바 초토신 상소다.

그는 상소문의 서두에서, 자신이 답변한 내용과 채제공이 올린 초기草記가 달라진 연유와 이승훈 형제가 자신을 무함한 사실을 해명키 위해 이 글을 올리게 되었노라고 밝혔다. 처음 불려왔을 때 자신을 심문한 채제공의 질문이 마지못해 하는 듯한 기색이 역력했고, 1787년 당시 홍낙안에게 이승훈의 일에 대해 말한 사정을 짧게 사실만 대답하라고 하였으므로 묻는 말에만 답했노라고 적었다.

하지만 이후 이승훈의 공술供述 내용을 보니 자신을 농락했을 뿐 아니라, 엄연히 있었던 사실인 정미년 반회조차 애초에 없던 일로 딱 잡아뗐다. 자신은 당시 그 자리에 함께 있었던 정약용과 강이원姜履元을 굳이 연좌시키지 않으려고 이승훈 관련 사실만을 얘기했던 것인데, 그가 이렇게 나오니 자신 또한 전후 상황을 상세하게 말하지 않을 수 없다고 했다. 이후 이승훈과 있었던 일을 하나하나 자세하게 진술하였고, 일의 진전에 따라 정약용이 자신에게 편지를 보내 지난 일을 사죄한 상황과 "이왕 나를 한 번 버렸으니, 두 번 버리는 것이 무에 어렵겠소. 청컨대 다시 거두어주시구려"라는 편지를 보낸 일까지 적시하면서 본격적으로 다산을 끌어들였다.

당시 심문을 마치고 돌아와 다산에게 편지해서, 반회의 일로 심문하므로 숨기지 못했다고 하자, 다산이 "서로 마음을 알아주는 것이 중요하다"라는 답장을 보내온 일까지 적시했다. 이 상소문으로 인해 다산은 진산사건의 수면 위로 처음 떠올랐다. 이기경의 상소문은 내가 저를 봐주려 했는데 저가 저리 나오니 나도 지지 않고 맞받아치겠다는 의지가 역력했다.

『벽위편』에 실린 「초토신이기경상소草土臣李基慶上疏」. 이기경은 자신을 향한 부당한 모함과 채제공의 온당치 못한 일 처리를 성토하는 장문의 상소문을 올렸고, 이로 인해 다산은 진산사건의 수면 위로 처음 떠올랐다.

45

『사학징의』끝에 부록으로 실린 「요화사서소화기」. 1801년 신유박해 당시 천주교 신자 집을 수색해서 적발한 천주교 관련 도상과 교리서를 불태우기 전에 압수품 목록을 적어둔 내용이다. 그중 『죄인지충일기』1책이 포함되어 있다.

진산사건의 종결

이기경의 유배와 꼬이는 관계

이재기李在璣의 『눌암기략訥菴記略』에 이기경이 초토신 상소를 올리게 된 경과에 대한 설명이 나온다.

이기경은 본래 성격이 급했다. 하지만 그가 상중에 글을 올린 것은 급한 성격 때문이 아니라 형세가 어쩔 수 없었기 때문이었다. 장악원에서 올린 조사 보고서에 아주 많은 얘기가 있었는데도 채제공이 이를 모두 삭제해버리고, 다만 이승훈과 서양 서적을 본 한 가지 일만 장황하게 말했다고 한다. 이는 사실 이승훈의 처지를 위해주려 한 것이지, 이기경과 홍인호를 해치려는 데 뜻이 있었던 것은 아니었다. 서인들이 했다는 말로 겁을 주어, 이승훈과 함께 서양 서적을 본 것도 사학의 무리이니, 시인이 함께 싸잡아서 죄를 치려고 한다고 했다. 이 때문에 이기경이 몹시 괴로워하며, 여러 차례 채제공에게 편지를 써서 다급함을 알렸고, 채제공은 경연에 올라가 아뢰겠노라고 해놓고 오래되어도 아무 조처를 취하지 않으므로 이기경이 마침내 글을 올리는 행동이 있었던 것이다.

이재기는 이 기사 끝에 "또한 채제공은 그 책임을 감히 벗어나지 못한다"라고 썼다.

이기경의 상소가 올라가자 정조는 격노했다. 상중의 상주가 스스로를 초토죄인이라 일컬으며, 그것도 하필 궁중에 재계齋戒가 들어 몸가짐을 삼가야 하는 기일에 상소를 올렸다. 또 그 내용 중에 임금 앞에 차마 담아서는 안 될 불경스러운 표현을 서슴지 않았다. 이승훈을 욕하는 데 골몰한 나머지 조정까지 싸잡아 모욕한 내용도 들어 있었다. 정조는 이기경의 상소가 단지 조정의 수치에 그치지 않고 세도世道의 변괴에 해당한다며 불같이 화를 냈다. 그가 지금 상중에 있는데도 이토록 제멋대로 구니, 우선은 가벼운 죄로 처리해 함경도 경원부에 사면 없는 유배를 보내라고 처결했다.

임금의 예상을 넘어선 반응에 이기경 본인은 말할 것도 없고, 홍낙안과 그 배후에 있던 홍인호는 가슴이 철렁 내려앉았다. 천주학의 원흉을 처단하라고 상소했더니, 도리어 상소한 사람을 무고죄로 몰아 유배형에 처하고 정작 자신들이 지목한 사학죄인에게는 면죄부를 주었다. 이기경은 초토신 상소에서 새롭게 다산을 물고 들어갔지만, 놀랍게도 임금은 이에 대해 일언반구의 반응도 없었다. 아니 어쩌면 임금의 진노는 다산을 끌고 들어간 데서 증폭된 것일지도 몰랐다.

이튿날인 11월 14일, 우부승지 홍인호가 이기경의 입장을 두둔하면서 자신은 슬쩍 발을 빼려는 듯한 내용의 상소를 올렸다. 홍낙안도 장문의 상소문을 따로 준비했다. 하지만 홍낙안은 임금의 서슬에 놀라 상소문을 기록으로만 남기고 올리지는 못했다. 이들은 이 일로 현재 자기들의 힘으로는 천주학을 믿는 무리들을 도저히 이길 수 없음을 뼈저리게 깨달았다.

『벽위편』은 이때 일을 이렇게 적었다.

이때 사학의 부류가 홍낙안과 이기경을 헐뜯어, 쇠를 녹이고 뼈

를 녹여 수레 가득 귀신을 실을 기세였다. 비록 공정한 마음과
안목을 지닌 사람이라도 또한 모두 입을 다물고 사실이 그렇지
않음을 밝히지 못했다. 홍인호도 처음에는 비록 홍낙안의 장서
에 간여하지 않았지만, 홍인호가 올린 상소 중에 저들이 내세운
것이 오로지 벽사위정闢邪衛正하는 마음에서 나왔다고 한 말이
있게 되자 사학의 무리들이 크게 못마땅하게 여겨 원망과 분노
를 품음이 홍낙안만 못하지 않았다.

이 와중에 다산과 그의 사촌 처남 홍인호의 관계는 갈수록 꼬
여만 갔다.

재앙이 여기서 비롯될 것이다

홍낙안 등과 함께 공서파攻西派의 핵심 멤버였던 강준흠姜浚欽은
훗날 이기경을 위해 쓴 「홍문관교리이공묘지명弘文館校理李公墓誌
銘」에서, 이기경이 조정에서 자신에게 이승훈과 같은 죄를 씌우
려는 음모가 있음을 알고 초토신 상소를 올려 자신의 누명을 해
명하고, 채제공의 온당치 못한 일 처리를 언급했다고 적었다. 이

상소를 본 정조가 대신을 흔들려는 의도가 있다는 심증을 굳히게 되면서 이기경을 유배형에 처했다.

채제공은 이기경이 유배 간 뒤에도 임금 앞에서 그를 흉국화가凶國禍家, 즉 나라와 집안에 재앙을 끼치는 인간으로 지목했다. 홍낙안도 벼슬길에서 밀려났다. 반대로 이승훈은 다시 벼슬을 회복했고, 이가환李家煥과 정약용은 오히려 승진하기까지 했다.

공서파 입장에서 볼 때 이 같은 결과는 도저히 승복할 수 없었을 뿐 아니라, 공포스럽기까지 했다. 이후로 공서파들은 입을 다물고 제 한 몸 보신하기에 바빴고, 젊은이 중 벼슬길에 마음이 급한 자들은 점차 신서파 쪽으로 줄을 서기 시작했다. 이 또한 강준흠이 이기경의 묘지명에서 한 말이다. 홍낙안은 정미년 반회사건 당시의 공론화 실패에 이어, 이번에도 야심차게 팔을 걷어붙였지만 아무 소득도 거두지 못한 채 역풍만 맞고 말았다.

풀려난 이승훈은 이기경이 함경도 유배형에 처해졌다는 말을 듣고 쾌재를 불렀다.

"하하하! 그 자식 참 고소하다. 제깟 놈이 우리를 함부로 건드렸으니 당해도 싸지!"

다산이 말했다.

"자형! 그러지 마십시오. 장차 우리 당의 재앙이 이 일로부터 비롯될 것입니다."

"당치 않은 소리! 자넨 겁이 너무 많아."

이기경은 상복을 입고 눈물을 뿌리며 이를 부득부득 갈면서 유배지로 떠났다. 다산은 이기경에게 미안한 한편으로 께름칙했다. 다산 자신도 일이 이렇게 마무리 지어질 줄은 예상치 못했다. 이기경이 그래도 이승훈과 다산을 두 번씩이나 위해주려 했는데, 이승훈 형제가 이를 역이용해 이기경을 올가미에 걸었다.

이후 다산은 이따금 가장을 잃은 이기경의 집을 찾아가 그의 어린 아들을 보살펴주었다. 이기경 모친의 소상小祥 때는 엽전 열 꿰미나 되는 거금을 부조하기까지 했다. 1794년 봄 대사면 때도 이기경은 석방자 명단에 들지 못했다.

그러자 다산이 승지 이익운李益運을 찾아갔다.

"이기경이 비록 마음이 불량하지만 소송에서 져서 꺾였으니, 한때는 통쾌해도 훗날의 근심이 될 것입니다. 들어가 고하여 그를 풀어주심만 못합니다."

그 결과 이기경은 3년 만에 귀양에서 풀려날 수 있었다.

다시 벼슬길에 오르게 된 그를 모두 따돌렸어도 다산만은 이기경을 옛 친구로 대접해 평소처럼 인사를 나누곤 했다. 『사암연보』에 나온다. 하지만 두 사람의 악연은 이것으로 끝나지 않았다.

정면 돌파형과 권모술수형

다산은 직선적이어서 문제 앞에서 늘 정면 돌파를 택했다. 구차하게 돌아가거나 결탁하지 않았다. 다산은 협잡을 미워했고 요령을 부리지 않았다. 이기경이 자신의 이름을 끌고 들어갔지만, 그에게 인간적인 대접을 해주었다. 천주학에 관한 한 자신도 떳떳지 못한 점이 있었기 때문이다.

이에 반해 이승훈 형제는 술수에 능했다. 이재기는 『눌암기략』에서 이치훈에 대해 이런 평을 남겼다.

이치훈은 이승훈의 아우다. 어려서부터 눈치가 자못 빠르고 남의 눈썹 사이의 기미를 잘 살폈다. 한 세상을 교만하게 휘젓고 다니면서 일을 만나도 어려워하는 빛이 도무지 없었다. 그를 보는 자가 곁눈질하여 보지 않음이 없었다.

이치훈은 이재기에게 이런 말도 했다고 한다.

내가 임금과는 밀계密契가 있어 매일 밤 옷을 갖춰 입고 궁중에 들어간다네. 이 때문에 내 형이 죽지 않을 수 있었고, 내 외숙이 좋은 벼슬을 얻었지. 또한 내가 급제했다네.

이재기는 이 말을 인용하고 나서, "거룩한 조정이 맑고도 밝은데 어찌 이 같은 일이 있었겠는가? 설령 있다손 쳐도 어찌 입으로 발설할 수 있단 말인가?"라고 적었다.

한 해 전인 1790년 12월, 정조는 초계문신抄啟文臣들에게 대궐에서 숙직하면서 7일 만에 『논어論語』의 강강講을 마치게 했다. 다산은 당시 상의원尚衣院에서 숙직을 섰다. 다음 날 강을 바치기 위해 열심히 『논어』를 읽고 있는데, 각리閣吏가 찾아왔다.

소매 속에서 슬그머니 종이 한 장을 꺼내 보이며 말했다.

"나으리만 아십시오. 이것이 내일 강을 바칠 부분입니다."

다산이 깜짝 놀라며 물었다.

"이것이 어찌 강을 바칠 사람이 볼 수 있는 것이란 말이냐?"

아전이 씩 웃으며 답했다.

"괜찮습니다. 전하의 분부이십니다."

다산은 "아무리 그래도 내 마땅히 전편을 읽으리라" 하고는 아전이 건네는 종이는 쳐다보지도 않았다. 아전이 고개를 젓고 미소를 띠며 물러갔다.

이튿날 아침 경연에 나가 『논어』를 강하게 되었을 때, 정조가 각신들에게 갑자기 명했다.

"정약용만은 특별히 다른 장을 외우게 하라."

다산이 한 글자도 틀리지 않고 다 외우자, 임금이 흡족하게 웃으며 말했다.

"과연 전편을 다 읽었구나."

정조는 이런 놀이를 즐겼다. 다산을 골탕 먹이려고 슬쩍 떠본 것인데, 다산은 정도를 지켜 걸려들지 않았다.

한강에 주교舟橋를 설치할 당시에도 다산은 전례가 없던 배다리 설치에 대한 보고서를 올려 아무 문제없이 실행에 옮겼다. 유속이 빠른 한강에 가로 두 줄로 배를 늘어세워 다리를 만드는 일은 공학적 설계 없이 가능한 일이 아니었다. 자칫 임금이 거둥할 때 예상치 못한 사고라도 나면 뒷감당을 할 수 없었다. 하지만 다산은 완벽하게 배다리 설계를 마무리 지었다.

다산은 임금의 의중을 한발 앞서 읽었고, 원하는 바를 알아 꼭 맞게 아니 그 이상으로 처리했다. 정조의 입장에서 이런 신하를 어찌 총애하지 않을 수 있었겠는가? 더욱이 정조는 본격적으로 화성 건설의 채비를 차리고 있었다. 그러자면 채제공의 진두지휘와 다산의 실무 보좌가 한층 절실했다. 두 사람 없이 이 일은 추진할 수가 없었다.

진산사건의 핵심인 윤지충은 다산의 사촌이었다. 이후 홍낙안과 이기경의 상소와 고변으로 1787년 정미반회사까지 낱낱이 까발려졌다. 하지만 이 사건에서 다산은 털끝 하나도 다치지 않았다. 이렇게 해서 다산은 천주교와 관련된 1785년 명례방明禮坊 추조적발사건秋曹摘發事件, 1787년 정미반회사건, 1791년 진산사건 등 세 차례의 풍파를 간신히 넘겼다. 하지만 다산이 천주교 문제와 관련해 넘어야 할 산은 이제 시작에 불과했다.

강준흠의 『삼명집三溟集』에 실린 「홍문관교리이공묘지명」. 연세대학교 도서관 소장.

정약용과 정약종

긴장성 두통

진산사건이 한창 숨 가쁘게 진행될 당시, 다산은 11월부터 한 달 넘게 앓다가 12월에야 겨우 몸을 추슬렀다. 사촌 윤지충이 사형을 당하고, 홍낙안과 이기경의 상소가 급기야 자신을 물고 들어가면서 상황이 자못 급박했다. 노심초사, 좌불안석하던 일이 막상 이기경의 유배형으로 일단락되자 다산은 긴장이 풀리면서 호된 몸살과 급성의 긴장성 두통에 시달렸던 듯하다. 『다산시문집茶山詩文集』 속 「장난삼아 두통 노래를 지어 의사에게 보이다戲作巓疾歌示醫師」란 시는 조금 숨을 돌린 뒤 12월 들어 지은 작품이다.

콕콕콕 찌르다가 다시금 어질어질	鑿鑿復旋旋
송곳으로 찌르고 굴대가 빙빙 돌 듯.	鑿如錐鑽旋如鏇
괜찮다가 다시 와서 빙빙 돌다 또 찌르니	忽去復來旋復鑿
머릿속에 구름안개 자욱하게 온통 낀 듯.	腦袋一冪迷雲煙
머리통이 하늘 닮아 몸뚱이에 얹혔는데	顱圜象天百體戴
네가 와서 찔러대니 하늘 장차 뚫어질 듯.	汝來鑿鑿天將穿
의사가 하는 말이 혈해血海가 허한 탓에	醫云血海虛
풍사風邪가 머리에 온통 가득하다면서	風邪據其巔
틀림없이 귀신의 장난이라 하는구나.	非非定是鬼挪揄
묵은 뿌리 썩은 잎을 달이는 것 그만두고	陳根腐葉休熬煎
약쑥 심지 주먹만큼 큼지막이 비벼다가,	撚取艾炷大如拳
귀신 소굴 태워 부숴 넋 옮기게 한다면	灼破鬼穴令魂遷
매운 불에 귀신 떠나 마음조차 시원하리.	火烈鬼去心豁然

찌를 듯 쑤시다가 어질어질 빙빙 돈다. 미운이 서린 듯이 머리가 온통 흐리멍덩하다. 의사는 빈혈로 나쁜 기운이 머리까지 침범한 탓이며, 귀신이 장난질하는 것이 틀림없다는 진단을 내놓는다. 묵은 뿌리나 썩은 잎의 약재를 달여 먹는 것으로는 소용이 없다. 주먹만 한 쑥을 한 움큼 비벼 아예 정수리에 뜸을 떠달

라고 했다. 뜻으로 귀신의 소굴을 싹 태워버려 내 몸에서 귀신이 떠나가게 할 수만 있다면 더없이 통쾌할 것 같다. 자신이 처한 상황을 귀신의 야유로 표현한 데서 당시 다산의 놀란 심정을 한 번 더 가늠케 된다.

그 아픈 와중에도 다산은 정조가 하문한 『시경』 800조목에 대해 촘촘한 답변을 작성했다. 12월 2일에 이를 제출하자 임금은 큰 칭찬을 내렸다. 관련 내용은 앞선 1권 「메모 습관과 꼼꼼한 정리」에서 상세히 다룬 바 있다.

아버지의 상경과 셋째 형 정약종

해가 바뀐 1792년에 다산은 31세가 되었다. 1월에 진주목사로 있던 아버지 정재원丁載遠이 공삼貢蔘 즉 공물로 바칠 인삼을 관리하는 차사원差使員으로 차출되어 잠깐 상경했다. 말이 공무이지 정재원의 갑작스러운 상경은 휴가를 겸해 정초를 집에서 보내라는 채제공의 배려였을 것이다. 혹은 진산사건 이후 예민한 시기에 전후 사정을 묻고, 자식들의 천주학 신앙을 한 번 더 단속하기 위해 자청한 상경일 수도 있겠다. 다산은 다행히 비켜 갔지만, 사위인 이승훈은 자못 위태로웠다.

다산은 1월 20일경 다시 진주로 돌아가는 아버지를 동작 나루에서 전송했다. 다산은 이때 심경을 "나루 어귀 배가 멀리 떠나버리니, 백사장서 말 세우고 바라보누나. 시든 살쩍 늙으신 모습 마음에 품고, 얇은 갓옷 봄추위만 염려한다네渡口移舟遠, 沙頭立馬看. 鬢凋懷暮景, 裘薄念春寒"라고 읊어 작별을 슬퍼했다. 이해 4월 9일, 정재원은 진주에서 63세의 나이로 갑작스레 세상을 떠서, 이때가 아버지와의 마지막 작별이 되고 말았다.

당시 정재원의 근심은 다산과 정약전丁若銓보다 셋째인 정약종丁若鍾에 있었을 것으로 보인다. 정약종은 세 형제 중 가장 늦게 천주교 신앙을 받아들였다. 그는 1786년 3월경 권일신을 대부로 세워 이승훈에게서 세례를 받았다. 다블뤼 주교의 『조선주요순교자약전』에는 25세 때인 1784년에 다른 형제들보다 먼저 천주교를 받아들였지만 이벽李檗의 처신을 그르게 여겨 이후 4, 5년간은 열심히 믿지 않았다는 내용이 나온다. 다블뤼는 정약종에 대한 모든 내용은 정약용의 신뢰할 만한 기록을 따랐다고 했으니, 이 부분은 다산이 남긴 증언에 기초한 것이 분명하다.

처음에 미적대던 정약종은 영세하고 난 후 남이 따라올 수 없는 열심으로 신앙생활에 몰입했다. 1791년에 다산과 정약전이 신앙을 등지는 듯한 행동을 할 때에도 그는 조금의 흔들림이 없었다. 다블뤼 주교는 "그의 아버지는 정약종이 너무도 고지식하고 엄격하다며 여러 차례 나무랐지만 그의 결심을 꺾지 못했다"라고 썼고, 또 "1791년 형제들과 다른 벗들이 배교하는 비참함에 빠졌으나 그만은 배교하지 않았다. 부친의 반대에도 아랑곳하지 않고 계속 신앙을 실천했으며 효를 다하였고, 그에 대한 나쁜 대우도 흔들림 없는 인내심으로 견디어냈다"라고 적었다. 달레도『조선천주교회사』에서 "그의 아버지는 천주교를 믿는 것을 거절하였을 뿐 아니라 천주교를 비난하고 자식들에게 엄금하였다"라고 썼다.

진산사건이 이 같은 갈등의 정점이었다고 볼 때, 1792년 봄 상경 당시 정재원은 자식들에게 강하게 배교의 다짐을 받으려 했던 듯하다. 하지만 정약종은 조상에 대한 제사마저 거부하며 뜻을 꺾지 않았다. 이 때문에 그는 집안의 갖은 탄압을 견뎌야 했고, 마침내 1792년에는 양근(지금의 양평)의 분원 땅으로 이주해 본격적인 신앙 활동에 뛰어들었다.

진산사건은 겉으로는 공서파의 처벌 주장이 철퇴를 맞아 신서파가 승리한 것처럼 보인다. 하지만 이때 조선 천주교회의 주교로 일컬어지던 권일신이 고문을 받고 유배지로 가던 도중 장

독을 못 견뎌 죽었고, 이승훈과 정약용, 정약전 형제 등이 공개적인 배교 의사를 표시하고, 그 밖에 충청도 내포內浦 땅의 사도로 존경받던 이존창李存昌이 배교 약속을 하고 풀려나는 등 일련의 상황으로 인해 초기 조선 천주교회를 이끌던 지도층이 거의 와해되는 심각한 내상을 입었다.

이 와중에 정약종은 확고한 신앙과 투철한 교리 이해로 점차 교회 지도자적 위치에 올라섰다.

신선술과 천지개벽을 믿었던 정약종

정약종은 젊어서부터 다른 형제들과는 전혀 달랐다. 정약전과 정약용이 과거 공부에 몰두할 때 그는 오히려 신선술에 관심을 쏟았다. 황사영黃嗣永은 큰형 정약현丁若鉉과 이벽의 누이 사이에서 난 딸 정난주丁蘭珠 마리아와 혼인한 다산의 조카사위였다. 황사영은 1801년 신유박해를 여는 단초가 된 백서帛書에서 정약종에 대해 이렇게 썼다.

일찍이 선도仙道를 배워 장생불사하려는 뜻이 있어, 그릇 천지개벽의 주장을 믿었다. 탄식하여 말하기를, "천지가 변하여 바뀔 때는 신선 또한 사라짐을 면치 못할 테니 끝내 장생의 도리는 아니다. 배울 만한 것이 못 된다"라고 하였다.

그는 젊어 도교에 빠져 천지개벽설을 믿었다. 말이 도교지 『정감록鄭鑑錄』 계통의 유사종교에 심취해 있었다는 얘기다. 초기 천주교 신자 중 천주교를 받아들이기 전에 『정감록』 신앙에 빠졌던 경우가 의외로 적지 않다. 캄캄한 암흑 세상이 가고 새로운 세상이 곧 온다. 후천後天이 활짝 열려 믿는 자들에게만 늙지도 죽지도 않는 도화낙원이 열린다. 믿는 자만 들림을 받아 불사의 꿈이 열린다는 환상을 멀쩡한 사대부가 자제가 꾸고 있었다. 젊은 이승훈도 그랬고, 김건순金健淳과 강이천姜彝天도 그랬다.

다산과 형님 정약전이 벼슬길에 올라 정조의 총애를 한 몸에 받고 있을 때, 정약종은 천주교에 올인했다. 뒤늦게 붙은 열정은 아무도 말릴 수가 없었다. 그는 『주교요지主敎要旨』라는 천주교 교리 설명서를 썼다. 이 책을 본 중국인 주문모周文謨 신부가 엄지손가락을 척 올렸다. 감탄을 금하지 못했다. 이후 이 책은 조선 천주교회가 공인하는 교리서가 되었다. 정약종은 여기서 멈추지 않고 아예 『성교전서聖敎全書』의 편찬에 돌입했다. 중국에서 가져온 서학서를 종합해서 한 권의 결정판을 만들겠다는 야심이었다. 하지만 이 소원은 절반쯤 작업이 진행된 상태에서 그가 갑작스레 죽는 바람에 이루어지지 못했다.

『정감록』은 거의 재림 예수 신앙의 조선 버전이다. 십승지十勝地를 찾고, 미륵 세상을 꿈꾸며, 도화낙원을 갈망하던 이들에게 천주교의 가르침은 그들이 원하던 바로 그 복음이었다. 이승의 삶은 고통스러워도 천국이 우리를 기다리고 있지 않은가? 지금은 부잣집 잔칫상 아래서 부스러기가 떨어지기를 기다리는 개처럼 살고 있지만, 하늘나라에서는 그렇지 않을 것이었다. 그 천국이 가까이 와 있다.

천주의 계명을 지키고 성호를 긋고 기도를 열심히 하면 누구나 차별 없이 천국에 갈 수가 있다. 그곳에는 양반 상놈의 구분도 없고, 남녀의 차별도 없다고 했다. 누구나 평등하고, 평화롭고 공평한 세상이었다. 실제로 정약종은 영애令愛란 이름의 여종을 단 7냥이란 상징적인 금액에 속량해주었다. 그들은 자신의 믿음을 실행에 옮김에 조금의 주저함이 없었다.

이때 다산은 천주교와 완전히 결별한 상태였을까? 대외적으로는 배교 상태에 있었지만 특별히 그럴 만한 극적인 계기가 없었다. 윤유일이 북경 주교에게서 제사 금지의 교리를 전해 듣고 이를 전달한 것이 1790년이었다. 이 일로 문제가 불거진 것은 1791년의 진산사건이 처음이었다. 제사 금지 조항에 대해 심정적 거부감을 지녔을 수는 있어도, 이 정도 일에 그토록 간절했던 신앙이 싸늘하게 식을 수는 없는 일이었다.

하지만 당시 다산 형제는 벼슬길에 몸을 두고 있었고, 아버지 정재원의 엄명도 있었던 데다, 자칫 경솔한 행보가 자신을 두둔하는 임금 정조와 채제공에게 큰 누가 될 수 있음을 너무도 잘 알고 있었다. 다산의 신앙생활은 자의 반 타의 반으로 긴 휴지기로 들어갔다.

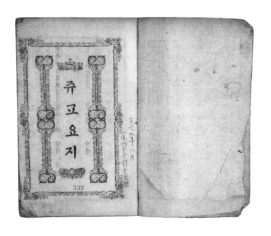

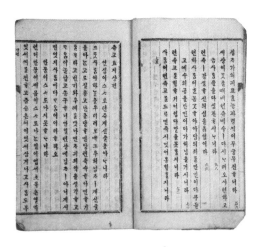

정약종이 천주교 교리를 체계적으로 전달하기 위해 한글로 쓴
『주교요지』의 표지(위)와 상편(아래).

하담을 바라보며

공자의 사당에 절하지 않은 이승훈

───────

진산사건이 마무리된 뒤에도 여진은 다 꺼지지 않았다. 1792년 2월 중순 홍낙안의 척사소斥邪疏가 다시 쟁점화하면서, 2월 28일에 이승훈의 문제가 재차 불거졌다.

이승훈은 1791년 6월 24일에 평택현감으로 부임했다. 부임후 사흘 안에 향교의 문묘文廟로 가서 공자孔子의 사당에 참배하는 것이 당시 관례였다. 이승훈은 보름이 지나도 참배할 생각이 없었다. 건물에 비가 샌다는 보고가 올라가자 그제야 마지못해가서 살펴보았다. 이때도 그는 공식적 참배가 아니므로 절을 올릴 필요가 없다며 그대로 나가버렸다.

자신이 천주를 섬기므로 다른 신은 섬기지 않겠다는 취지였
다. 진산사건 당시 그는 천주교를 완전히 끊었다고 공언했던 터
여서, 이 일이 사실이면 앞서 진술이 뒤집히는 상황이었다. 평택
유생 이수李璲가 통문을 돌려 이 일을 성토했다. 일이 커질 듯싶
자 동생 이치훈이 다시 나섰다. 이수에게 70냥의 거금과 여러 물
품을 뇌물로 주어 그 통문을 되가져오게 했다. 이 사실을 안 권
위權瑋가 격분해서 자기 이름으로 통문을 냈다. 하지만 진산사
건이 막 끝난 뒤라 쉬쉬하며 유생들이 호응하지 않자, 용인 유생
정상훈鄭尙勳이 과거 시험장에서 큰 소리로 성균관 유생들을 겁
쟁이라고 욕했다.

이치훈은 능행을 떠나는 임금의 수레를 막고 권위와 정상훈
등이 이승훈을 모함한다며 관련자를 무고했다. 정조는 사안이
가볍지 않다고 보아 김희채金熙采를 평택에 안핵어사按覈御史로
파견했다. 그는 이승훈의 재종매부였다. 임금은 채제공을 만나
보고 떠날 것을 김희채에게 명했다. 채제공은 이 일의 배후에 틀
림없이 홍낙안이 있음을 주지시켰고, 그가 남대문을 나설 때 이
승훈이 채제공의 가짜 편지를 전해주며 한 번 더 홍낙안을 걸고
넘어갔다.

김희채는 평택에서 조사를 진행한 뒤 이승훈이 문묘에 배례하지 않았음을 알았지만, 보고서에는 배례를 했다고 썼다. 그는 이를 문제 삼은 권위를 매질로 엄벌하여 죽게 하고, 이승훈이 절을 올리지 않았다고 증언한 사람도 모두 형벌로 신문했다. 하지만 홍낙안을 끌어들이려던 계책은 실패로 돌아갔다. 이때도 이승훈 형제는 기민한 대응으로 입을 막고 상대에게 덮어씌워 또 한 번 위기를 넘겼고, 더 깊은 원한을 쌓았다.

홍문관 수찬 임명 소동과 대통 천거

1792년 3월 22일에 다산은 홍문관록弘文館錄에 선발되었다. 홍문관에 발탁할 관원 후보자 예비 명단에 든 것이다. 3월 28일에는 최종 선발자 명단인 도당회권都堂會圈에 뽑혀, 3월 29일에 홍문관 수찬에 임명되었다. 이전까지 8대에 걸쳐 옥당에 오른 것을 집안의 자랑으로 알았는데, 다산까지 9대로 이어지는 경사였다. 하지만 다산은 이번에도 명을 받들 수 없었다. 노론 쪽 반발이 만만치 않았다.

한동안 지속된 채제공의 독상獨相 체재는 진산사건을 잘 처리하고 막 상경한 전 충청도관찰사 박종악(朴宗岳, 1735-1795)이 우의정에 기용되면서 마무리되었다. 정조는 화성 건설의 본격적 추진을 담당할 남인 세력을 더 전진 배치하려는 뜻으로 채제공에게 후보자 선발을 맡겼다. 채제공은 정조와의 묵계 아래 노론과 소론, 그리고 남인 세 당파에서 여덟 명씩 안배한 스물네 명의 명단을 올렸다. 그러자 우의정 박종악이 나눠 먹기식 후보자 선발이라며 강력하게 반발했다. 노론인 그의 입장에서 남인과 노론의 후보자가 같은 숫자인 것을 결코 받아들일 수 없었다. 특히 그 명단 가운데 다산이 끼어 있는 것을 참지 못했다.

박종악은 정조에게 올린 비밀 편지에서 24인 한 사람 한 사람에 대한 여론을 수집해 빼거나 교체해야 할 명단과 대체 명단을 각각 이유를 달아 올렸다. 다산에 대한 반대 이유는 이랬다.

문벌과 글재주는 합당하나 윤가尹哥의 외손입니다. 그 외조부의 신주를 불태워 땅에 묻을 적에 애초에 일언반구 애통해하며 만류하여 말린 것이 없습니다. 물의가 모두 그도 또한 사학에 깊게 물든지라 신주 태우는 것을 당연하게 보았다고 여깁니다. 이는 외조부도 없는 자라 청직淸職에 선발되어서는 안 된다고들 합니다.

박종악의 반대 논리는 이랬다. 다산은 진산에서 사형에 처해진 윤지충의 사촌이다. 윤지충이 불태워 묻은 조부의 위패는 다산에게는 외조부가 된다. 윤지충이 선대의 신주를 태워 묻을 때 다산은 말리기는커녕 당연하게 여겼다. 그는 외조부가 없는 인간이나 한가지다. 이런 사람을 어찌 청직에 앉힐 수 있겠는가? 박종악 자신이 막 충청도관찰사로 진산사건을 처리하고 상경한 직후였기에, 다산에 대한 그의 이 같은 반대는 어찌 보면 당연했다. 여러 남인 중에 특별히 다산이 주요 반대 타깃이 되었다. 결국 다산은 직위에 나아가지 못했다.

　하지만 정조는 화성 건설의 깃발을 본격적으로 올릴 준비에 몰두 중이었다. 무엇보다 여론 장악이 필요했다.

　다시 채제공을 불러 은밀히 말했다.

　"남인 중에 대통臺通, 즉 사헌부와 사간원에 천거할 만한 사람이 몇이나 되는가?"

　임금은 이가환과 이익운, 그리고 다산에게도 각각 소견을 아뢰게 했다. 채제공과 이가환, 이익운 등 세 사람은 권심언權心彦이 가장 급하다고 입을 맞췄다. 임금은 몇 사람이나 되느냐고 물었는데, 한 번 천거할 때 남인이 통상 한 명 들어가기도 힘들었기 때문에 상의해 한 사람을 찍어 지명한 것이었다.

다산은 대담하게도 무려 스물여덟 명의 명단을 적어 올렸다. 각 사람의 집안과 급제 사실, 문학과 정사의 장단점까지 자세히 밝혔다.

"모두 시급합니다. 누구를 먼저 하고 나중 할지는 전하께서 판단하소서. 올리라 하시니 다 올립니다."

그해 6월, 관원의 성적을 고과하는 도목정사都目政事 때 정조는 다산이 올린 명단 중에서 무려 여덟 명을 한꺼번에 대통에 올려 노론을 경악게 했다. 다산이 추천했던 나머지 인원들도 그 후 몇 해 사이에 모두 천거되어 요직에 올랐다. 정조의 가려운 데를 시원스레 긁어준 다산다운 일 처리 방식이었다.

갑작스러운 부고

4월 6일, 다산은 규장각의 대유사大酉舍에서 왕명으로 어제御製 시축을 필사하던 중 진주에서 온 급보를 들었다. 부친이 위독하다는 소식이었다. 이튿날 새벽 3형제는 진주로 향했다. 4월 9일, 정재원은 임소에서 세상을 떴다. 형제는 도중에 부고를 들었다. 통곡하며 달려간 처소에 차갑게 식은 부친이 누워 있었다.

책상에는 각종 문서가 어지러이 쌓여 있었다. 머리맡의 작은 상자를 열자 종이 한 장이 나왔다. 각 부서별로 재무 상황을 하나하나 점검해 보완할 것을 지시한 문서였다. 세상을 뜨기 바로 전날 작성한 것인 듯하였다. 꼼꼼한 성품이 그대로 드러났다. 채제공이 「통훈대부진주목사정공묘갈명通訓大夫晉州牧使丁公墓碣銘」을 지어 이때 일을 적었다. 글에서 세 아들이 내려갔다고 한 것으로 보아, 양근 분원 땅으로 분가한 정약종은 함께 가지 않았던 듯하다.

자식들은 부친의 시신을 관에 싣고 4월 20일 즈음하여 마재로 돌아왔다. 이후 문상을 받고 5월 초에 발인했다. 충주 하담荷潭 선영에 장사 지냈다. 자식들은 부친의 돌연한 죽음에 자신들의 책임이 있음을 잘 알고 있었다. 1784년 이후 정약전, 정약종, 정약용 3형제는 누가 먼저랄 것도 없이 천주학의 심연으로 깊이 빠져들었다. 1785년 을사추조적발사건으로 자식들이 천주학에 빠진 것을 알게 된 정재원은 크게 놀라 자식들 통제에 적극 나섰다. 정약전과 정약용은 아버지의 단속에 겉으로는 기세가 수그러들었지만, 정약종은 타협을 거부하고 아예 집을 나가 부자의 인연을 끊었다.

『다산시문집』에 실린 「계부가옹행장季父稼翁行狀」은 막내 삼촌인 정재진丁載進의 행장이다. 장례 당시의 내용이 나온다. 진주서 관에 담겨 올라온 시신은 음력 4월 말의 무더위에 다 녹아내리고 있었다. 충주 선영으로 발인을 할 때는 시신 썩는 냄새가 진동했다. 관 밑으로 시신 썩은 물이 흥건했다.

운구를 하려면 관을 바꿔야만 했다. 하지만 녹아내려 손만 대면 문드러지는 시신을 새 관으로 옮길 사람이 아무도 없었다. 그때 계부 정재진이 솜으로 코를 틀어막고 손수 시신을 새 관으로 옮겼다. 맡을 수 없는 냄새였고, 눈 뜨고 볼 수 없는 광경이었다. 그는 눈썹조차 찡그리지 않고, 눈물만 비 오듯 흘렸다.

정재진은 다산을 특별히 아껴 자신의 양자로 들일 생각까지 했을 정도였다. 「계부가옹묘지명季父稼翁墓誌銘」에서 다산은 또 이렇게 썼다.

우리 형제 세 사람이 젊어서 서울에 노닐었다. 때를 만남이 불행하여 부형께 깊은 근심을 끼쳤다. 공은 특히나 가슴을 치고 발을 구르면서 마치 집에 불이 난 것처럼 하였다. 신유년(1801)에 화가 일어나자, 공은 비분하여 마치 살 생각이 없는 듯했다. 하지만 그 고아와 과부를 불쌍히 여기시어 살 집을 주고 또 때때로 다급함을 보살펴주었다. 아아! 지극하도다.

천주교 신앙 문제를 직접 거론한 대목이다. 안타까워 가슴을 치며 발을 동동 굴렀고, 비분을 참지 못했지만 1801년에 순교한 정약종의 처자식을 마재에 거두어 살 집을 마련해주고 살 도리를 챙겨준 것도 정재진이었다.

망하루의 슬픈 눈길

장례 후 삼년상을 치를 여막은 마재의 집에다 차렸다. 맏형 정약현은 지붕을 새로 이고, 무너져가는 집을 고쳤다. 수리가 끝나자 그는 목수에게 집 동남쪽 반 칸의 좁은 땅에 작은 누각을 짓게 했다. 가뜩이나 옹색한 마당에 웬 정자냐고 사람들이 다 한마디씩 했다. 그는 들은 척도 하지 않았다.

상복을 벗고는 그 작은 다락에 '망하루望荷樓'라는 편액을 걸었다. 망하는 부친의 산소가 있는 하담 쪽을 바라본다는 뜻이다. 망하루는 마재의 여유당與猶堂 뒤편 지금의 다산 묘소에서 앞을 바라볼 때 왼편 담장 너머 얕은 언덕에 있었다. 묘소 담장 너머에는 지금도 연꽃이 가득 심긴 연못이 있다.

정약현은 아침에 일어나면 곧바로 정자 위에 올라가 아버지가 묻히신 하담 쪽을 바라보며 회한에 찬 모습을 보였다. 보고 싶지만 보이지 않아 안타까워하는 표정이었다. 부친의 호도 하석荷石이고 보니, 아버지를 그리는 집이라는 뜻도 된다. 그제야 사람들은 망하루에 담긴 속내를 알아챘다. 다산은 자신이 지은 「망하루기望荷樓記」에 이 사연을 적었다.

다산은 「큰형님이 지은 망하루 시에 삼가 화답하여奉和伯氏望荷樓之作」란 시를 남겼다.

강 위 나는 누각은 크기 겨우 반 칸인데	江上飛樓只半楹
하늘빛 저 멀리 충주성에 닿았구나.	天光遙直蕊州城
발과 창이 감춘 눈물 가려주지 않아서	簾櫳不掩修防淚
꽃과 새도 부모 그린 그 정성을 모두 아네.	花鳥皆知陟屺誠
도도桃島의 뜬구름도 뜻이 있나 의심하고	桃島浮雲疑有意
탄금대에 흐르는 물, 소리 없음 슬퍼한다.	琴臺流水悵無聲
어여뻐라 손수 심은 동산의 나무들은	可憐手植園中樹
봄이 오면 가지와 잎 하나하나 돋아나리.	柯葉春來箇箇生

도도는 하담 서쪽에 있는 삼각주이고, 탄금대는 그 동쪽에 자리 잡고 있었다. 주인은 늘 발을 걷고 창을 열어 하담 쪽만 바라

보며 눈물을 흘린다. 묘역에 심은 꽃나무는 봄이 오면 가지마다 새싹이 돋아나겠지만, 한번 떠난 어버이는 다시 돌아오시지 않는다.

정약현으로서는 자신의 처남 이벽으로 인해 집안에 천주교가 퍼졌고, 이 때문에 부친의 근심이 끊이지 않았으니, 그 죄책감 또한 가볍지 않았을 것이다.

후회하는 마음의 집

아버지께 바친 다짐

_____

부친의 여막을 마재에 마련하면서 정약종을 제외한 약현, 약전, 약용 등 3형제는 이곳에 머물렀다. 높은 재주에도 평생 좌절과 비방이 따라다닌다는 마갈궁의 운명 탓이었을까? 다산이 막 다시 벼슬길에서 날개를 펴려던 즈음인 것이 안타까웠다. 다산은 늘 그랬다. 일이 풀릴 만하면 꼭 마가 끼었다. 장례를 마친 뒤 5월 말 졸곡제卒哭祭를 올릴 때까지 이들은 내내 마재에 있었다.

    형제는 이 무렵 저마다 새롭게 당호를 지었다. 다산은 거처의 문미門楣 위에 여유당이란 이름을 내걸었다. 정약전은 매심재每

心齋란 이름을, 큰형 정약현은 망하루 외에 수오재守吾齋란 이름을 거처에 달았다. 다산이 이 집에 대한 글을 지었다.「여유당기與猶堂記」와「매심재기每心齋記」, 그리고「수오재기守吾齋記」가 그것이다. 부친의 급작스러운 죽음이 준 충격에 더해, 천주교 문제로 부친께 큰 근심을 안겨드린 것에 대한 일종의 반성문이자 자기 다짐의 내용을 담았다.

다산은 언제「여유당기」를 지었을까? 1800년 정조 서거 후 낙향했을 당시에 지은 것으로 보는 것이 보통이다.「여유당기」에서 다산은 스스로를 이렇게 진단했다.

내 병은 내가 잘 안다. 용감하나 꾀가 없고, 선善을 좋아하나 가릴 줄 모른다. 정에 맡겨 곧장 행하면서 의심하지 않고 두려워하지 않는다. 일을 그만둘 수 있는데도 진실로 마음이 기뻐 움직이면 그만두지 않는다. 하고 싶지 않아도 마음에 께름칙하여 불쾌한 것이 있게 되면 반드시 그만두지 못한다. 이 때문에 어렸을 때는 방외를 내달리면서도 의심하지 않았다. 어른이 되어서는 과거 공부에 빠져서 돌아보지 않았다. 서른이 되어서는 지난날의 후회를 깊이 진술하면서도 두려워하지 않았다. 이 때문에 싫증 냄 없이 선을 좋아하였지만 비방을 입음이 홀로 많았다.

글에 기술된 마지막 나이가 30세다. 1792년 당시 다산은 31세였다. 또 뒷부분에 남을 논박하는 상소를 올리거나, 관직에 있으면서 공금을 농간하는 일을 하지 않겠다고 한 내용이 있으니, 1800년에 모든 희망을 접고 낙향한 뒤의 글이 아니다.

글에서 다산은 자신의 서른 생애를 10대의 불의不疑와 20대의 불고不顧, 30세 이후의 불구不懼로 구분했다. 확신을 향해 의심하지 않았고, 과거 시험 외에 돌아보지 않았으며, 후회할 일을 했지만 두려워하지 않았다고 당당하게 썼다.

여기서 "지난날의 후회를 깊이 진술하면서도 두려워하지 않았다"라는 것은 바로 천주교 문제이다. 자신이 한때 천주교를 믿었음을 공공연하게 인정하면서도 두려워하지 않았다는 뜻이다. 그 결과 낙선樂善의 성품에도 불구하고 수없는 비방을 많이 받았다. 이 같은 3단계에 대해 다산은 다른 글에서도 반복적으로 피력한 바 있다.

'여유'는 노자老子의 『도덕경道德經』 제15장 속 "겨울에 시내를 건너는 것처럼 조심하고, 사방 이웃을 두려워하듯 경계하라與兮若冬涉川, 猶兮若畏四鄰"라는 구절에서 따온 말이다. 비방을 자초하지 않고 조심조심 살아가겠다고 했다. 다산이 초천에 돌아온 것은 부친상 당시인 1792년 5월과 정조 서거 후인 1800년 여름

이후뿐이다. 그런데 병조참판 윤필병尹弼秉을 위해 써준 「무호암기無號菴記」에서 자신의 자호를 여유당거사與猶堂居士라고 했다. 윤필병이 병조참판으로 있었을 때는 1796년 겨울이었다. 이때 이미 다산이 자신의 호를 여유당거사라 했으니, 다산이 「여유당기」를 지은 시점은 31세 때인 1792년이 맞다. '아버지! 많은 걱정을 드렸습니다. 이제부터는 조심 또 조심하며 뉘우침 없는 삶을 살겠습니다.' 이것이 「여유당기」에 담긴 다산의 다짐이었다.

나는 뉘우침이 많은 사람

정약전은 부친상 당시 초천의 거처에 매심재란 당호를 달고는 동생 다산에게 「매심재기」를 짓게 했다. 그 변은 이렇다.

매심每心이란 회悔, 즉 뉘우침이다. 나는 뉘우침이 많은 사람이다. 내가 매양 뉘우침을 잊지 않으려는 마음을 지녀, 인하여 재실에 이름을 지었다每心者悔也, 吾多悔者也. 吾每心不忘其悔者, 因而名其齋.

매심 두 글자를 합치면 뉘우칠 회 자가 된다. 언제나 뉘우치는 마음을 잊지 않고 간직하겠다는 뜻이다. 무엇을 뉘우치는가? 천주교에 빠져서 아버지의 마음을 아프게 한 일을 뉘우친다는 뜻이다.

다산은 형님의 이 말을 받아 「매심재기」를 지었다. 사람이 세상을 살아가면서 잘못이 없을 수 없고, 잘못이 있다면 뉘우침이 없을 수 없다. 성인聖人과 광인狂人의 차이는 뉘우침의 유무가 가른다. 그리하여 잘못을 뉘우쳐서 성인이 된 여러 예를 들고 나서 이렇게 썼다.

진실로 뉘우친다면 과실은 허물이 되지 않는다. 둘째 형님이 재실에 이름을 붙인 것이 어찌 그 뜻이 넓지 않겠는가? 생각건대 뉘우침에도 도리가 있다. 만약 밥 한 그릇 먹을 사이에 불끈하여 흥분했다가 얼마 뒤에 뜬구름이 허공을 지나가듯 한다면 어찌 뉘우침의 도리이겠는가? 작은 허물이 있게 되면 진실로 이를 고치고 나서 비록 잊어버려도 괜찮다. 큰 허물이 있게 되면 비록 고치고 나서도 하루라도 그 뉘우침을 잊어서는 안 된다. 뉘우침이 마음을 길러주는 것은 똥이 싹을 북돋워 주는 것과 한가지다. 똥은 썩고 더러운 것이지만, 이것으로 거름을 주어 싹을 훌륭한 곡식으로 만든다. 뉘우침은 잘못과 허물에서 말미암지만, 이것으로 마음을 길러 덕성으로 삼으니 그 이치가 한가지다.

잘못을 해도 뉘우쳐 고치면 그 잘못이 나를 성장, 발전시킨다. 똥이 더러워도 거름으로 주면 곡식이 그 기운을 받아 알곡을 맺는다. 지난 큰 잘못을 뉘우쳐 아버지의 뜻에 부끄럽지 않은 삶을 살겠다고 다짐하는 내용이다. 다산은 글 끝에서 "나의 뉘우침은 둘째 형님에 견줘보면 1만 배나 된다. 이것을 빌려다가 내 방의 이름으로 삼는 것이 좋겠다"라고 썼다.

두 글 모두 상중에 초천에 돌아왔을 당시에 쓴 글이라 할 때, 세상을 뜬 부친을 향한 반성과 자기 다짐의 말로 읽지 않을 수 없다.

나를 지키는 집

큰형 정약현은 부친 서거 후에 망하루를 짓고 그곳에서 늘 하담 선영을 바라보며 슬퍼했다. 다산은 「선백씨진사공묘지명先伯氏進士公墓誌銘」에서 형제 3인이 1801년 신유박해 때에 천주교 신앙 문제로 정약종이 죽고 자신과 정약전은 귀양 간 일을 적었다. 또 열수洌水의 여막에서 곡할 때마다 사람들이 감격하여 눈물을 흘렸는데, 하루는 큰형님의 적삼 소매가 불그스레해서 보니 피눈물이더라고 썼다.

정약현은 자신의 거처에 수오재란 이름을 지었다. 서두에서 다산은, 나와 굳게 맺어져 떨어질 수 없는 것이 나인데, 비록 지키지 않는다 한들 내가 대체 어디로 간다고 이런 이름을 붙이는가 하고 이상하게 여겼다고 썼다. 그러다가 1801년에 장기에 귀양 내려와 홀로 지내며 생각해보니, 다른 것은 아무것도 지킬 것이 없고, 오직 나만은 지켜야 하는 것인 줄을 새삼 깨달았다. 밭도 집도 누가 훔쳐갈 수가 없다. 정말 잘 달아나는 것은 바로 나다. 잠시라도 살피지 않으면 어느새 제멋대로 달아나 돌아다닌다. 천하에 가장 잃어버리기 쉬운 것이 바로 나가 아닌가?

다산은 「수오재기」에서 이렇게 말한다.

나는 함부로 간수했다가 나를 잃은 자다. 어려서는 과거科擧의 이름을 좋아할 만하다고 보아, 가서 빠져든 것이 10년이었다. 마침내 돌이켜 조정의 행렬로 갔다. 갑자기 이를 위해 사모紗帽를 쓰고 비단 도포를 입고서 대낮에 큰길 위를 미친 듯이 내달렸다.

이와 같이 한 것이 12년이다. 또 돌이켜 한강을 건너 조령을 넘어, 친척과 이별하고 분묘墳墓를 버린 채 곧장 아득한 바닷가의 대숲 가운데로 달려와서야 멈추었다.

나를 함부로 간수했다가 마침내 나를 잃어버린 자라고 스스로를 자책했다. 어려서는 학문에, 자라서는 과거 공부와 천주교에 빠져서 내가 나를 지키지 못했다고 슬퍼했다. 둘째 형님도 '나'를 잃고 남해에 귀양 가 있는데, 큰형님만은 자신을 잘 지켜서 수오재 위에 단정히 앉아 계시니, 그 본바탕을 잘 지켜서 잃지 않은 분이 아니겠느냐고 했다.

다산은 「수오재기」를 1801년 장기의 유배지에서 지었지만, 정약현이 자신의 재실에 수오재란 이름을 내건 것 또한 그 훨씬 전인 부친상 중의 일이었을 것으로 본다. 글 끝에 아버님이 내게 태현太玄이란 자를 지어주셔서 그것을 지키려는 의미라고 한 정약현 본인의 말이 첨부되어 있어서다.

세 아들은 저마다 아버지의 죽음 앞에 반성문을 썼다. 다산이 지은 「여유당기」와 「매심재기」, 그리고 「수오재기」가 모두 부친 앞에 바친 뉘우침의 글이다. 조심하고 경계하겠습니다. 언제나 뉘우침을 간직하겠습니다. 저 자신의 본래 자리를 잘 지키겠습니다. 그 속에는 신앙의 갈등으로 부자의 연을 끊은 셋째 정약종에 대한 기억이 함께 묻어 있다.

정약현이 날마다 망하루에서 피눈물을 흘리며 바라보던 하담에는 이제 조부 정지해丁志諧와 부친 정재원의 무덤이 없다. 하담에 있던 두 무덤은 1987년 경기도 퇴촌 천진암天眞庵 성지의 한국 천주교회 창립 선조 가족 묘역으로 이장되었다. 정지해는 천주교와 아무 인연이 없었고, 정재원은 천주교를 끝까지 반대했다. 정약전 내외의 묘도 하담에서 옮겨 왔다. 그 곁에는 아들 이벽의 신앙을 결사반대하여 신앙을 버리지 않으면 내 자식이 아니라며 감금하기까지 했던 이벽의 아버지 이보만李溥萬과 형을 고발했던 이석李晳의 무덤, 정약현의 아내이자 이벽의 누이인 이씨의 무덤까지 옮겨져 있다.

정약종 아우구스티노가 한국 천주교회 초대 명도회장明道會長으로 이미 복자품에 올라 성인품에 오를 날이 머잖았지만, 그 선대의 누운 자리가 편치만은 않을 듯하여 몇 차례 찾았을 때마다 마음이 불편했다. 피치 못할 사정과 후손의 판단이 있었겠지만 지나친 처사라 아니할 수 없다.

8장

신도시의 꿈과 밀고

안동 별시와 영남 만인소

영남을 족쇄에서 풀다

1792년 3월 25일, 도산서원 맞은편 낙동강 남안의 넓은 평지에 새벽부터 구름 인파가 몰려들었다. 영남 유생들을 대상으로 한 별시別試가 열리는 날이었다. 응시자가 7,228명에 제출된 답안지만 3,632장에 달했다. 구경꾼까지 한데 섞여 1만 명이 넘는 일대 장관을 연출했다. 1728년 이인좌李麟佐와 정희량鄭希亮 등이 일으킨 무신란 이후 금지되었던 영남 유생의 과거 응시를 공식적으로 해제하는 대축제의 한 마당이었다.

1788년 이진동李鎭東이 『무신창의록戊申倡義錄』을 들고 상경해 영남인의 억울함을 탄원하려다 곤경을 당해 죽을 뻔한 상황에서 1789년 8월 다산이 극적으로 그를 구출했던 일은 앞서 1권의 「이진동 구출 작전」에서 살핀 바 있다. 1792년의 도산서원 별시는 그때 일의 후속 조치이기도 했지만, 바로 전해인 1791년 진산 사건 이후 신서파 남인에게 집중적으로 가해진 공격에서 정조가 자신의 우호 세력인 남인을 지켜내려는 정치적 성격이 강했다.

정조는 1792년 3월 3일 각신 이만수李晚秀에게 전교를 내렸다. 영남의 옥산서원과 도산서원에 치제致祭(임금이 제물과 제문을 보내어 죽은 신하를 제사 지내는 일)하고, 도산서원에서 별시를 보이게 하라는 명이었다. 오늘날 도산서원에서 강 건너로 내려다보이는 시사단試士壇과 그 너머의 평지가 바로 시험장이었다. 이 시사단에 서 있는 비석은 채제공이 지었다. 그 비명의 서두는 이렇게 시작한다.

서양의 사학이 우리나라로 건너와 서울부터 퍼져나가 기호畿湖 지방까지 미쳤지만, 유독 영남의 일흔 고을만은 한 사람도 오염되지 않았다. 임금께서 탄복하시길 "이는 선정先正께서 남기신 교화 덕분이다"라고 말씀하셨다.

천주교 신앙이 서울과 경기도, 충청도까지 퍼져 나라를 뒤흔들었지만 영남 쪽에서 천주교 신자가 하나도 나오지 않았던 것은 오로지 퇴계退溪 이황李滉의 가르침에 따라 정학을 지켜왔기 때문이니, 이를 아름답게 여겨 특별 시험을 이곳에서 실시한다는 취지였다. 천주교를 믿었던 기호 남인의 문제를 정학을 지켜온 영남 남인을 통해 희석시켜, 정권 우호 세력을 키우고 정국을 안정시키겠다는 구상이었다.

이날 합격한 강세백姜世白과 김희락金熙洛 등 합격자들의 답안은 모두 활자화되어 『교남빈흥록嶠南賓興錄』이란 책자로 묶여 영남 전역에 배포되었다.

10여 일 뒤 사월 초파일에 정조는 통금을 해제하고 도성 백성들에게 연등놀이를 즐기게 했다. 대동의 분위기가 무르익고 있었다. 4월 18일, 사간원 정언 유성한柳星漢이 상소를 올려 이 흥겨운 분위기에 찬물을 끼얹었다.

그는 먼저 근자에 정조가 신하들과 학문을 토론하는 경연에 잘 참석하지 않는 것을 문제 삼았다.

이는 혹시 별도로 은미한 뜻이 있어 그런 것입니까? 신이 비록 그 까닭을 자세히 알지 못하오나 또한 반드시 그렇지만은 않음이 있을까 염려합니다. 목이 멜까 밥을 먹지 않는 것은 전하의 거룩하신 지혜로 어찌 그리해서는 안 됨을 생각지 않으십니까?

유성한은 신하들에게 뭔가 불편한 심기가 있어서 경연에 참석하지 않는 것이냐고 따졌다. 그것은 목이 멜까 겁이 나서 밥을 안 먹겠다는 것과 같은 것이 아니냐고도 했다. 그는 또 열흘 전 사월 초파일에 광대가 임금의 수레 앞으로 바싹 다가오고, 여악女樂이 난잡하게 대궐까지 들어간 일도 추궁했다.

글은 알게 모르게 사도세자 복권 문제를 건드리고 있었다. 진산사건의 거친 봉합과 영남 별시를 통해 남인들에게 문호를 열어준 일 등에서 노론 벽파는 자신들의 목줄을 서서히 죄어오는 어두운 그림자를 느꼈다. 제동을 걸어야 할 시점이었고, 그 총대를 유성한이 멨다. 간언이라고는 해도 어조가 다소 과격했다.

네가 이미 알지 않느냐?

정조는 꾹 참고 비답을 내렸다. 그의 인내심은 이럴 때 더 무서웠다.

"올린 글에 은미한 뜻이 있느냐고 했으니, 그렇다면 그 까닭을 틀림없이 속으로 알고 있을 듯하다. 어찌 반드시 그렇지 않다고 할 수 있겠는가? 이는 이것 때문에 저것을 소홀히 한 것이 아니고 스스로 재량한 것이 있다. 이 밖에 아뢴 것은 말이 모두 마음속에서 나왔고, 글은 겉으로 꾸미지 않았다."

겉으로는 칭찬했지만 불편한 심기가 묻어났다. 왕의 뜻은 이랬다. '내 은미한 뜻은 네가 이미 잘 알지 않느냐? 게다가 어쩌다 한번 백성들을 위해 즐거운 놀이판을 허락한 일을 두고 경연 문제와 연결 짓기까지 한 것은 대단히 우습다.' 조정이 술렁거렸다.

여론이 심상치 않자 4월 27일 장령 유숙柳潚이 유성한의 상소에 문제를 제기하는 척하면서 엄호사격을 했다. 이틀 뒤 사간원 헌납 박서원朴瑞源이 글을 올려, 유성한의 말이 경망스럽고 음흉하고 지나치게 불측하다며, 어찌 신하가 임금에게 감히 미의微意니 폐식廢食 같은 말을 입에 올릴 수 있느냐고 규탄했다. 더욱이 연등절에 여악이 대궐로 들어왔다는 것은 대궐 문 건너편의 춘원春苑에서 장수들이 여악을 불러 논 것을 마치 대궐에서 그런 것처럼 악의로 왜곡해 팔방을 놀라게 했으니 삭탈관직뿐 아니라 의금부로 끌고 와 엄하게 국문해야 한다고까지 했다.

4월 30일, 침묵을 지키던 채제공이 마침내 글을 올렸다. 유성한 상소의 맥락을 살펴보면, 은미한 뜻을 말한 것은 임금을 범하려는 뜻이 있고, 목이 멜까 봐 식사를 폐한다는 표현은 임금을 핍박하려 드는 흉악한 심보라고 썼다. 유성한을 은근히 보호하려 한 유숙까지 삭탈관직할 것을 말했다. 좌의정의 말인지라 여파가 더 컸다.

이후 상소문이 빗발치듯 일어나면서 유성한의 상소는 어느새 '성세聖世의 변괴', 즉 성대한 세상에 일어나서는 안 될 괴변이 되었다. 호칭도 역적으로 바뀌었다. 삭탈관직 요구는 국문하여 형벌로 다스려야 한다는 외침으로 변했다. 윤4월 2일에는 성균관 유생 윤면순尹勉純 등 400여 명이 연명한 상소문이 올라왔다.

이 과정에서 대간 윤구종尹九宗이 과거의 패역한 언행과 함께 유성한의 일에 연좌되었다. 윤구종은 경종의 비 단의왕후 심씨의 능인 혜릉惠陵을 지나면서 가마에서 내리지도 않았고, "노론은 경종에게 신하의 의리가 없다"라고 하며 말에서 내리는 것조차 거부했다. 그는 유성한의 상소문이 불러온 파장이 끝 모르고 확대되어가던 와중에 의금부에 끌려와 국문을 받고 윤4월 15일에 급작스레 죽어버렸다.

윤4월 19일 전 장령 이지영李祉永은 공공연하게 사도세자의 죽음을 전면에 내세워, 당시 옥사에서 의리를 명백히 하지 않고 은전을 베푼 결과 유성한이나 윤구종 같은 자들이 흉악한 짓을 기탄없이 하게 만드는 결과를 낳았다며 발언 수위를 한껏 올렸다. 조정의 논의는 어느덧 차마 말하지 못할 일, 즉 사도세자의 죽음 문제를 정면에서 거론하는 단계로 경보가 격상되었다.

영남 유생 1만인의 2차에 걸친 연명 상소

1792년 윤4월 27일, 마침내 영남 유생 10,057인이 연명한 이른바 영남 만인소의 시한폭탄이 터졌다. 유성한의 상소는 영남 남인들이 오랫동안 가슴에 품고도 입을 열지 못했던 사도세자 문제를 수면 위로 끌어올리는 기폭제 역할을 했다. 이제껏 이 사안은 입을 열기만 해도 역모로 몰리는 금기의 언어였다. 금기가 깨지자 말의 봇물이 터졌다.

만인소의 대표자는 이우(李㙫, 1739-1811)였다.

오호라! 신등은 한 가지 의리를 가슴속에 간직해온 것이 이미 30여 해입니다. 하지만 남에게는 감히 입을 열지 못한 채 가슴만 치면서 다만 살고 싶지가 않았습니다.

이어 사도세자를 죽음으로 몰고 간 역적들을 다스리는 일은 하늘이 허락하고 신명이 살펴보는 바이니, 이들을 극형으로 처벌해야만 세상에 의리가 밝아질 것이라고 얘기했다.

글의 내용은 8일 전 올라간 이지영의 상소문과 정확하게 호응하고 있었다. 그 짧은 시간에 10,057명의 참여자를 이끌어낸 것은 영남 남인들의 조직력의 승리였다. 불과 한 달 전 도산 별시를 통해 한껏 고양된 기세가 있었기에 가능한 일이었다. 국왕이 우리와 함께한다는 확신에 더해, 좌의정 채제공과의 비밀스러운 공조와 핫라인이 가동되고 있었다.

이우 등은 영남 만인소를 들고 상경하여 상소문을 올렸다. 하지만 수문장은 상소문의 수령을 거부했다. 전 수찬 김한동金翰東이 상소하여 영남 만인소가 도처에서 저지당하는 상황을 폭로했다. 결국 왕명으로 그 상소가 임금 앞에 놓였다. 임금은 1788년 이진동에게 그랬던 것처럼 소두疏頭인 이우와 김희택金熙澤 등을 어전으로 불렀다.

"내 앞에서 상소문을 읽거라."

이우가 큰 소리로 상소문을 읽었다. 정조는 듣는 내내 감정이 복받쳐서 울음을 참느라 목이 꽉 메었다. 말을 하려 해도 입을 열 수 없는 상태가 오래 지속되었다.

감정을 추스른 임금이 한참 만에 입을 열었다.

"마음이 미어져서 말에 차서次序가 없다. 차마 문자로 기록하지 못해 대면해 얘기하려 했다. 내 어찌 너희들의 상소를 차마 듣겠느냐?"

한번 말문이 트이자 정조는 사도세자 문제에 대한 자신의 심경을 길고 자세하게 얘기했다. 하지만 거기까지였다. 구체적인 조처를 요구하는 주장은 단호하게 막았다. 그러면서도 뜰에 있던 진신과 유생들을 전각 위로 올라오게 했다.

비답을 내리고, 사관을 돌아보며 말했다.

"오늘의 연교筵敎에서 차마 들을 수 없고 차마 쓸 수 없는 것을 제외하고는 사실과 어긋나지 않게 상세히 기록으로 남기어라."

왕의 격렬한 슬픔에 감응해 영남 유림은 열흘 뒤인 5월 7일에 다시 10,368명의 만인소를 작성해 다시 올렸다. 상소문과 1만 명이 넘는 명단을 적은 종이는 길이만 90미터가 넘었다. 하지만 끝내 처벌의 봉인은 열리지 않았다. 아직은 때가 되지 않았다고 임금은 생각했다. 그 너머에서 화성 건설의 대업이 꿈틀거리고 있었다. 이 일이 벌어지던 당시 다산은 상중이었다. 급박하게 건너오는 소식에 귀만 세우고 있었다.

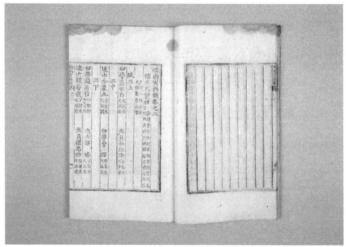

『교남빈흥록』은 안동 별시에 관한 기록으로 과거 시행 취지와 합격자 답안 등을 모아두었다. 수원화성박물관 소장.

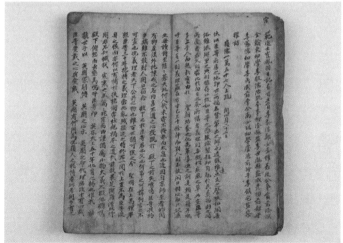

『영소전말嶺疏顚末』은 상소문을 올리게 된 배경, 경과, 전말 등 영남
만인소에 관련된 정보를 한데 모았다. 안동국학진흥원 소장.

놀라운 화성 설계

그를 불러 성제를 올리게 하라

영남 만인소는 사도세자 서거 30주년을 맞아 의도적으로 기획된 남인들의 거사였다. 도산 별시 직후였고, 유성한의 상소가 불러온 파장도 있어서 타이밍이 절묘했다. 두 차례에 걸친 만인소로 사도세자 복권의 불씨가 당겨졌고, 신서파 남인을 겨냥했던 진산사건의 여파도 이 일로 잠재울 수 있었다.

1789년 아버지 사도세자의 묘소를 현륭원으로 이전한 정조는 해마다 수원을 찾으면서 화성 신도시 건설을 위한 구상과 준비에 몰두했다. 그것은 원대한 꿈이었다. 화성 건설을 공개적으로 선언하려면 그에 맞갖은 준비가 필요했다. 엄청난 소요 비용의 재원 마련과 신도시 건설 계획의 구체적 청사진이 필요했다.

정조는 사도세자의 회갑이 되는 1795년에 신도시의 위용이 세상에 드러났으면 했다. 이래저래 마음이 급했다. 다산 외에 이 일을 맡길 만한 사람은 눈을 씻고 찾아봐도 찾을 수가 없었다. 기밀 유지를 위해서도 다산이 상중인 점은 퍽 유리했다. 정조는 다산에게 사람을 보내 신도시 건설의 청사진을 그려볼 것을 주문했다.

『다산연보茶山年譜』 중 1792년 4월 기사에 다음 내용이 나온다.

5월에 충주에서 장례를 지내고, 마재로 돌아와 곡했다. 6월에 명례방으로 집을 옮겨 쉴 새 없이 왕래했다. 당시에 임금께서 물으신 일이 있었기 때문이다.

다산은 왕의 밀명을 받고 하는 수 없이 명례방에 새 거처를 마련해, 초하루와 보름 제사가 있을 때만 마재로 내려갔다. 명례방은 지금의 명동이다. 다산의 명례방 시절이 이렇게 시작되었다.

또 『사암연보俟菴年譜』는 1792년 겨울 기사에 "겨울에 명을 받들어 수원의 성제城制를 올렸다"라고 썼다. 정조는 "1789년 겨울에 주교를 설치할 적에 정약용이 그 규제規制를 정리하고, 일을 맡아 이루었다. 그를 불러 자기 집에서 성제를 조목으로 만들어 올리게 하라"라고 말했다. 한강에 배다리를 설치할 때 보여준 다산의 역량을 믿는다는 의미였다.

왕명에 따라 다산은 윤경尹畊의 『보약堡約』과 유성룡柳成龍의 「성설城說」에서 취할 만한 훌륭한 제도를 따와서 건물과 누대, 축성의 여러 제도를 정리해 보고했다. 임금은 다시 『고금도서집성古今圖書集成』에 실린 『기기도설奇器圖說』을 보내주며 무거운 물건을 들어 올리는 기중가의 설계를 명했다. 다산은 기중가는 물론 공사에 필요한 유형거 등의 제작 도면을 제작 단가까지 적어 보고서를 올렸다.

1792년 6월부터 논의되어 이듬해인 1793년 4월에 올라간 다산의 보고서는 정조가 어째서 그토록 다산을 감싸고돌았는지에 대한 이유를 웅변해준다. 다산은 성 쌓는 데 살펴야 할 핵심 사항을 일목요연하게 정리해 「성설城說」을 썼고, 「옹성도설甕城圖說」과 「포루도설砲壘圖說」로 세부 제도를 논했다. 이어 「현안도설懸眼圖說」과 「누조도설漏槽圖說」에서 장치를 설명한 뒤, 「기중도설起重圖說」과 「총설總說」로 건축의 효율성을 높이기 위해 꼭 필요한 설비와 도구 문제를 다루며 마무리했다.

그 공학적이고 유려한 설계는 말할 것도 없고, 크고 작은 제반 문제에 대한 꼼꼼하고 세심한 정리에 정조는 혀를 내둘렀다. 기중가와 녹로轆轤, 유형거 등 제반 장비의 물리적 계산식까지 포함된 설계가 놀라웠다. 여기에 구리쇠로 만든 서양식 기어 장치를 조선식 도르래로 대체하거나, 조선의 굴곡 많은 도로 특성과 무거운 돌을 운반해야 하는 사정을 반영한 유형거에 이르기까지 도저히 현장 경험이 없는 책상물림의 선비가 감당해낼 수 있는 수준이 아니었던 것이다.

단계별 사유와 합리적인 공정

그 세부 내용의 설명은 책 한 권으로도 모자라니 다산의 날렵하고 경쾌한 사유와 단계별 공정 체계의 합리성만 간략히 밝히겠다. 「성설」에서는 먼저 8조목을 세웠다. 1. 푼수分數 2. 재료材料 3. 호참壕塹 4. 축기築基 5. 벌석伐石 6. 치도治道 7. 조거造車 8. 성제城制가 그것이다.

엄청난 역사役事여서 무엇보다 입안 단계의 계획부터 꼼꼼해야 한다. 1. 푼수에서는 성곽의 둘레를 먼저 재고 높이를 정해, 소용될 석재와 기술자 및 인부 인건비 등 제반 비용의 산출 근거를 마련했다. 2. 재료는 벽돌이나 흙으로 쌓자는 주장을 배척하고 석성이라야 하는 이유를 밝혔다. 3. 호참은 성을 쌓을 때 흙을 파서 생기는 호참 활용법과 도구에 대한 설명이다. 4. 축기는 바닥 다지기로, 엄청난 공사비가 드는 큰 돌이 아닌 개천의 자갈돌을 깔기로 하고, 임금을 지급하는 인부를 모집한다. 나아가 그들이 지고 온 양에 따라 공정하게 품삯을 지급하는 방법을 제시했다. 여기까지가 기본 인프라 구축에 관한 내용이다.

　이제 준비가 끝났으니 성을 쌓을 차례다. 5. 벌석은 석재 채취에 관한 내용이다. 돌덩이의 크기를 용도에 따라 표준화해서 자르고, 운반하는 방식을 설명했다. 6. 치도는 길 닦기에 관한 것이다. 평지가 드문 조선 지형의 특성상 채석장에서 성 쌓는 곳까지 평탄한 길을 먼저 확보하지 않으면 석재 운반이 어렵다. 7. 조거는 돌을 실어 나를 수레에 대한 부분이다. 이를 위해 다산은 이전에 누구도 생각지 못한 유형거란 수레를 발명했고, 그 세부 도면과 치수까지 그림으로 그려 제시했다. 유형은 무게중심의 이동을 가능케 하는 저울이다. 지면의 기울기에 따라 무게중심을 잡아 돌 실은 수레의 수평을 잡아주는 장치다. 8. 성제는 무너지지 않게 성벽을 쌓는 원리에 관한 것이다. 배불뚝이가 아니라 3

분의 2 지점까지는 들여쌓고, 그 위로는 내쌓아 옆에서 보면 배가 들어간 모양이라야 하는 이유와 쌓는 방법을 설명했다.

이 밖에도 다산은 옹성과 망루, 화재를 대비해 성문 위에 설치하는 물통인 누조에 대해서도 명나라 모원의茅元儀의 『무비지武備志』를 참고하여 구체적인 도면까지 그려 제시했다. 이 보고서로 화성 건설의 청사진이 눈앞에 보일 듯 펼쳐졌다.

놀라운 조선형 기중가의 탄생

전체 총론에 해당하는 「성설」이 올라오자 정조가 입을 딱 벌렸다.

"수고가 많았다. 이제는 옹성·포루·현안·누조 등의 제도와 기중가에 대한 계획을 구체화하라."

서양인 테렌츠Terenz가 펴낸 『기기도설』이란 책이 참고 도서로 함께 도착했다.

다산이 기중가를 만드는 과정은 참으로 경이로웠다. 성은 돌로 쌓는다. 조선의 지형은 화강암이 많아 석재를 구하기는 힘들지 않다. 정작 비용은 벌석과 운반에서 발생한다. 여기서 불가피하게 기구의 사용이 요청된다.

다산은 먼저 뱃사람들이 무거운 돛을 올릴 때 쓰는 도르래식 활차滑車를 떠올렸다. 임금이 내려준『기기도설』에는 11개의 다양한 형태의 기중가 그림이 실려 있었다. 이 중 세 가지 도면을 확대해 그려 벽에 붙였다. 그나마 제8도가 가장 실상에 가까웠다. 이 기중가는 구리쇠로 주형을 부어 제작한 톱니바퀴 3개를 연동해 상단의 도르래로 동력을 전달하는 구조였다. 당시 조선의 기술력으로는 구리쇠 톱니바퀴 제작이 불가능했다.

동력을 전달하는 톱니바퀴 기어 장치를 만들 수 없다면 기중가는 포기해야 했다. 하지만 다산은 포기하지 않았다. 도르래 장치를 연동해 3중 기어 장치와 맞먹는 힘을 끌어낼 수는 없을까? 이렇게 해서 다산은 결국 10개의 도르래를 맞물려 동시에 구동시키는 전무후무한 조선형 기중가를 완성했다. 40근의 힘으로 2만 5천 근의 무게를 들어 올릴 수 있는 놀라운 장치였다. 양 옆의 물레처럼 생긴 부분을 감기만 하면 연결된 도르래를 통해 동력이 차례로 전달되었다. 1천 명의 인부나 1백 마리의 소도 끌지 못할 무거운 돌도 두 사람이 물레 부분의 손잡이만 돌리면 새 깃털처럼 들어 올릴 수 있다고 다산은 보고했다.

다산은 물리학적인 역학계산까지 척척 해냈다. 한 번도 현장 경험이 없었던 그가 어떻게 이런 작업을 해치울 수 있었는지는 따로 연구가 필요하다.

그의 합리적 정신은 유형거 설계에서 한 번 더 빛났다. 수레 없이 석재 운반은 불가능하다. 큰 수레는 바퀴가 너무 높아 돌을 실을 수가 없다. 게다가 바큇살이 돌의 하중을 못 견딘다. 또 경사면을 오르내릴 때 돌이 미끄러져 뒤에 있던 사람을 덮치거나, 반대로 수레를 끌던 소를 덮치는 문제도 있었다.

다산은 명나라 모원의가 지은 『무비지』에 나오는 우물 정#자 형태의 비용 절감형 바퀴 모델을 도입해 높이를 낮추면서 바큇살의 하중을 분산시켰다. 또 하중을 견딜 수 있게 바퀴를 연결하는 중심축을 강화했다. 고정 장치를 만들어 실은 석재가 앞뒤로 쏠리지 않게 했다. 여기에 중심을 잡아주는 반원형의 복토伏兎 장치를 두고, 수레 뒤쪽 손잡이를 앞쪽보다 길게 달아 저울대처럼 수평 조정을 용이하게 했다. 돌을 실을 때도 뒤쪽 손잡이를 조금 들면 지렛대원리로 수레 위에 돌을 간단히 실을 수 있었다.

나의 생각에 가장 놀라운 것은 제작 단가를 낮추기 위해 수레 각 부위의 목재를 다르게 구성한 것이다. 하중을 많이 받는 부위는 목질이 단단한 소나무를 썼고, 가로로 대는 나무는 참나무, 세로로 대는 나무는 생참나무를 써서 재목에 드는 비용을 최대한 절감했다. 그 결과 수레 한 대의 제작비는 12냥 내외였고, 전체 공정에 필요한 수레 70대를 만들어도 840냥으로 해결할 수 있었다.

세부적인 치수뿐 아니라 작동 원리에 대한 설명, 심지어 합리적인 인건비 지급 방법까지 다산은 보고서에 세세하게 적었다. 누구도 예상치 못한 놀라운 보고서가 올라오자 정조는 화성 신도시 건설이 다 이루어진 것처럼 기뻐했다. 훗날 공사가 끝난 뒤에는 다산을 따로 불러, "고맙다. 네 덕분에 4만 냥의 경비를 절감할 수 있었다"라고 치하했다. 정조의 입장에서 다산은 충분히 지켜줄 만한 가치가 있는 인재였다.

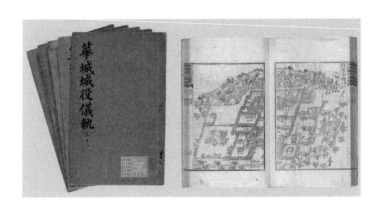

『화성성역의궤華城城役儀軌』. 화성 성곽 축조와 관련한 내용을 기록한 것이다. 이 책에서는 특히 축성법에 대해 상세히 다루고 있는데, 축성에 사용한 각종 기계들이 그려져 있다. 이 중에서 기중가는 다산이 『기기도설』을 참고하여 제작하였다. 국립중앙박물관 소장.

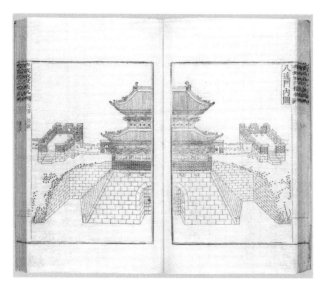

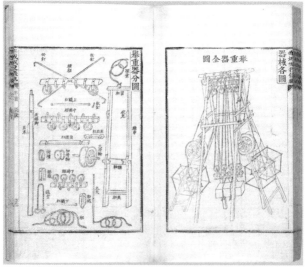

（舉重器分圖）（舉重器全圖）（器械各圖）

左右橫杠之上周綰大滑輪而繫其端於絞車之軸左右
分立役丁用力轉輻繩車一周瓶亦綫軸一周而大小滑
輪相隨而轉絞縮一尺此其衆重之大略也凡
聽物毋或偏重轉輻貴在齊力必使左右均適切勿一綫
一急今以已試者言之一大石而重爲一萬二千斤用丁
不過三十人而俄忽之間容易爲力量其分散每人優得
四百斤之重制作功用之美有如此矣
內下游衡車一軸一依內下之制

轆轤全圖

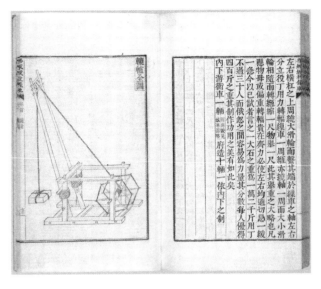

夐車

新造一軸
制用全木
二輪只運
小石駕牛
一隻

量車

新造一
百九十一
二輪如
夐車
小石駕牛
丁推輓

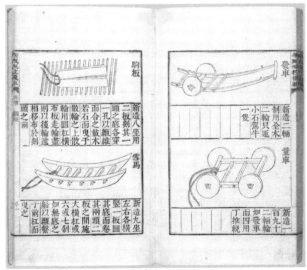

駒板

新造八坐用
二板剗其一
頭之底各實
一孔以繩維
而合之載米
若石而曳干
輪板走輪遠
布板之間散
相移布於剗
頭之前

雪馬

新造九坐
左右各橫
竪一板圓
其底而二
其兩頭二
板之間施
大橫杠或
六或七制
如無底之
船以繩繫
則以後輪杠橫
丁前杠而
曳之

금등지서와 화성 건설

채제공의 상소와 금등지서

『정감록』에 "진인이 남쪽에서 나오고, 도읍을 화산花山에 정하면 백성이 세금과 부역을 면하고 깃발이 길을 덮을 것이다"라는 구절이 나온다. 우연이었겠지만 정조가 기획 중이던 신도시의 이름이 하필 화산(지금의 화성시)이었다.

1792년 겨울, 다산이 작성한 화성 건설의 청사진이 올라오자, 이듬해인 1793년 1월 12일에 정조는 채제공을 수원부유수水原府留守로 임명했다. 정조는 화성 건설에 앞서 수원부를 수원유수부로 승격시켰고, 초대 유수에 채제공을 임명한 것이다. 유수란 임금이 제2의 수도에 관리를 파견하여 그곳에 머물며 지키게 하는 제도에서 나온 명칭이다. 요즘 식으로 말해 수원부는 이때 특별시로 승격된 셈이다. 밑그림이 나왔으니, 본격적으로 공사를 시작하기에 앞서 기반 시설과 시스템을 정비하라는 뜻이었다.

1793년 4월에 다산이 다시 기중가와 유형거 등 기계와 각종 세부 내용을 적은 20조에 걸친 보고를 올리자, 5월 25일 정조는 수원에 내려가 있던 채제공을 영의정으로 임명했다. 5월 28일에 서울로 올라온 채제공은 기다렸다는 듯이 사도세자의 죽음과 관련한 자들의 처벌을 정면으로 제기한 상소문을 올렸다.

오랜 금기를 깨고 차마 말할 수 없고, 차마 들을 수 없는 문제의 공식적 처리를 영의정이 직접 왕에게 건의한 것이다. 정조와 합을 맞춘 행보가 분명했다. 당시 채제공은 74세의 고령이었다. 채제공과 더불어 좌의정에 임명된 노론의 김종수金鍾秀가 격렬하게 반발하며 사직을 청했다. 정조는 짐짓 진노하며 채제공의 상소를 비답과 함께 돌려보냈고, 채제공이 다시 글을 올리자, "나도 모르게 등에 땀이 젖고 마음이 오싹해진다"라며 한 번 더 돌려보냈다. 결국 6월 4일에 채제공과 김종수는 동시에 파직되었다.

이후로도 채제공의 상소를 둘러싼 공방은 지속되었다. 노론 강경파의 공격은 날로 독해져서 결국 채제공에게 큰 죄를 묻고서야 끝낼 기세였다. 1793년 8월 8일, 정조는 2품 이상의 관원을 소집했다. 임금은 근자의 좋지 못한 꼴들에 대해 말하겠다면서 말문을 열었다. 그러고는 단도직입으로 채제공의 상소문에서 죄 삼을 일이 구체적으로 무엇이냐고 물었다. 서슬이 심상치 않자 영의정 홍낙성洪樂性과 좌의정 김이소金履素 등이 채제공의 원래 상소를 직접 보지 못했다고 한발 물러섰다.

임금이 말했다.

"법을 범한 것이 있으면 누구든 처벌함이 마땅하다. 하지만 채제공이 감히 말하지 못할 일에 대해 말한 것은 곡절이 있다. 그가 도승지로 있을 때 선대왕께서 휘령전徽寧殿에 나와 사관을 물리친 뒤 어서御書 한 통을 주면서 사도세자의 신위神位 아래 깔아둔 요 속에 간수하게 한 일이 있다. 이는 채제공만 아는 사실이라 그가 죽음에 임박해 이 사실을 말한 것이다."

나는 후회한다

그러고는 이른바 금등지서金縢之書로 불리는 영조의 글을 파격적으로 공개했다. 왕이 펴보인 쪽지에는 모두 20자가 적혀 있었다.

피 묻은 소매, 피 묻은 소매여!   血衫血衫

누가 안금장安金藏과 전천추田千秋인가.   孰是金藏千秋

오동나무여, 오동나무여!   桐兮桐兮

내가 망사지대望思之臺를 후회하노라.   余悔望思之臺

"사도세자의 피 묻은 적삼, 누가 과연 충신인가? 오동나무로
짠 뒤주, 나는 세자 죽인 일을 후회한다."

영조가 사도세자 신주 아래 깔아둔 요의 솔기를 뜯고 그 안
에 간직하게 했던 진짜 속내가 이렇게 해서 비로소 세상에 드러
났다. 오랫동안 칼집에 들어 있던 칼이 스르렁 소리를 내며 빠져
나오자, 대신들은 심장과 뼈가 다 덜덜 떨렸다.

금등은 비밀문서를 쇠줄로 묶어 단단히 봉해 넣어둔 상자를
일컫는 말이다. 개봉할 수 없는 문서란 의미다. 금등지서에 적힌
두 구절은 고사가 있다. 당나라 때 안금장과 한나라 때 전천추는
충성스러운 간언으로 이름 높던 신하였다. 또 한나라 무제武帝는
강충江充의 참소로 여태자戾太子를 죽였다. 나중에 무고인 것을
알게 된 무제가 강충의 일족을 멸하고, 태자 죽인 일을 후회하여

귀래망사지대歸來望思之臺를 세웠다.

그러니까 금등지서에 적힌 내용의 의미는 이러했다. '내 아들 사도세자가 간신의 모함으로 오동나무로 짠 뒤주에 갇혀 원통하게 죽었다. 이를 위해 바른말로 간언할 안금장과 전천추 같은 신하는 과연 누구인가? 나는 한무제가 죽은 아들을 위해 세웠다는 귀래망사지대를 생각하면서 죽은 아들을 그리워하고, 돌이킬 수 없는 그 시간을 깊이 후회한다.'

청천벽력의 말씀이었다. 생전에 사도세자는 홍계희洪啓禧를 임금과 세자를 이간한 강충과 같은 인물로 지목하여 비판한 일이 있었다. 노론 벽파는 금등지서 속에서 귀래망사지대 언급을 접하고는 깊은 충격의 수렁 속으로 빠져들었다. 한동안 차가운 침묵이 흘렀다.

정조가 자신의 심경을 더 길게 설명한 후, 한 번 더 쐐기를 박았다.

"오늘 내가 분명하게 밝힌 것은 『서경書經』 「대고大誥」의 뜻을 모방하여 사람마다 깨달아 알게 하고자 함이다. 이제부터 다시 어지러운 일을 빙자하는 자가 있으면 사람마다 얻어 이를 처벌하리라. 오늘 이후로 이 일을 밝게 천명하는 책임은 오로지 경들에게 달렸다."

영조의 친서가 전격적으로 공개되면서 들끓던 조정 여론은 찬물을 끼얹은 듯 잠잠해졌다. 채제공의 처벌을 외치던 논의도 쑥 들어갔다. 이튿날 정조는 보란 듯이 사도세자의 위패를 모셔 둔 경모궁景慕宮을 참배했다.

1792년 윤4월과 5월, 2차에 걸친 영남 만인소가 사도세자 문제의 금기를 허물었고, 1793년 5월 채제공이 올린 상소를 기폭제 삼아 그해 8월 정조가 영조의 금등지서를 공개하면서 사도세자 복권은 이제 시간문제였다.

수원 화성 공사 시작과 다산의 탈상

1794년 1월 1일, 새해 첫날 경모궁을 찾은 정조는 슬픈 심정을 가누지 못해 아예 흐느껴 울었다. 1월 4일, 화성 성역城役의 길일에 대한 보고가 올라왔다. 성터 닦기는 1월 25일, 문루門樓 공사 착공은 2월 16일로 정해졌다.

현 수원시 화서동에 자리한 숙지산孰知山에서 엄청난 석재가 발견되었다는 보고가 올라오면서 1월 7일, 석재를 뜨는 공사가 시작되었다. 길일을 잡아 택한 날이었다. 이곳은 지명이 공석空

石이었고 산 이름은 숙지孰知여서, 둘을 합치면 '성을 쌓느라 채석해서 돌이 텅 비게[空石] 될지 누가 알았겠느냐[孰知]'로 풀이되었다. 정조는 이 우연마저도 하늘이 암묵 중에 돕는 것이라 여겨 감탄하며 기뻐했다. 출발의 조짐이 아주 좋았다.

1월 13일에 정조는 다산이 설계한 배다리를 건너 현릉원에 행차했다. 정조는 사도세자의 묘소 앞에 나아가 절을 할 때 잔을 올리고는 가슴을 치면서 부르짖었다. 나중엔 호흡이 곤란해질 지경까지 가서 거의 실신 상태에 이르렀다. 모시던 신하들이 황망해서 어쩔 줄을 몰랐다. 수십 년 마음에 맺힌 한을 풀게 될 날이 가까웠다고 생각하니 마음을 가누지 못했던 것이다.

1월 25일에 팔달산에서 화성 성역의 성공을 기원하는 고유제와 함께 성터 닦기 작업이 본격적으로 시작되었다. 망치질 소리와 수레 끄는 소리가 끊이지 않았다. 무거운 돌을 실은 수레가 다산이 발명한 유형거에 실려 속속 도착했다. 기중가는 운반된 돌들을 높이 쌓기 시작했다. 안면도에서 실어 온 소나무도 연이어 운반되었다. 워낙 기본 계획과 장비 문제가 야무지게 준비되어 있었으므로 공사는 일사천리로 진행되었다.

1794년 4월 9일, 다산은 아버지 정재원의 2주기를 맞았다. 6월 27일에 초천에 내려가 담제禪祭를 지낸 뒤 복을 벗고 공식적으로 상을 마쳤다. 격랑의 2년간을 다산은 정계에서 비켜 있었다. 하지만 그는 여전히 남인의 행동 대장이었고 돌격 대장이었다. 명례방에 있던 그의 집은 젊은 남인 정객들의 아지트였다.

이재기의 『눌암기략』에 묘한 기사가 하나 나온다. 1775년 홍인한洪麟漢이 재상으로 있을 때, 그는 세손 정조에게 '삼불필지三不必知' 즉 조정의 논의와 관리 임용, 그리고 나라 일은 굳이 알 필요가 없다는 말을 했다. 우리가 알아서 다 할 테니 나라 일에 아예 신경 끄라는 망발이었다. 1793년 겨울 이 문제가 재점화되면서 노론은 당시 세손을 위해 영조에게 바른말로 아뢨던 성정진成鼎鎭을 불러 그때의 앞뒤 정황에 대해 공술을 받았다. 성정진이 사실대로 아뢰자, 홍수보洪秀輔는 성정진에게 "이제 네가 거실巨室에 죄를 얻었다. 반드시 큰 화가 있을 것이다"라며 겁을 주었다. 노론의 노여움을 얻게 되리라는 뜻이었다. 홍수보는 이 말을 한 일로 죄를 성토당했다. 이때 처삼촌인 홍수보를 성토하는 통문 작성을 바로 다산이 주도했다고 『눌암기략』은 적고 있다.

한창 다산의 명례방 집에 모여 머리를 맞대고 판서 홍수보를 성토하는 통문의 초안을 작성하고 있을 때였다. 갑자기 당사자인 홍수보가 다산의 집을 예고 없이 찾아왔다. 사랑채는 이미 사람으로 가득했다. 다산은 당황해 급히 홍수보를 안채로 안내했다. 처삼촌이어서 그럴 수 있었다. 그사이에 통문은 마무리되었는데, 홍수보만 그 같은 사정을 까맣게 몰랐다.

또 『사암연보』에는 1794년 당시 홍수보의 아들 홍인호가 한광보韓光溥에게 채제공이 올린 상소문의 표현 중에 망발이 많다고 비난한 일로 남인들이 일제히 홍인호를 공격한 내용이 나온다. 『사암연보』는 이때 홍인호가 다산이 자신을 비난하는 데 주동이 되었다고 의심해서 두 사람의 틈이 벌어지게 되었다고 썼다. 다산 자신은 사실이 아니라고 펄쩍 뛰었다. 『눌암기략』이 남인들의 논의가 '명례방 모임[明禮之會]'에서 이뤄졌다고 못 박은 것을 보면, 다소의 오해와 과장은 있었겠지만 다산이 이 일에 직접 관여한 것은 분명한 사실이었다.

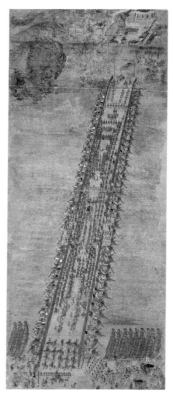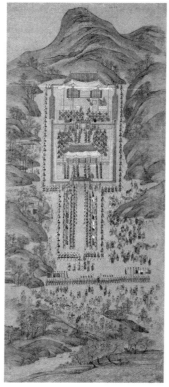

『화성능행도華城陵幸圖』 일부분. 1795년 윤2월 9일부터 16일까지 정조가 어머니 혜경궁 홍씨와 현륭원에 행행한 뒤 성대한 연회를 베푼 일을 그린 것이다. 다산이 설계한 배다리를 건너는 모습(왼쪽)과 호위하는 군사, 관료, 구경 나온 일반 백성들의 모습(오른쪽)이 잘 나타나 있다. 국립중앙박물관 소장.

채제공과의 갈등과 다산의 안목

균열과 틈새

———————————

다산에게 채제공은 든든한 후원자였고, 채제공에게 다산은 험한 일을 한발 앞서 처리해주는 책사이자 돌격 대장이었다. 둘은 호흡이 잘 맞았다. 채제공은 천주교에 우호적이지 않았지만, 내놓고 배격하지도 않았다. 채제공은 다산의 정치적 아버지였다. 그런 둘의 사이가 언제부터인가 조금씩 균열을 일으키고 있었다.

정치는 생물이다. 어제의 적이 오늘의 동지가 되고, 오늘의 동지가 내일엔 원수가 된다. 필요에 따라 원수와 손을 잡고, 동지의 뒤통수를 친다. 정객에게 '결단코'란 없다. 상황이 있을 뿐이다.

1794년 9월 5일 이익운을 흑산도로 유배 보내라는 명이 떨어졌다. 그는 채제공의 오른팔이었고, 다산이 존경하던 선배였다.

당시 채제공은 노론의 김종수와 사사건건 대립하다가 전략적인 제휴로 돌아섰다. 큰일을 무리 없이 진행하려는 정책적 판단이 있었을 텐데, 혈기 넘치는 이익운과 다산은 그 같은 제휴에 동의할 수 없었던 듯하다. 승지 부임을 거부한 이익운에게 대노한 정조는 유배의 명을 내렸다. 이익운은 주룩주룩 비를 맞으며 동작 나루를 건넜다. 다산이 마중 나와 그 비를 함께 맞았다.

열흘 뒤 채제공의 집에서 큰 잔치가 열렸다. 다산은 초대를 받고도 가지 않았다. 대신 시 한 수를 지어 보냈다. 제목은 「9월 15일 밤, 상국 댁의 잔치 모임에 초대를 받는데 마침 손님이 와서 가지 못하고 시를 바쳐서 용서를 빌다九月十五夜, 相國宅讌集見招, 適客至不赴, 獻詩乞赦」이다. 그런데 시의 행간이 자못 묘하다.

존경받는 여러분들 황각에 초대받아	黃閣招延衆所尊
안채에서 은촉 아래 새벽까지 시끌벅적.	曲房銀燭五更喧
창생이야 동산 기생 어찌할 수 없어도	蒼生莫奈東山妓
북해의 술동이 높은 이름 다 들었네.	名勝皆聞北海樽
비단 방석 젓대 소리 일제히 흥겨워도	錦席笙歌齊澹蕩

대난간의 서리 달은 곱고도 어여쁘다.	竹欄霜月也嬋媛
교외에서 종신宗臣 떠남 전송치도 못했으니	郊畿不遣宗臣去
북 울리며 돌아와 감히 문에 있으랴.	鳴皷歸來敢在門

고사가 많아서 자세히 설명하기 어렵지만, 채제공이 이익운의 유배를 방관하고 노론의 고관들을 불러 잔치를 벌이는 것에 대한 불만이 노골적으로 드러나 있다. 동산의 기생은 진晉나라 때 사안謝安이 동산 땅에 은거해서 기생과 노닐며 세상에 나오지 않자 당시 사람들이 그가 나오려 들지 않으니 이 창생을 어찌할꼬 하며 탄식했다는 얘기다. 북해의 술동이는 후한 때 공융孔融의 집에 당대 명사들로 늘 북적거렸다는 고사를 말한다. 7구의 종신은 명나라 때 사람으로 부패한 권신에게 아첨하지 않고 강직한 말을 하다가 쫓겨났다.

시의 뜻은 이렇다. '좋은 자리에 훌륭한 분들 모여 새벽까지 잔치를 하니 참 멋지십니다. 즐거우시겠지요. 죽란의 제집에서 서리 달을 바라보는 맛도 꽤 괜찮기는 합니다. 종신 같은 선비가 떠나는 길을 제가 다른 일로 전송하지도 못했습니다. 북을 울려 그 잘못을 성토하시므로 감히 잔치에 함께하지는 못합니다.'

원고에 적힌 작은 글씨를 보면, "이날 미수眉叟 허목許穆의 유상遺像이 도성 문을 나갔다. 연고가 있어 그 자리에 나아가지 못했는데, 상공이 북을 울려 이를 성토하라는 말씀이 있었기 때문에 7구와 8구에서 이를 언급했다"라고 썼다. 자세한 전후 사정은 달리 기록이 없어 가늠하기 어려우나, 채제공과 다산 사이에 상당한 갈등이 있었음은 분명하다.

그런데 이 시는 『다산시문집』에도 실렸는데, 제목도 달라졌고, 중간의 내용도 몇 구절이 교체되어 온건하게 다듬어졌다. 이 일이 채제공의 분노를 불렀던 걸까? 그 이튿날 다산은 직위에서 쫓겨나고 말았다.

9월 18일에 다산은 형님 정약전과 남인 그룹의 윤지범尹持範, 윤무구尹无咎, 이휘조李輝祖 등의 벗과 함께 2박 3일간 북한산 일대를 유람했다. 다분히 항의성 시위였다. 한 달이 조금 지난 1794년 10월 27일에야 다산은 홍문관 부수찬에 임명되었다. 바로 다음 날 정조는 다산을 다시 경기 암행어사에 임명했다.

고비에서 빛난 순발력

1795년은 사도세자와 어머니 혜경궁 홍씨가 회갑을 맞는 해였다. 1794년 12월 7일, 임금은 사도세자의 존호를 새로 올리려고 존호도감尊號都監을 설치하고, 채제공을 도제조都提調로 삼고, 다산을 실무 책임자인 도청랑都廳郞에 앉혔다. 사도세자의 공식적인 복권을 선언한 셈이었다.

정조는 절차의 모양새에 유난히 신경을 썼다. 노론의 김종수를 대제학에 임명했다. 존호를 지어 올리는 것은 대제학의 책임이었다. 김종수는 사도세자와 관련해 임금 정조에게 한 오만한 발언으로 계속 문제를 일으켜왔으므로, 그에게 결자해지하게 하려는 의도가 읽혔다.

자기 손으로 사도세자를 높여야 하는 일을 맡게 된 것이 난감했던 김종수는 임금이 스물한 차례나 불렀는데도 한사코 명을 받들지 않았다. 정조가 돈화문 밖에 나가 올 때까지 기다리겠다는 하교가 있고서야, 마지못해 입궐해 막 바로 사직했다. 정조는 일단 그를 판중추부사로 퇴임케 하여 끌어안는 모양새를 갖췄다. 김종수의 추천을 받은 서유신徐有臣이 대제학에 임명되었다. 서유신도 직책을 받을 수 없다며 버텼다. 사도세자의 존호를 올리는 문서에 자신의 이름을 남기고 싶지 않았던 것이다. 군신 간의 미묘한 힘겨루기는 12월 1일부터 7일까지 이어졌다.

논란 끝에 올라온 존호는 '융범희공개운창휴隆範熙恭開運彰休'

였다. '큰 모범이 되고 빛나는 공손함을 갖추셨으며, 새로운 운수를 활짝 열어 아름다움을 드러내셨다'는 의미였다. 정조는 이 존호가 성에 차지 않았다. 무엇보다 금등에 담긴 세자의 효성이 드러나지 않았다. 두루뭉수리로 좋은 뜻을 담아 시늉만 한 존호였다. 하지만 딱히 안 된다고 내세울 명분이 없었다. 정조는 채제공과 이가환을 불러 그 뜻을 말했다.

이가환이 답했다.

"여덟 자 존호 중에 개운이란 두 글자는 석진石晉의 연호입니다. 그래서 안 된다고 하십시오."

석진은 오대五代 시절 후진後晉의 이칭으로 고작 10년간 존속하다 사라진 나라였다.

정조가 무릎을 치며 칭찬했다.

"이래서 독서하는 선비가 필요한 것이다."

결국 존호는 '장륜융범기명창휴章倫隆範基命彰休'로 고쳐졌다. '개운'을 핑계로 고치면서 '희공'을 지우고 '장륜', 즉 윤리를 환하게 드러냈다는 의미를 추가했다.

이번에는 대제학 서유신이 옥책문玉冊文에서 존호에 담긴 뜻을 설명하면서, 금등에 대해 일부러 한마디도 언급하지 않았다. 금등은 노론이 입에 올릴 수 없는 금기의 언어였다. 응교應敎 한

광식韓光植이 상소를 올려 이 일의 부당함을 논했다.

끙끙대며 아무도 말을 꺼내지 못할 때 다산이 팔을 걷어붙이고 나섰다.

"옥책에 금등의 일을 언급하지 않는다면 이것은 죽은 글입니다. 새로 다시 지어야 마땅합니다."

결국 이병모李秉模가 글을 새로 짓는 것으로 결말이 났다.

그러고도 일은 끝나지 않았다. 곡절 끝에 옥책과 금인金印이 완성되어 이를 봉해 올릴 때였다.

서리가 물었다.

"태빈궁太嬪宮께 올릴 옥책과 금인에도 '신근봉臣謹封'이라고 써야 합니까?"

태빈궁은 임금의 어머니인 혜경궁 홍씨를 가리킨다. '신은 삼가 봉하여 올립니다'라는 표현은 임금에게만 할 수 있는 표현이었다. 그렇다고 '신'을 빼자고 말하면 참람한 뜻이 있었다. 사도 세자의 아내에게 '신근봉'이라는 표현이 타당한가? 서리의 질문은 아주 예민한 문제를 건드리고 있었다.

당황한 채제공이 전례를 찾아보았으나 근거가 안 나왔다.

한나절 허둥대며 어쩔 줄을 모를 때, 다산이 앞으로 나섰다.

"신근봉이라야 합니다."

채제공이 눈을 부릅뜨며 "무슨 망언인가?"라고 다급하게 제지했다. 노론 쪽에서 옳다구나 하며 이유를 따져 물었다. 말 한마디가 자칫 큰 재앙을 부를 수 있었다.

다산은 의외로 침착했다.

"신하의 이름으로 올린다면 조정에서 태빈께는 신이라고 칭하지 않는 것이 맞습니다. 하지만 지금은 임금의 명을 받들어 임금께 올려, 임금께서 정성과 효도로 태빈께 올리는 것이 아닙니까? 임금께 올리는 물품인데 어찌 신 자를 쓰지 않겠습니까?"

펄쩍 뛰던 채제공의 표정이 비로소 석연해졌다. 이 한 방으로 논란을 깨끗이 잠재웠다. 그제야 모든 형식과 절차가 정조의 의중에 꼭 맞게 이루어졌다. 고비마다 다산의 순발력이 반짝 빛을 발했다. 다산은 정조의 의중을 먼저 읽어 한발 앞서 나갔다.

현륭원 식목부 정리, 엑셀의 원리를 꿰뚫다

정조는 답답하면 다산부터 찾았다. 1795년 3월에 다산은 왕명을 받고 『화성정리통고華城整理通攷』의 편찬을 명받았다. 임금이 아전에게 식목부植木簿를 가져오게 했다.

"지난 1789년부터 1795년까지 7년간 수원, 광주, 용인, 과천, 진위, 시흥, 안산, 남양 등 여덟 고을에서 현륭원에 나무를 심었다. 이제 논공행상을 하련다. 그런데 어느 고을의 공이 더 많은지, 심은 나무가 몇 그루인지조차 알 수가 없다. 네가 이 서류를 다 가져가서 명백하게 정리해 오너라. 다만 분량이 1권을 넘기면 안 된다."

여덟 고을에서 지난 7년간 나무를 심을 때마다 올린 공문을 실으니 소가 끄는 수레 하나에 가득 찼다.

다산이 아전을 불러 말했다.

"저기 저 공문을 고을별로 분류해주겠는가?"

얼마 후 분류를 끝냈다는 보고가 올라왔다.

"음, 수고했네. 그럼 각각의 묶음을 연도별 날짜순으로 정리해주게."

이틀 만에 산더미 같은 문서가 여덟 고을별로 구분되어 날짜순으로 정렬되었다. 그러자 다산이 표 여덟 장을 건넸다. 각 장마다 고을 이름이 상단에 적혀 있고, 그 아래에는 세로 칸에 나무 이름이 적혀 있고, 가로 칸은 연도별로 날짜를 적게 만든 빈 표였다.

"이제 저 공문서에 적힌 내용을 이 표에 옮겨 적어주게나."

공문서에는 몇 월 며칠 어느 고을에서 어떤 어떤 나무를 각각 몇 그루씩 심었다는 내용이 씌어 있었다. 이미 날짜별로 정렬되어 있던 문서라, 한 장의 공문은 빈칸 하나에 숫자를 옮겨 적기만 하면 되었다. 산더미 같은 공문을 표에 옮겨 적는 작업도 며칠 만에 끝났다.

고을별 누계가 끝난 표 여덟 장을 받아 든 다산이 다시 빈 표 한 장을 건넸다. 세로 칸에는 여덟 고을의 이름을 썼다. 가로는 모두 열두 칸이었다. 7년간 6개월 단위로 두 칸씩 잡되 첫해와 마지막 해는 절반이 채 되지 않으므로 한 칸만 두었다.

다산이 말했다.

"이제 마무리하세. 앞서 여덟 장의 표에서 6개월 단위로 심은 나무의 숫자를 이 한 장에 집계해주게."

최종으로 완성된 한 장의 표에는 놀랍게도 여덟 고을이 7년간 심은 나무의 숫자가 한눈에 보이도록 말끔하게 정리되어 있었다. 『여유당전서』에는 심은 나무의 전체 숫자가 무려 12,009,772그루였다고 적혔다. 129,772그루가 맞을 것 같다. 표에서 나무 종류별 통계는 따로 잡지 않았다. 임금의 요구가 어느 고을에서 가장 나무를 많이 심었는지를 물었기 때문이었다. 최종 보고에 첨부하지 않았지만 앞선 표 여덟 장의 세로 칸을 합산

하면 수종별 분류 또한 즉각 보고가 가능했다.

보고가 올라가자 정조의 눈이 커졌다.

"책 한 권으로도 부족하리라 여겼더니, 너는 소가 땀을 흘릴 분량의 문서를 표 한 장으로 모두 정리했구나. 참으로 대단하다. 훌륭하고 훌륭하다."

다산은 요즘 식으로 말해 엑셀의 원리를 완벽하게 이해하고 있었다. 이 내용은 다산의 「발식목연표跋植木年表」에 실려 있다. 어떤 어려운 일을 시켜도 다산은 척척 처리했다. 유형거와 기중 가의 발명으로 경비를 절감했고, 배다리 설계부터 한 도시의 설계 도면 및 공사 공정까지 일사천리로 진행했다. 논란이 될 미묘한 문제는 핵심을 정확히 짚어내어 상대에게 이론의 여지를 주지 않았다. 천주교 문제로 한 번씩 임금의 골치를 아프게 했지만 다산만큼 쓸모 있는 신하는 없었다.

九月十五夜

相國宅諡集見招適客
至不赴獻詩乞
救

黃閣招延衆所尊曲房銀
燭五更喧蒼生莫奈東山
妓名脫皆聞北海樽錦
席笙歌齊澹蕩竹欄霜
月也嬋媛郊畿不遣
宗臣杏鳴鼓歸來敢在
門

是日 眉前遺像此都門實敢不赴
相公有鳴敎改之。 象故第七第八及之

竹欄散人丁若鏞 再拜

다산이 채제공의 초대에 응하지 않고 지어 보낸 시 「9월 15일 밤, 상
국 댁의 잔치 모임에 초대를 받았는데 마침 손님이 와서 가지 못하
고 시를 바쳐서 용서를 빌다」.

주문모 신부의 입국과 한영익의 밀고

주문모 신부의 입국과 밀고

화성에서 신도시 건설의 망치 소리가 요란할 때, 조선 천주교회는 교회 재건을 위한 모색이 깊었다. 1790년 구베아 주교가 윤유일을 통해 조상 제사와 신주 설치를 금하는 사목 교서를 보내오고, 그 여파로 1791년 진산사건이 발생하면서 초기 조선 교회의 지도층은 중심부가 크게 흔들렸다.

신부를 보내주겠다고 한 1790년 북경 구베아 주교의 약속은 이행되었다. 1791년 3월 마카오 교구 소속 후안 도스 레메디오스(Juan dos Remedios, ?-1793) 신부가 20일을 걸어 의주 국경에 도착했다. 하지만 접선키로 한 조선인과 약속이 어긋나면서 레메디오스 신부의 입국은 실패로 끝났다. 조선 교회는 그 직후에 발생한 진산사건에 이은 박해로 인해 이후 3년간 북경에 사람을 보낼 수 없었다.

1793년 겨울에 마침내 조선 교회에서 파견한 지황 사바와 예비신자 박 요한 두 사람이 북경 성당을 찾아왔다. 주교는 이들에게서 지난 3년 동안 조선 교회에 불어닥친 박해의 전말을 전해 들었다. 주교도 자신의 한마디가 조선 교회에 얼마나 큰 충격과 파란을 일으켰는지 비로소 알았다. 지황 등은 윤지충과 권상연이 목이 잘렸을 때 흘린 피를 적신 수건 조각과 전후 정황을 기록한 편지를 구베아 주교에게 건넸다. 수많은 사람의 병을 치유했다는 기적의 수건이었다.

편지에서 조선 교회는 여전히 신부의 파송을 간절히 요청하고 있었다. 그사이에 레메디오스 신부는 병으로 세상을 떴다. 이에 구베아 주교는 북경 주교좌 신학교 제1회 졸업생으로 42세였던 중국인 주문모 야고보 신부를 파송하기로 결정했다. 그는 용모가 조선인과 비슷해 발각될 위험이 덜했고 한문으로 의사소통이 가능했다.

주문모 신부는 1794년 음력 11월 2일에 의주 국경에서 윤유일과 황심黃沁을 만나 조선 옷으로 갈아입고 국경을 넘었다. 12일을 꼬박 걸어 그들은 마침내 한양성에 당도했다. 그토록 기다리던 신부가 왔다는 소식이 은밀히 퍼지면서 조선의 천주교인들이 술렁였다. 그들에게 주 신부는 하늘에서 내려온 천사나 다름없었다. 그들은 기뻐 춤을 추며 천주의 은혜에 감사했다.

최인길崔仁吉과 지황, 그리고 윤유일 등은 주문모 신부를 맞이하러 떠나기 전에 계산동桂山洞 안쪽 으슥한 곳에 천주당을 마련했다. 밖에서 볼 때는 여염집과 다름이 없었지만, 내부는 북경에서 본 천주당의 모습을 그대로 따랐다. 도성 한복판, 그것도 임금이 거처하던 창덕궁의 담장에서 10여 분 거리에 조선 최초의 교회당이 들어섰다. 계산동은 지금의 중앙고등학교와 현대 사옥이 있는 계동의 옛 이름이다. 그 위치 선정이 참으로 대담했다.

주문모 신부는 조선말을 열심히 배우는 한편으로 지도부와 회동하며 교회 확장을 위해 동분서주했다. 신자들은 한밤중에 은밀하게 모였다가 새벽에 조용히 흩어졌다. 구석진 외딴집이었다. 부활절을 사흘 앞둔 성목요일에 감격적인 세례식이 열렸다. 이전에 가성직假聖職 신부에게서 세례를 받았던 사람들도 다시 세례를 받겠다고 줄을 섰다. 고해성사도 행해졌다. 주 신부는 한문으로 쓴 고백을 보고 이들의 죄를 사해주었다.

그렇게 다들 기쁨에 넘쳐 부활절을 맞았다. 음력으로 1795년 윤2월 중순이었다. 이날 조선 최초의 정식 미사가 계산동 천주당에서 봉헌되었다. 전날 고해성사를 한 사람들이 이날 처음으로 성체를 영했다. 영과 육이 정결해지는 체험에 이들은 몸을 떨며 감동하고 찬미했다.

고양된 분위기 속에 다시 몇 달이 지났다. 하지만 이 같은 모임이 서울 한복판, 그것도 궁궐의 지근거리에서 결코 오래갈 수는 없었다. 1795년 5월 초, 주 신부에게서 성사를 받은 여교우한 사람이 집에 가서 신자였던 자기 오빠에게 중국에서 신부가건너온 사실과 강론 내용을 전해주었다. 그녀의 오빠 한영익韓永益은 진사시에 급제한 진사였다. 그는 앞서 천주교 신앙을 받아들였다가 진산사건 즈음에 배교했던 인물이었다. 그는 진심으로 지난 잘못을 회개하고 세례받기를 원하는 것처럼 속여 신부를 만났다. 천주교 교리에 대해 물으면서 그는 주 신부의 입국경로를 자세히 캐물었다.

의심 없이 전해준 이야기를 들은 그는 곧바로 서학을 격렬히미워하는 이벽의 동생 이석을 찾아가 주문모의 입국 사실을 알렸다. 당시 이석은 국왕의 친위 조직인 별군직別軍職에 있었다. 한영익은 이석에게 주문모가 머물던 계산동 거처의 위치와 그

137

의 생김새, 입국 방법까지 자세히 일러주었다. 깜짝 놀란 이석이 즉각 채제공에게 이 사실을 다급하게 보고했다. 이날은 5월 11 일이었다.

주 신부를 피신시킨 다산

다산은 「자찬묘지명自撰墓誌銘」에서 당시 정황을 이렇게 기록했다.

4월에 소주蘇州 사람 주문모가 변복하고 몰래 들어와 북산 아래에 숨어서 서교西敎를 널리 폈다. 진사 한영익이 이를 알고 이석에게 고하였는데, 나 또한 이를 들었다. 이석이 채제공에게 고하니, 공은 비밀리에 임금께 보고하고, 포도대장 조규진趙圭鎭에게 명하여 이들을 잡아 오게 했다.

하지만 조규진이 포졸을 풀어 천주당을 덮쳤을 때 주문모는 이미 다른 곳에 피신한 뒤였다. 그들은 포도청의 급습을 미리 알고 있었다. 한영익의 밀고와 이석에 이은 채제공의 보고는 거의 동시에 긴박하게 이루어졌다. 한영익은 밀고자이고, 이석은 보고자이니 이 사실은 천주교 쪽에서 미리 알아 대비할 수 있는 일이 아니었다.

위 글에서 다산은 '용역문지鏞亦聞之'라고 썼다. 한영익이 이석에게 고발하는 내용을 자신도 같은 자리에서 함께 들었다는 말이다. 이석은 다산의 큰형님 정약현의 처남이었다. 화급한 상황에서 교회 측에 주 신부를 빨리 피신시키라고 알려준 것은 정황상 다산일 수밖에 없다.

1797년 8월 15일에 북경의 구베아 주교가 사천의 대리 감목 디디에 주교에게 보낸 편지에 다시 이때의 정황이 나온다.

이 일이 터진 것은 6월 27일(음력 5월 11일)이었습니다. 그런데 그 사람이 조선 대신들에게 밀고하는 자리에 어떤 무관 한 사람이 같이 있었는데, 그 사람은 한때 천주교 신자였다가 배교를 했던 사람이었습니다. 하지만 그 무관은 배교의 죄를 진심으로 뉘우치고는 신부님께 고해성사 볼 수 있는 날이 오기만을 애타게 기다리고 있었습니다. 그런데 다른 천주교 신자들은 이 무관에게 신부님이 오셨다는 사실을 전혀 알려주지 않았습니다. 그것은 혹시라도 그 사람이 그런 사실을 누설하지 않을까 두려워하였기 때문이었습니다. 그런데 그 무관은 앞에서 이야기한 또 다른 배교자가 고발하는 모든 사실을 듣고는, 곧장 신부님이 머물고 계시다고 일러준 집으로 달려갔습니다. 그러고는 신부님이 고발당하였기 때문에 신부님과 천주교회에 위험이 닥쳤다는 것을 알려주었습니다. 그런 다음 신부님한테 한시라도 빨리 그 집을 떠나는 것이 좋겠다고 말하였습니다. 그러고는 자기가 신부님을 다른 곳으로 모시고 가겠다고 나섰습니다.

천주교 신자였다가 배교했던, 고발 현장에 있었던 무관은 다름 아닌 다산이었다. 당시 다산은 우부승지로 있다가 체직되어 부사직副司直 신분으로 규장각에서 『화성정리통고』를 교서하던 중이었다. 부사직은 오위五衛의 무직武職이었다. 다산은 계산동에 있다는 중국인 신부가 위험에 처한 것을 알자, 그길로 한영익이 알려준 장소로 달려가 신부의 피신을 권했을 뿐 아니라, 자신이 직접 팔을 걷고 나서서 주문모 신부를 다른 곳으로 피신시켰다는 것이다. 이렇듯 다산의 「자찬묘지명」과 구베아 주교의 편지의 기록을 겹쳐 읽으면 당시 다산의 역할과 행동이 드러난다. 이것이 다산이 지속적으로 외배내신外背內信, 겉으로는 배교했지만 속으로는 믿었다는 논의 속에 있는 이유였다.

최인길의 대역 행세와 3인의 순교

급박한 소식에 최인길은 크게 놀랐다. 다산이 주문모 신부를 데리고 서둘러 나간 뒤, 최인길은 달아나지 않고 계산동에 그대로 남았다. 그는 역관 집안에서 태어나 중국말을 할 줄 알았다. 최인길은 상투를 잘라 중국 사람처럼 꾸몄다. 주문모 신부를 붙들기 위한 체포조가 그의 집에 들이닥쳤을 때, 최인길은 시간을 벌기 위해, 훈련된 중국어를 섞어가며 자신이 바로 중국인 신부 주문모라고 얘기했다. 그는 일부러 시간을 자꾸 끌었다.

나졸들이 그를 체포해서 압송한 뒤에야 그들은 감쪽같이 속았다는 사실을 알아챘다. 한영익의 밀고에 따르면 주문모는 수염이 길었는데 최인길은 수염이 전혀 없었기 때문이었다. 최인길의 가짜 주문모 행세는 바로 들통이 났다. 이후 기찰포교들이 쫙 깔려서 주문모 체포에 다시 나섰지만 그는 연기처럼 사라졌다. 대신 윤유일과 지황이 잇따라 체포되어 끌려왔다.

붙들려 온 세 사람은 그날 밤 의금부로 끌려가 심문을 받았다. 심문관은 원하는 진술을 한마디도 듣지 못했다. 곤장을 치고 주리를 틀어도 그들은 끝까지 용감하게 신앙을 고백했다. 하지만 주문모의 입국 경로와 생김새를 물으면 그들은 갑자기 벙어리와 귀머거리가 되었다. 고문의 강도가 점점 세져 학춤(죄인의 팔을 뒤로 꺾어 엇갈려 묶고 공중에 달아 채찍질하는 형벌) 같은 극악한 고문까지 동원했어도 그들은 예수 마리아의 이름만 불렀다.

　이튿날 새벽 세 사람은 가혹한 고문에 못 이겨 숨졌다. 끌려온 지 열두 시간도 못 된 시점이었다. 최인길이 31세, 지황은 29세, 윤유일은 36세였다. 통상적으로는 결코 있을 수 없는 일이었다. 중국인 신부를 잡아야 하는데, 그에 관해 증언해줄 가장 중요한 증인 세 사람이 검거와 동시에 죽은 것이다. 자백을 받기 위해 고문했다기보다, 입을 막으려고 죽여버린 것에 더 가까웠다. 왜 그랬을까?

　혜경궁 홍씨의 회갑연이 6월 18일로 한 달 뒤였고, 화성 건설은 한창 궤도에 올라 속속 건물이 낙성되고 있던 시점이었다. 이 상황에서 조정이 다시 천주교의 격랑 속에 빠져드는 것은 국왕 정조도 우의정 채제공도 원치 않았다. 일이 확대되는 것을 원천 차단하려 한 고육책의 느낌이 짙었다. 더구나 상대는 자칫 외교 문제로 비화될 수 있는 중국인이었다. 이 시점에서 다시 천주교 문제가 터지면, 불이 어디까지 번질지 알기조차 힘들었다.

9장

배교와 금정 시절

다산은 정말 천주를 버렸을까?

밀고자 한영익은 다산의 사돈

주문모 신부를 검거하려면 그를 국경에서부터 데리고 온 윤유일과 지황, 그리고 계산동에서 그를 모시고 있던 최인길의 입을 어떻게 해서든 열어야 했다. 하지만 채제공은 뜻밖에도 가장 핵심 증인 셋을 저녁에 붙들어 와 이튿날 새벽에 죽여버렸다. 조선의 일반적인 사법 체계에서는 결코 있을 수 없는 일이었다. 당시 정조와 채제공이 이 일을 얼마나 다급하게 생각했는지 잘 보여주는 처리 결과였다. 이 밖에 홍낙민洪樂敏과 김종교金宗敎, 허속許涑 등 5인이 더 붙들려 왔지만 이들은 신부의 소재를 전혀 알지 못하는 것이 분명했으므로 얼마 후 모두 풀려났다. 주동자 셋을 죽여 입을 막아 애초에 없던 일로 덮을 작정이었다.

한영익의 밀고는 핵심 인물인 주문모 신부를 놓치는 통에 별소득 없이 끝났다. 그 대신 조선 천주교회의 주요 인물 세 사람이 하룻밤 사이에 참혹하게 죽었다. 달레는 『조선천주교회사』에서 1795년 가을에 한영익이 집에서 멀리 떨어진 곳에서 비참하게 죽었고, 죽을 때 탄식하며 후회의 눈물을 줄줄 흘렸다고 썼다. 한영익은 조선 교회의 유다 이스가리옷으로 그려졌다. 하지만 이는 사실이 아니다.

다산은 「자찬묘지명」에서 한영익에 대해 더 언급했다. 그 내용은 이렇다. 4년 뒤인 1799년 10월, 서얼 조화진趙華鎭이 이가환과 정약용을 천주교 일로 무고하면서 한영익이 그의 심복이라고 했다. 정조는 한영익이 주문모를 고발한 자인데 어떻게 이가환과 정약용의 심복일 수 있느냐며 말도 안 되는 무고라고 내쳤다. 다산은 이 일을 이렇게 설명했다.

조화진이 한영익에게 구혼했는데, 한영익이 듣지 않고 그의 누이동생을 나의 서제庶弟인 정약횡丁若鐄에게 시집보냈다. 이 때문에 한영익을 죽이려 꾀하다가 나에게까지 미쳤던 것이다.

한편 1795년 당시 정약횡은 고작 11세였다. 서모庶母 김씨의 소생으로 다산은 그를 몹시 아꼈다. 정약횡의 혼인은 15세인 1799년 즈음의 일일 것이다. 한영익에게 주문모 신부의 입국과 소재를 알려준 천주교 신자였던 그의 누이는 나중에 다산의 서제인 정약횡의 아내가 되었다. 다산은 주문모 신부를 피신시켜 놓고, 몇 해 뒤 밀고자인 한영익과 사돈을 맺은 셈이다. 이 가운데 뭔가 드러나지 않은 그늘이 있다. 전후 맥락이 잘 맞지 않는다. 어쨌든 1795년 가을에 비참하게 죽었다던 구베아 주교의 편지와 달리, 한영익은 1799년까지는 건재하고 있었다.

장작 광에 숨어든 주문모 신부

북경 교구 구베아 주교가 주문모 신부를 구출한 무관에 대해 진술했고, 이를 다산의 「자찬묘지명」과 겹쳐보면 그 무관은 다산일 수밖에 없다. 구베아 주교는 이 이야기를 누구에게 전해 들었을까? 편지를 보면 주문모 신부가 조선에 들어간 지 2년 만인 1796년 양력 9월 14일에 보낸 보고를 통해서였다. 그냥 무관이라고만 한 것으로 보아 당시 주문모 신부는 자신을 구해준 다산의 정체를 자세히는 몰랐던 듯하다. 아니면 만에 하나 편지가 발각되었을 때를 대비해 구체적 인명을 거론하지 않는 관습 때문일 수도 있다.

주문모 신부가 조선에 입국한 뒤 연락이 두절되자 북경 주교는 불안을 느꼈고, 뒤에 북경에 온 조선 사절단을 탐문해서 그사이 조선에서 벌어진 천주교 박해 소식을 접했다. 구베아 주교는 주문모 신부가 체포되어 이미 순교했다고 믿었다. 하지만 신부는 고발 직후 무관 복장을 한 채 단숨에 달려온 다산에 의해 극적으로 구출되었다. 그는 어디에 숨었던 걸까? 남대문 안쪽 강완숙姜完淑이란 여인의 집 뒤편, 장작을 쌓아놓은 광 안이었다.

그곳에서 신부는 석 달을 숨어 지냈다. 한집에 살던 그녀의 시어머니나 전처소생의 아들조차 전혀 낌새를 채지 못했을 만큼 보안이 철저했다. 간발의 차이로 절박한 위험을 벗어났기에 그의 소재는 누구도 알 수 없었다. 실로 연기처럼 사라져버렸다. 강완숙과 그녀의 여종 한 사람만 이 사실을 알았다. 주문모 신부마저 잡혀갈 경우 조선 천주교회의 운명은 생각만 해도 암담했다. 신부는 철통 보안 속에 보호되었다. 석 달 뒤 그녀는 시어머니를 설득해 신부를 마침내 안사랑의 다락방으로 불러들였다. 이후 6년간 주문모 신부의 주된 거처는 이 사랑방이 되었다. 여자만 있는 공간 깊은 안쪽에 그는 숨어 살았다.

강완숙이 주문모 신부를 어떻게 보호했는지는 1801년 4월에 강완숙 집안의 계집아이 심부름꾼이었던 김월임金月任이 천주교 죄인으로 끌려가 심문에 대답한 공초供草로 알 수 있다. 『사학징의』에 실린 이 기록에 따르면 강완숙의 가족은 주인집 가운데 방에 주 신부를 시골 친척이라 하면서 숨겨두었다. 그 방에는 강완숙 모녀만 출입할 수 있었다. 강완숙은 이따금 혼자 그 방에 들어가곤 했는데, 들어갈 때마다 안에서 자물쇠를 잠갔다. 자신이 궁금해 창틈으로 엿보려 하면 강완숙의 시어머니가 대경실색하며 이를 막아, 김월임은 그 집에 6년간 머물면서 한 번도 주문모 신부의 얼굴을 본 적이 없었을 정도였다.

다시 정리해보자. 한영익은 주문모 신부를 만난 뒤 즉시 대궐로 달려가 이석과 다산에게 이 사실을 고발했다. 이석은 즉각 채제공에게 보고하고, 채제공이 정조에게 알렸다. 그사이에 다산은 주문모 신부의 은신처인 계산동으로 달려가 그를 남대문 안 강완숙의 집에 피신시켰다. 실로 간발의 차이로 주 신부는 화를 면했다.

채제공의 지시에 따라 포도대장 조규진이 체포조를 보냈을 때, 주 신부는 이미 몸을 피한 뒤였고, 최인길은 주 신부 행세로 시간을 더 끌었다. 주 신부를 놓쳤다는 보고가 올라갔을 때 의심의 눈길이 다산에게 쏠린 것은 지극히 당연했다.

다산, 채제공을 협박하다

『벽위편』권 4의 「경신년에 사학이 더욱 극성을 부리다庚申邪學愈熾」 조에는 "중국인을 놓친 뒤에 임금께서 정약용이 틀림없이 그의 종적을 알고 있을 테니 그로 하여금 잡아들이게 하라고 했지만, 중국 사람을 구해낸 것이 본시 그들이 한 짓이었으므로 끝내 사실대로 고하지 않았다"라는 내용이 보인다. 주문모를 빼돌린 것이 다산인 줄을 정조가 이미 알고 있었다는 얘기다. 그런데 어째서 정조는 다산을 더 다그치지 않았을까?

안 그래도 다산과 미묘한 갈등 관계에 있던 채제공은 이번 일로 화가 단단히 났다. 마침내 그는 이가환과 이승훈 및 정약용에게 죄주기를 청하는 차자를 올릴 작정을 하고, 초고를 써서 자리 밑에 넣어두었다. 자신의 손발을 제 손으로 자르려 결심한 것이다. 집안사람 채윤전蔡潤銓이 이 상황을 알았지만 글에 적힌 논의의 강도는 자세히 알 수가 없었다.

이튿날 새벽, 아들 채홍원이 아침 문안을 들어와 말했다.

"아버님! 간밤에 정약용이 왔었습니다."

채제공이 눈을 치뜨며 아들을 보았다.

"무슨 일로?"

"이렇게 말하더이다. '대감께서 우리 세 사람을 죽이려 하시는데, 우리 셋이 죽으면 자네가 홀로 편안할 성싶은가? 자네는 못들어보았나? 물에서 사람을 밀치면 그 사람이 반드시 손을 당겨 물속으로 함께 들어간다는 말을 말일세.' 약용의 이 말이 몹시 두려워할 만합니다. 차자를 올리신다면 반드시 재앙이 닥칠 것입니다."

만약 우리를 내치면 혼자 죽지 않고 같이 끌고 들어가겠다는 서늘한 협박이었다. 이 말을 들은 채제공은 눈을 꽉 감고 아무 대답도 하지 않았다. 아침밥을 먹는데 수저를 거꾸로 세워 밥상머리에서 탁탁 치는 소리가 밖에까지 자꾸 들렸다. 종일 말없이 분노를 삼키던 채제공은 밤에 등불을 켜자 자리 밑에 넣어두었던 차자를 꺼내 불살라버렸다. 이재기의 『눌암기략』에 나오는 한 단락이다.

『눌암기략』에는 이것을 1795년 겨울의 일이라고 썼다. 하지만 다산은 이해 7월 26일부터 12월 25일까지 금정찰방金井察訪

으로 좌천되어 내려가 있었으므로, 정황상 이는 1795년 7월의 상황으로 보인다. 주문모 체포에 실패한 후 임금 정조는 다산이 주문모 신부가 숨은 곳을 알 것이라고 했고, 채제공은 다산을 아예 내칠 생각을 했다. 이는 두 사람 모두 주문모의 도피에 다산이 관여한 사실을 알고 있었다는 또 다른 정황증거다.

이 지점에서 정말 궁금해지는 질문이 있다. 1791년 진산사건 이후 다산은 정말 신앙을 완전히 버렸을까? 주문모 신부의 입국 사실을 다산이 몰랐다는 구베아 주교의 진술이 사실이라면, 다산이 배교를 공언해 천주교회 내부에서 그에게 경계의 눈길을 보냈던 것은 분명해 보인다. 하지만 신부의 입국과 그가 체포 위기에 처했다는 사실을 알자마자 다산은 위험을 무릅쓰고 그길로 달려가 신부를 구출하고 자청해서 피신시키기까지 했다.

주문모 신부가 피신했던 집 주인 강완숙 골롬바는 원래 충청도 덕산에 살았다. 그녀는 대장부 기질에 스케일이 큰 여성이었다. 그녀는 예산의 공씨孔氏 노파에게서 처음 천주교를 배웠다. 1791년 진산사건 당시 그녀도 천주교도로 잡혔다가 풀려났고, 이 일로 집에서 쫓겨났다. 이후 그녀는 남편과 헤어져 시어머니와 전처소생의 아들과 함께 상경했다.

그녀는 『사학징의』에 실려 있는 1801년 5월 22일의 공초에서 자신이 정약종, 정약용, 오석충吳錫忠, 권철신權哲身, 문영인文榮仁 등과 편지를 주고받았다고 진술했다. 당시 이 편지들도 압수된 상태였다. 강완숙과 정약용은 이미 알고 있던 사이였다.

이즈음에 충남 보령에서 천주교도 방백동方百同이란 자가 검거되었다. 그는 아주 작은 책자를 비밀스레 간직하고 있었다. 그 책에는 경외京外 천주교도의 이름이 잔뜩 적혀 있었다. 이가환이 맨 앞에 나오고, 정약용 형제의 이름이 뒤이어 나왔다. 여기에는 홍낙민과 이기양李基讓을 비롯해 상민과 천민 100여 명의 이름이 나열되어 있었다. 당시 천주교도 검거를 지휘하던 김이양金履陽이 놀라 비밀 공문으로 임금에게 보고했다. 보고를 받은 정조가 이 글을 이익운에게 보여주었다. 이익운이 그 말을 퍼뜨려 밖에 소문이 쫙 퍼졌다. 그사이 명단에 올랐던 사람들이 죄다 달아나 잡을 수가 없었다. 이 또한 『벽위편』에 나온다.

다산은 이때 겉으로는 자신이 배교했음을 공언했다. 하지만 주문모 신부의 체포 위기에서 위험을 무릅쓰고 도움의 손길을 뻗었던 것을 보면, 속으로는 자신의 배교를 후회하고 신앙 회복의 열망을 간직했던 것도 사실일 것이다. 하지만 돌아가는 상황이 여의치 않았다.

도발과 응전

권유의 상소와 박장설의 직격탄

1795년 5월 11일 저녁, 최인길, 윤유일, 지황 세 사람이 붙들려 와서 열두 시간도 채 지나지 않은 이튿날 새벽, 고문 끝에 죽었다. 하지만 이 사실은 『조선왕조실록朝鮮王朝實錄』과 『승정원일기承政院日記』 어디에도 흔적조차 남지 않았다. 이것은 심문이 아닌 살해에 가까웠다. 중국인 신부의 잠입 사실이 외부에 알려지는 일을 원천 봉쇄하려 한 것이었다. 엄폐 시도는 일단 성공했다.

세 사람이 죽어나갔는데도 아무도 그 이유를 몰랐다. 모를 수 없는데 몰랐다. 그만큼 대처와 뒤처리가 신속했다. 한 달여 뒤인 6월 18일에 혜경궁의 회갑 잔치가 성대하게 개최되었다. 세 사람이 죽고 53일이 지난 7월 4일에야 대사헌 권유權裕가 이 납득하기 힘든 3인의 죽음에 대한 진상 조사를 요청하는 상소문을 올렸다. 그는 법관의 수장으로서 법 절차를 무시한 우의정 채제공의 초법적 행동을 그저 넘길 수 없었다. 분명 뭔가 감추려는 것이 있었다.

권유는 상소문에서 포도대장이 사학을 믿는 세 남자를 타살했고 그는 채제공의 지휘를 받았는데, 한밤중에 아무도 모르게 서둘러 죽여 마치 단서가 탄로 날까 봐 입을 막고 자취를 지우려는 것처럼 했으니, 이런 법이 어디 있느냐고 포문을 열었다. 실상을 공개하고 포도대장을 붙잡아 죄를 묻는 한편, 사학에 대한 규찰을 강화할 것을 요청했다.

뜨끔해진 정조는 권유의 글에 대신인 채제공을 은연중 겨냥한 뜻이 있다고 나무라며, 법에 따라 처단해 서학을 믿는 다른 자들을 징계하고 훗날을 경계토록 하자는 것 외에 무슨 이유가 있겠느냐고 선제했다. 막판에 문서를 이송移送하지 못한 잘못과 이들이 너무 일찍 죽어 실상을 파악할 수 없게 된 것은 유감으로 인정하되, 이 밖에 다른 엄폐 시도는 있을 수 없다고 말허리를 잘랐다.

사흘 뒤인 7월 7일, 행부사직行副司直 박장설朴長卨이 기다렸다는 듯이 상소를 올려 불씨를 되살렸다. 하지만 그는 상소에서 천주학의 배후로 이가환을 저격했다.

아! 저 이가환은 단지 일개 비루하고 음험하고 사특한 무리입니다. 얄팍한 글재주로 기림이 있어 한 세상을 속여 도적질하였으니, 의리가 어지럽고 행동거지가 종잡을 수 없는 것이 바로 그에 대한 단안斷案입니다. 사학을 앞장서서 주도하여 우리 유가의 도와 배치되니 가장 용서하기 어려운 큰 죄입니다.

잠입한 중국 신부에 대한 한영익의 신고로 시작된 사건에서 중국 신부 이야기는 전혀 없었다. 박장설이 세 사람이 죽은 사실만 알고, 사건의 내막은 전혀 몰랐다는 뜻이다. 박장설은 한발 더 나가, 이가환이 조카 이승훈을 북경에 보내 요사스러운 천주학 책을 사 오게 해 스스로 교주가 되어 남의 자식을 해치고, 남의 제사를 끊어버렸다고 격렬하게 성토했다.
그의 상소는 다시 이렇게 이어졌다.

연전에 성상께서 내리신 역상曆象에 대한 책문策問에서 이가환은 감히 청몽기淸濛氣 등의 불경스러운 주장을 신법新法이라 하면서 방자하게 지어 올렸습니다. 시험을 주관할 때 책문의 제목을 오행五行으로 내자, 장원으로 급제한 자의 대답이 서양 사람의 학설을 위주로 해서 오행을 바꿔 사행四行으로 한 것이었는데 바로 그의 도제徒弟였습니다.

이 시험에서 1등 한 문제의 답안지는 바로 다산의 형인 정약전의 것이었다. 청몽기는 청몽기차淸濛氣差로 지구의 대기에 의해 햇빛 또는 별빛이 굴절되는 각도 차이를 가리키는 천문학 용어다. 『역상고성曆象考成』에 처음 소개된 덴마크 천문학자 튀코 브라헤(Tycho Brahe, 1546-1601)의 학설이었다. 책문 가운데 서양 천문학에서 나온 용어 하나를 꼬투리 잡아 그가 천주학을 한다는 증거로 삼은 모략이었다. 아울러 정약전이 오행을 주제로 쓴 책문에서 금목수화토의 전통적 오행을 서양 사람의 수화토기水火土氣의 사행으로 대체해 답안을 올렸는데도 이가환이 이를 합격시켰다고 고발하였다.

이것도 상소냐?

정조는 박장설의 상소문을 읽고 격노했다. 박장설이 실상을 전혀 모른 채 엉뚱한 사람을 표적으로 삼았다는 사실이 분노의 수위를 더 끌어올렸다. 박장설은 세 사람의 죽음이 천주교와 분명히 관련되어 있다는 막연한 확신 아래, 그 칼끝을 엉뚱하게 이가환과 정약전에다 겨눈 것이다. 쿡 찔러 반응을 떠보자는 의도였다. 박장설이 휘두른 것은 목표를 잃은 눈먼 칼이었다.

상소문에서 박장설은 스스로를 '기려지신羈旅之臣'으로 일컬었다. 타향을 전전하며 떠도는 신하란 의미다.

정조가 노기를 띠며 말했다.

"나라의 기강이 아무리 엉망이라 해도 어떻게 신하된 자가 이렇게 해괴하고 앞뒤 없는 글을 올리는가?"

그러고 나서 기려지신이란 표현이 어찌 나라 안의 벼슬아치 입에서 나올 수 있느냐면서, 그 말 그대로 해줄 것을 명했다. 박장설, 두만강으로 귀양을 보냈다가 도착 즉시 동래로 옮기게 한 뒤, 다시 제주로 보내고, 막 바로 압록강까지 끌어 올리는 최악의 유배형에 처해졌다. 계속 떠돌다가 길에서 죽으라는 얘기나 같았다.

그래도 분이 풀리지 않았던 정조는 박장설이 문제 삼은 정약전의 답안지를 가져오게 해 그 내용을 꼼꼼히 오래 검토했다.

"답안지를 자세히 살펴보았다. 글에는 박장설의 애기와 달리 애초에 의심할 만한 거리조차 없었다. 역법 또한 계속 도수의 차이가 발생하게 마련이다. 서양의 역법은 예전부터 익히 보아온 것인데 이것을 어찌 문제 삼는가? 더구나 역법이 서교와 무슨 상관인가?"

임금은 두 차례로 나눠 전교를 내리면서까지 이가환과 정약전에 대한 비난을 차단하고, 박장설이 예전 홍낙안이 그랬던 것처럼 기회를 틈타 돌을 던지는 짓을 하고 있다고 몰아붙였다.

정조가 박장설의 상소에 대해 이처럼 예민하게 반응한 것은 무엇보다 박장설의 글이 사건의 진실을 알지 못한 채 썼기 때문이었다. 틈만 나면 엉뚱한 사람을 때려잡으려고 돌팔매질을 하는 악질적인 행태를 뿌리 뽑아야 한다고도 말했다. 실제 이 사건에서 타깃이 되어야 마땅한 사람은 주문모 신부의 피신을 도운 다산이었다. 그 같은 사정을 꿈에도 몰랐던 박장설의 칼끝이 엉뚱하게 이가환과 정약전을 겨누었다. 공론화를 목적으로 던진 회심의 카드는 결국 자신들의 무지와 허점만 노출시킨 결과를 낳았다. 그 결과 박장설은 앞서 이기경이 초토신 상소를 올렸을 때보다 더 가혹한 처벌을 받았다.

같은 날인 7월 7일, 임금의 전교를 본 지평 신귀조申龜朝가 사학을 금지시킬 것과 주요 증인을 죽인 포도대장을 처벌할 것을 요청하는 상소를 다시 올렸다. 상소문에서 신귀조는 박장설의 상소에 대한 임금의 전교가 말이 너무 많아서 마치 변명하는 느낌까지 들어 개탄을 금할 수가 없다고 했다.

정조는 이것도 상소냐며 벌컥 화를 냈다. 값비싼 종이에 아무 근거도 없는 말만 늘어놓았으니 조정을 욕되게 하고 대각의 체통을 무너뜨리는 짓이라며, 상소를 접수하지 말고 되돌려주게 하고 그마저 직위에서 쫓아내게 했다. 앞으로 이 같은 상소문을 올리려는 자들이 연영문延英門이나 금호문金虎門에 얼씬하기만 하면 해당 부서의 승지와 당상堂上까지 유배 보내겠다고 으름장을 놓았다.

박장설의 상소문을 두고 『사암연보』는 그가 목만중睦萬中의 사주를 받아서 썼다고 했다. 박장설이 상소문에서 비방한 내용은 목만중이 평소 입만 열면 말하던 것이었다. 다산 또한 당시 박장설의 상소문을 보고 상황을 예의 주시하고 있었다. 긴박한 상황에서 이익운에게 보낸 편지 「이계수에게 드림與李季受」이 문집에 실려 있다.

어제 보여주신 박 영감의 상소는 사람을 서늘하게 하더군요. 하지만 상소문 가운데 형님의 이름이 없고, 또 열 줄로 된 임금의 은혜로운 말씀이 자세하게 분석하여 밝히셨기에 한 터럭의 유감도 없습니다. 제게 대신 상소문을 올리게 한다 하더라도 여기에 보탤 것이 없습니다. 그래서 굳이 이에 맞서서 상소를 올리지 않아도 될 듯한데, 승정원 내부의 논의는 어떤지 모르겠습니다.

이익운이 박장설의 상소를 다산에게 보여주고 대책 마련의 필요성을 얘기하자, 다산은 임금이 전교에서 자신이 할 말을 다 하셨고 박장설의 상소문 속에 형님 정약전의 이름을 특정하지도 않았으니, 굳이 자기가 나서서 일을 크게 만드는 것이 유리하지 않을 것 같다고 말하며 의견을 물은 내용이다.

박장설의 상소문이 일으킨 파장 앞에 다산은 귀를 쫑긋 세워 추이를 지켜보고 있었고, 남인 내부에서도 긴밀한 연통 속에 상황을 예의 주시하고 있었다.

자네 집에서도 제사를 지내는가?
———————————

이가환의 천주교 신앙 문제는 다산이 「정헌묘지명貞軒墓誌銘」에서 워낙 단호하게 아니라고 말한 바 있다. 하지만 천주교 문제가 불거지면 가장 먼저 등장하는 이름이 이가환이었고, 그다음은 다산이었다.

이재기가 쓴 『눌암기략』에 나오는 다음 일화가 흥미롭다. 승선承宣 임제원林濟遠이 농담을 잘했다. 한번은 이가환과 승정원에서 함께 숙직을 했다. 이가환의 집안사람이 숙직하는 곳으로 제사 음식을 보내왔다.

임제원이 말했다.

"자네 집에서 조상에게 제사를 지낼 수 있는가?"

천주교 신자가 어찌 제사를 지내느냐고 뼈 있는 농담을 던진 것이다. 평소 이가환과 천주교 신앙을 연결 지어 바라보던 시선을 엿볼 수 있다.

또 『눌암기략』에 당시 박장설의 모함을 받았던 정약전의 반응을 보여주는 일화도 보인다. 목조영睦祖永이 정약전을 집으로 찾아갔다.

정약전이 격앙되어 목조영을 크게 꾸짖으며 이렇게 말했다.

"목씨 성을 가진 자가 기사년(1749)에 한 번 거꾸러지고, 경술년(1730)에 한 번 쪼그라들었는데도 다행히 남은 종자가 있었다.

이제 목만중이 또 선비들을 죽이려고 하는가? 이후로 목만중으로 하여금 현헌玄軒 목세평睦世枰의 사당에 들어가 절하게 해서는 안 된다."

평소의 정약전답지 않은 앙칼진 말이었다.

1749년 목조영의 조부 목래선睦來善이 죄를 입어 귀양 간 일과 1730년 목천성睦天成 형제가 죄를 입고 죽은 일 등 목씨 집안의 묵은 잘못을 들먹이며, 그런데도 아직 정신을 못 차리고 선비들을 죽이려 드는 목만중에 대한 분노를 숨기지 않았다. 정약전의 말은 목만중은 사람도 아니니, 그와 계속 한집안으로 지낸다면 너까지도 얼굴을 보지 않겠다는 뜻이었다. 이날 목조영은 아무 잘못한 것도 없이 봉변을 당했다.

채제공도 더 이상은 침묵만 지키고 있을 수 없었다. 권유와 박장설, 신귀조의 상소문이 모두 세 사람의 갑작스러운 죽음의 책임을 자신에게 묻고 있었기 때문이다. 채제공은 이튿날인 7월 8일에 차자를 올렸다.

간추린 뜻은 이렇다. 대사헌 권유의 상소가 내게 불순한 의도가 있는 듯이 말했지만, 이들 셋이 고문 도중에 죽어버린 것은 나 또한 분통하게 여긴다. 사람들이 의심하나 사건의 이면을 몰라서 하는 얘기다. 이 문제를 확대하지 않고 덮은 것은 흉흉한 시대에 사학 금지 조처가 내리면 서로 모함해서 끌고 들어가 마침내 어떤 상황에 이를지 알 수 없기 때문이다. 설령 대사헌의 말대로 사학을 발본색원하더라도 서로 모함해 죽이는 말류의 폐단이 일어나게 해서는 안 된다.

정조는 기다렸다는 듯이 "간절한 마음이 담겼고, 아량과 공적인 태도가 드러난다. 훌륭하고 적절한 조처다"라며 화답했다. 하지만 이런 문답이 오가는 사이에 천주교 문제는 저들의 의도대로 서서히 공론화의 자장 속으로 빨려 들어갔다.

다산, 금정찰방으로 좌천되다

이가환의 해명과 성균관 유생의 맞불 상소

채제공이 글을 올린 이튿날인 1795년 7월 9일, 공조판서 이가환이 박장설의 상소에 대해 자신의 입장을 밝힌 상소문을 올렸다. 사전에 채제공과 합을 맞춘 행동이었다. 이가환은 박장설이 자신을 천지간에 둘도 없는 패륜아요 추물로 지목한 이상 가만있을 수 없어 글을 올린다며 포문을 열었다.

그들의 무고는 너무 터무니없다면서, 이승훈에게 책을 사 오게 했다는 비난과 1785년에 변명하는 글을 지었다는 지적, 청몽기설과 사행설에 대한 비판을 차례로 공박했다. 이 중 청몽기설에 관한 비판에 대해서는 "청몽기의 주장은 진나라 때 저작랑著作郎 속석束晳에게서 나온 것으로 역대에서 모두 여기에 근거를 두었습니다. 설사 그 말이 서양에서 만들어졌다고 해도 역상의 방법은 사학과는 무관한 것입니다. 하물며 옛사람이 이미 말한 것이겠습니까? 그가 옛글을 공부하지 않은 것을 애석하게 생각합니다"라고 적극적으로 방어했다.

『다산시문집』에 실린 다산이 이가환에게 보낸 편지 「답소릉答少陵」 중에 "몽기에 대한 주장은 어찌 다만 속석뿐이겠습니까? 『한서漢書』 「경방전京房傳」에도 나옵니다. 어째서 이것은 근거로 대지 않았습니까? 하지만 모두 굳이 얘기할 필요도 없습니다"라는 대목이 보인다. 당시 두 사람은 사태의 진전을 지켜보면서 서로 필요한 정보를 긴밀하게 공유하고 있었다.

책문을 출제해서 정약전이 사행설을 주장했음에도 장원으로 선발했다는 비방에 대해서도 반박했다. 당시 자신은 참시관參試官으로 참관했을 뿐 책문을 낼 위치에 있지도 않았고, 장원 선발 또한 시관의 전체 의견이 일치될 때만 가능한 것인데, 이렇듯이 허술한 논리로 자신을 무고하는 저의를 알 수 없다고 했다. 이가환은 글 끝에 사직과 대죄待罪를 청했다. 임금은 사직하지 말고 맡은 일을 그대로 보라는 전교를 내렸다.

이틀 뒤인 7월 11일에 한성부에서는 전국에 사학을 금지하는 공문을 내려보냈다. 한글과 한문으로 된 사학 금지 관문關文이 일제히 내걸렸다. 다만 이를 틈타 사사로운 원한을 풀려고 남을 무고하거나, 뇌물이나 연줄로 무고한 백성을 망측한 죄에 빠뜨리는 경우는 엄히 다스리겠다고 엄포를 놓았다. 어쨌거나 이 일로 천주학을 금지하는 선언이 처음으로 전국에 공표되었다.

이후 이가환의 처벌에 대한 논의는 한두 차례 더 글이 오간 뒤로 수그러드는 기미를 보이는 듯했다. 하지만 7월 24일에 성균관 유생 박영원朴盈源 등이 이가환을 배척하는 상소를 다시 올려 꺼져가던 불씨를 살렸다. 그 글 속에 "올해에 최인길 등 3적賊의 변이 또 나왔습니다. 다만 옥사를 처리한 문건이 몹시 비밀스러워 자세한 내막이 어떠한지는 알지 못하나, 법망은 너무 넓고 국법은 지나치게 관대해서 요사한 자를 죽임은 단지 세 사람에 미쳤고, 교활한 괴수는 여태도 무리들의 우두머리 자리를 보전하고 있으며, 천한 자들만 형벌로 죽임을 당했습니다"라고 한 것을 보면, 이때까지도 최인길과 윤유일, 지황 등 세 사람의 죽음이 천주교와 관련 있다는 것만 알았을 뿐, 그 자세한 내막은 전혀 모르고 있었음이 분명하게 드러난다. 이들은 지속적으로 이가환과 정약전, 정약용 형제의 처벌을 요구했다.

같은 날 성균관 동재東齋의 유생 이중경李重庚 등 30여 명의 상소가 다시 올라왔다. 이들은 뜻밖에도 박영원 등이 이가환과 정약용 등을 저격한 상소가 자신들의 의사를 묻지 않고 멋대로 올린 것이라며, 글 속에 남을 모함한 내용이 들어 있는 것을 보고 동재를 다 비우고 나가 별도의 상소를 올린다고 썼다. 천주학에 대한 반대 입장은 같았으나, 이가환과 정약용 형제에 대한 입장은 달랐다. 정조는 박영원 등이 절차와 관례를 무시한 채 멋대로 글을 올려 기강을 무너뜨린 것을 크게 나무란 뒤 법률에 따라 의법 조치할 것을 명했다.

이를 두고 『벽위편』에서는 이중경 등의 상소에 대해, 남인의 신서파들이 앙갚음하는 습속을 꺼려 자기들만이라도 면해보려한 수작이라고 폄하했고, 이가환이 이후 보답으로 이중경에게 돈을 보내 생활비를 대주었다고도 했다.

삼흉의 좌천과 유배

이가환은 임금의 당부에도 계속 물러날 것을 청하며 출근하지 않았다. 7월 25일에 정조는 이가환을 충주목사로 제수하는 한편,

전날 상소를 올렸던 박영원에게는 과거 응시 자격을 박탈했다.

그러자 같은 날 수찬 최헌중崔獻重이 척사의 뜻으로 다시 긴 상소문을 올렸다. 그의 논조는 과격하고 또 단호했다. 그는 먼저 서학의 위험에 대해 길게 논의했다. 이어 어째서 이 같은 사설邪說을 멋대로 굴도록 놓아두느냐고 따져 물었다. 그 근본 원인을 새로운 것을 좋아하고 기이한 것에 힘쓰는 호신무기好新務奇로 꼽고, 급기야 "윗사람이 좋아하면 아래에서는 더 좋아하게 마련이다"라고 한 주자朱子의 말을 인용한 뒤, 임금의 푯대가 바르지 않아 이를 보고 그림자가 그대로 따르게 된 경우가 아니냐고 했다. 임금의 잘못된 태도를 나무라며 반성을 촉구하기에 이르러, 서학의 배후로 임금을 지적하는 듯한 과격한 논조였다.

정조는 짐짓 훌륭한 말이라 칭찬하고, 최헌중을 사간원 대사간에 임명하였다. 한쪽을 지그시 누르면서 다른 한쪽을 슬쩍 들어주는 정조의 용인술이 잘 드러난 장면이었다.

이튿날 7월 26일에 정조는 이가환을 불러 전후 해명을 한 차례 더 들은 뒤, 즉시 충주로 떠날 것을 명했다. 이승훈도 예산으로 유배형에 처해졌다.

같은 날 정조는 중희당重熙堂에 나가 긴 글로 명을 써서 내렸다. 글 속에 다산에 대한 처분이 들어 있었다. 그 대목은 이렇다.

아직 해결되지 않은 사안은 정약용의 일이다. 그가 만약 눈으로 성인을 비난하는 책을 본 적이 없고, 귀로 경전에 어긋나는 주장을 듣지 않았다고 한다면, 죄 없는 그의 형이 어찌 상소에 이름이 올랐겠는가? 그가 문장을 하려 했다면 육경과 양한兩漢의 좋은 바탕이 있거늘 어찌 굳이 기이함에 힘쓰고 새로움을 구하여 몸과 이름이 낭패를 본 뒤에야 그만두기에 이른단 말인가? 이 무슨 취미이고 욕심인가? 종적이 따로 탄로 난 것이 없다고 말하지 말라. 이 같은 비방을 받은 것이 바로 그의 죄목이다.

정약전이 박장설에게 비방을 받은 것도 정약용의 탓이다. 읽으라는 성현의 글은 안 읽고, 신기함만 추구한 결과가 이렇게 나타났다. 종적이 탄로 나지 않았어도, 비방을 자초한 것이 바로 그의 죄다. 묘한 논법이다. 어디에도 다산이 천주교를 믿었다는 표현은 없고, 신기함을 추구하다 보니 이 같은 비방을 불렀다고만 했다.

여기에 더해 정조는 다산이 자신의 분부를 어기고 삐딱하게 기울어진 글씨체를 여전히 고치지 않고 있으므로, 이 죄를 물어 금정찰방으로 제수한다고 선언했다. 결국 표면적인 좌천 명목은 삐딱한 글씨체였다. 죄 아닌 이유로 억지 죄를 물었으니, 하도 말이 많아 일단 다산을 내친다고 말한 것이나 다름없었다.

정조는 서슬을 누그러뜨리지 않고, 무슨 낯으로 조정에 하직 인사를 하겠느냐며, 이 길로 당장 떠나 한강을 건널 것을 명했다. 기습적인 선제 조처였다. 다산을 포함해 이가환, 이승훈 등을 중앙 정계와 떼어놓음으로써 여론이 잠잠해지기를 기다리겠다는 포석이었다.

다산은 자신이 주문모를 구해준 사실이 탄로 날까 봐 전전긍긍하던 차였으므로, 임금의 조처에 토를 달지 않고 그날로 한강을 건넜다. 화성 건설이 막바지에 달하고 있던 참에 화성 설계의 주역이었던 다산이 이렇게 다시 임금 곁을 떠났다. 이로써 공서파들이 입만 열면 저격 대상으로 삼았던 천주교의 삼흥三凶이 모두 도성을 떠났다.

다산의 정치적 일기장

다산은 금정찰방으로 쫓겨난 1795년 7월 26일부터 그해 12월 25일 내직에 보임되어 돌아올 때까지의 일을 별도의 일기에 담아두었다. 『금정일록金井日錄』이 그것이다. 1974년 김영호 선생이 펴낸 『여유당전서보유與猶堂全書補遺』에 실려 있다. 다산은 이 밖에도 중요한 고비마다 『죽란일기竹欄日記』, 『규영일기奎瀛日記』, 『함주일록含珠日錄』 등의 기록을 별도로 남겼다.

다산은 이 4종 외에 몇 가지 일기를 더 남겼으나 아직 공개되지 않고 있다. 다산에게 이 같은 일기 쓰기는 다분히 정치적인 행위였다. 동선에 따른 정황과 만난 사람과의 대화, 서로 오간 문서를 기록으로 남기면서 동시에 자신의 처신에 정당성을 부여하려는 의도가 강하게 느껴진다. 이제 차차 살펴보겠다.

다산은 이렇게 5개월간의 금정 시절을 시작했다. 『금정일록』에 적힌 동선을 따라가 보면, 그는 7월 27일 수원을 거쳐 진위振威에서 묵었다.

수원유수 조심태趙心泰를 만났을 때 조심태가 말했다.

"홍산鴻山과 성주산聖住山, 청양靑陽 경계의 깊은 골짝과 높은 고개에는 띳집을 엮고 몰래 숨어 있는 자가 많다고 합디다. 영공은 잘 살피시오."

깊은 산속에 숨어 사는 천주교 신자를 잘 검속해서 잡으라는 뜻이었다. 특히 홍산과 성주산, 청양 경계의 지역은 다산의 부임지인 금정역을 둘러싼 삼각 꼭짓점이었다.

포도대장과 어영대장을 지냈고, 정조의 심복이었던 조심태의 이 같은 조언은 당시 정조가 다산에게 무엇을 기대했는지 넌지시 짚어준 대목이기도 했다. 28일에는 평택과 아산을 거쳐 갈원葛院에서 예산으로 귀양 가던 자형 이승훈과 만나 함께 잤다. 두 사람은 이때 밤새 무슨 얘기를 나눴을까? 그것도 궁금하다.

다산은 서울을 떠난 지 사흘 만인 7월 29일 저녁, 금정에 도착했다. 도착 즉시 다산은 충청도관찰사 유강柳焵에게 도착 보고를 올렸다. 그 글에서 다산은 '즙민지방戢民之方', 즉 천주교도를 붙잡아 들일 방법에 대해 의논했다. 조심태의 말에서도 보듯, 정조는 다산에게 천주교가 유난히 극성을 떠는 금정으로 내려가, 그곳의 천주교도들을 색출하여 감화시킬 것을 명했다.

한편 이 지역은 남인 공서파의 한 축을 이루는 성호星湖 우파의 본거지이기도 했다. 인근에는 좌상 채제공의 일족들이 살고 있었다. 성호 이익李瀷의 종손從孫인 목재木齋 이삼환(李森煥, 1729-1813)은 이 지역의 원로로 중심을 잡고 있었고, 그는 1786년 「양학변洋學辨」을 지어 천주교에 극력 반대했던 인물이기도 했다. 드러내 말하지는 않았지만, 다산을 이곳으로 내려보낸 정조와 채제공의 속셈은 이곳에서 천주교도 검거에 공을 세우고, 공서파 남인들을 우호적 세력으로 만들어 자신에게 씌워진 천주교의 굴레를 완전히 벗어버리고 올라오라는 것이었다. 다산도 누구보다 분명하게 이 사실을 알고 있었다. 금정은 다산이 전향 선언과 환골탈태의 탈바꿈을 준비하는 공간이었다.

『금정일록』의 첫 면. 다산은 중요한 고비마다 동선에 따른 정황과 만난 사람과의 대화, 서로 오간 문서를 기록으로 남겼으며, 다산에게 이 같은 일기 쓰기는 다분히 정치적인 행위였다.

금정찰방 다산의 역할

금정역의 위치와 찰방의 역할

다산이 좌천되어 내려간 금정역金井驛은 어디에 있었을까? 금정
역은 원래 충청남도 청양군 남양면 금정리에 있었으나, 1756년(영
조 32)에 인근의 용곡역龍谷驛과 합치면서 그리로 옮겼다. 1795년
다산이 근무했던 금정역은 예전에는 홍주목洪州牧에 속했고, 오
늘날 행정구역으로는 청양군 화성면 용당리(예전 용곡)에 있었다.

화성면 용당리 마을 입구에 금정도찰방 다산 정약용 선생 사
적비가 서 있다. 그 옆에 예전 이곳에서 금정찰방을 지냈던 이들
의 선정비善政碑 셋이 나란히 섰다. 마을에선 금정역의 옛 자취는

달리 찾을 수 없다. 역사驛舍가 있었을 법한 마을 입구 집의 담장 벽화 속에서만 달랑 흔적이 남았다.

이곳에서 승용차로 10여 분 거리에 병인박해丙寅迫害(1866년부터 1871년까지 대원군이 프랑스인 신부와 조선인 천주교도를 탄압한 사건) 때 순교한 천주교도의 시신을 몰래 매장한 다락골 줄무덤 성지가 있다. 김대건金大建 신부에 이어 두 번째 신부였던 최양업崔良業 신부의 생가가 그 바로 근처다. 김대건 신부도 당진에서 태어났으니, 충청도 내포 일대는 진작부터 천주교의 못자리로 불려온 신앙의 중심지였다. 이곳은 초기 교회의 10인 사제 중 한 사람으로 내포의 사도로 불린 이존창이 교회를 이끌고 있었다.

『여지도서輿地圖書』의「금정역」조에 따르면 이곳에는 음관蔭官 6품직의 찰방 1인을 두고, 소속된 아전이 121명, 남자 종 175명과 여자 종 21명이 있었다. 다산은 3품관이던 자신이 7품직이 되어 내려왔다고 썼다. 금정역은 당시 국가에서 운영하던 원역院驛 중에서도 꽤 규모가 있던 역이었다. 말은 상등마가 두 필, 중등마가 네 필, 하등마가 다섯 필 등 모두 열한 필을 보유하고 있었다. 하는 일은 나랏일로 오가는 관원에게 숙소와 마필과 부대인원을 제공하는 것인데, 소속 인원이 상당히 많은 것으로 보아 마필 관리 외에 다른 부가적 업무가 있었던 것으로 보인다.

승지였던 다산은 요즘으로 쳐서 청와대 비서실의 '꽃보직'에서 열한 마리 말을 관리하는 7품직 시골 역장에 좌천되었다. 무려 7단계의 강등인 셈. 마음속에 천주교 신앙을 간직하고 있었고, 주문모 신부의 탈출을 직접 도왔던 다산이 이제 천주교도 검거에 드러나는 공을 세워야 하는 곤혹스럽고 모순적인 상황에 놓였다. 중압감 때문이었는지 1795년 7월 29일에 금정역에 도착해 짐을 푼 다산은 평소 그답지 않게 조급했다.

다산이 관찰사 유강과 홍주목사 유의에게 보낸 편지

도착한 이튿날 그는 충청도관찰사 유강에게 천주교도를 검거하고 교화시킬 방안에 대해 의논하는 「유 관찰께 드림與柳觀察」이란 편지를 썼다. 그중 한 대목이다.

이 고장으로 저를 보낸 것 또한 성상께서 뜻한 바가 있으실 것입니다. 하지만 찰방은 본래 객관客官이어서 백성을 교화하거나 권면하여 바로잡는 일에 책임이 없습니다. 어리석은 백성들이 또 모두 자취를 감추고 동에 번쩍 서에 번쩍 속이고 숨기는 행실이 많습니다. 말을 타고 강변을 달리다 보면 박 넝쿨 얽힌 울타리와 오두막집들이 이따금 마을을 이룬 것이 보일 뿐입니다. 저들이 그 속에 몰래 숨어 새처럼 모였다가 쥐처럼 손을 모으는 것을 무슨 수로 적발하겠습니까? 마땅히 말을 내달려 찾아뵙고 가르침을 청해야 할 것이나, 이곳에 오느라 지쳐서 병이 든지라 수영水營에 순찰 오실 날을 기다립니다. 먼저 이 편지를 여쭈오니 삼가 지도하여주십시오.

새처럼 모였다가 쥐처럼 공손히 손을 모으는 자들이란 말할 것도 없이 함께 모여 기도하던 천주교도들을 가리킨 표현이다. 마필 관리의 책임을 맡은 찰방이 임지에 도착한 다음 날 엉뚱하게 천주교도 검거 방안을 충청도관찰사에게 물었다.

이 편지에 대한 유강의 답장은 다산의 일기 『금정일록』 8월 4일자에 실려 있다. 유강은 답장의 서두에서 은대銀臺의 옛 신선이 백루白樓의 영승令永으로 내려온 것을 위로하면서 이렇게 썼다.

말씀하신 일은 감영에 온 뒤로 한시도 감히 해이하지 않고 여러 차례 탐문코자 하였으나, 얻기가 어렵더군요. 말씀대로 명백하게 증거를 잡은 것 없이 단지 있다고 지목하거나 의심스러운 비방이 모인 곳을 적발하려 한다면, 요즘 같은 삐딱한 세상에서 잘 못 죄에 얽어 넣는 근심과 맞닥뜨리기 쉬울 것입니다. 이는 평생 공변되고자 하는 마음을 저버리는 것일 뿐 아니라 위로 임금을 저버리는 일이니, 마땅히 또 어떻겠습니까?

뜻밖에 유강은 천주교도 검거가 그렇게 조급하게 처리할 수 있는 문제가 아니니 신중하라고 충고했다. 편지 끝에는 "영감은 이미 범에게 다친 사람인지라 분하고 미워하는 뜻이 반드시 다른 사람보다 백배나 더할 터이지만, 이럴수록 더욱 마땅히 자세하게 살펴야 할 것이다"라고까지 썼다. 조급한 마음에 서둘러 성과를 내려는 다산에게 이 문제가 그리 호락호락하지 않으니 천천히 살펴야 한다고 타이른 것이다.

한편 유강의 답장에서 '말씀하신 일'을 운운한 것으로 보아 다산이 보낸 원래 편지에는 별지에 천주교도 색출에 대한 임금 정조의 특별한 당부와 그 방법에 관한 구체적 내용이 들어 있었을 것이다.

당시 금정역은 관할이 청양군이 아닌 홍주목에 속해 있었다. 다산은 직속상관인 홍주목사 유의(柳誼, 1734-?)에게도 같은 날 똑같이 편지를 보냈다. 문집에 실린 「유 홍주에게 드림與柳洪州」이 그것이다. 중간 대목만 인용한다.

경내에 들어온 지 며칠 만에 이미 어진 명성이 자자하고 노랫소리가 길에서 들려 백성들이 한나라 때 선정으로 이름 높던 소신신召信臣과 두시杜詩처럼 여긴다고 하더군요. 다만 유독 백성을 인도하여 그치게 하는 한 가지 일에 있어서만은 어째서 이제껏 묵혀두고 계시는지요? 제 생각에 집사께서 백성을 안정시켜야지 소요하게 해서는 안 된다고 여기서서 잠시 따뜻하게 적셔 머금어 기르시려는 것으로 여겨집니다. 하지만 법으로 금함이 너무 풀어지고 넓어져서 약으로도 구할 수 없는 지경에 이르게 된다면 또한 조정의 명령을 선양하는 도리에 흠결이 있지 않을는지요? 찰방의 직분은 망아지를 치는 직분인지라, 풍속을 교화하고 권면하여 바로잡는 책임은 제 소관은 아닙니다. 이에 정령政令의 끝에 스스로를 기대어 힘을 보탤까 합니다. 그래서 감히 품의하는 바가 있으니 회답하여주시면 감사하겠습니다.

다산의 글에는 뜻밖에도 그간 유의가 천주교도 검거나 교화에 힘을 쏟지 않아 성과를 내지 못한 것에 대해 은근히 나무라는 뜻이 담겨 있다. 자기 소관의 일은 아니나 힘을 보태려고 의견을 품의하였으니, 답장을 달라고 적었다. 품의 내용은 역시 별지를 통해 전달되었던 듯 다산의 편지 속에는 없다.

하지만 다산은 홍주목사 유의에게서 답장을 받지 못했다. 강직하고 청렴했던 유의가 다산의 글을 공문이 아닌 청탁 편지로 여겨 아예 열어보지도 않았기 때문이다. 8월 12일에 수영에서 유의를 만나 왜 답장하지 않았느냐고 따져 묻자, 그는 태연하게 벼슬살이할 때에는 사적인 편지는 뜯어보지 않는다고 대답했다. 그러면서 겉봉을 뜯지 않은 상자에 가득한 편지들을 내보였다.

다산이 그 뜻은 알겠으나 자신이 보낸 것은 공적인 일이었다고 볼멘소리를 하자, 유의가 "그렇다면 공문으로 보냈어야지" 하고 대답했다. 다산이 비밀스러운 내용이라 그랬다고 하니, 유의는 "그럼 비밀 공문이라고 했어야지" 하며 물러서지 않았다. 다산이 아무 말도 하지 못했다. 이 일화는 다산에게 특별한 인상을 남겼던지, 훗날 『목민심서牧民心書』「율기律己」 조에 목민관이 지녀야 할 바른 행동의 예로 자세히 적어두었다.

글 속의 비밀스러운 일이란 당연히 천주교도의 처리에 관한 내용이었다. 이로써 다산에게 맡긴 금정찰방의 직임은 겉으로 보이기 위한 것이었고, 실제 임무는 천주교도를 검거하고 회유해서 양민으로 돌아가게 하는 일이었음이 다시금 확인된다. 정조는 다산에게 이 거북한 임무를 맡기고, 그가 이를 잘 수행케 함으로써 다시 중앙으로 불러들일 명분으로 삼고자 했다.

다산의 천주교도 문초와 회유

『금정일록』에 따르면 8월 17일에 다산은 천주교도 김복성金福成을 붙잡아다가 자백을 받았다. 8월 30일에는 김복성이 다시 네 사람을 더 이끌고 와서 함께 자수했다. 이때 이수곤李壽崑이란 사람은 자신이 억울하다고 호소했다.

김복성은 홍주군 흥구향면興口香面 월내동月乃洞의 산지기를 지낸 인물이었다. 충청도관찰사 박종악이 1792년 1월 3일에 천주교 신자 적발에 대해 정조에게 보낸 보고서에 그의 이름과 직분이 등장한다. 이 보고서에는 그가 천주교회 지도자 중 한 사람이었던 홍낙민을 재워준 인물로 나온다. 또 그의 집에서 나온 천주교 서적을 불태운 내용도 보인다. 김복성은 당시 금정역 인근 천주교도의 지도자급에 속한 인물이었음이 분명하다. 그가 산지기로 있던 흥구향면은 바로 금정역이 위치한 마을의 옛 이름이다. 이곳에는 고종 때 영의정을 지낸 조두순趙斗淳의 선산과 조두순의 묘소가 있다. 관련 내용은 한국학중앙연구원 장서각에 소장된 박종악의 『수기隨記』 속에 자세하다. 이수곤이란 이름 또한 1796년 10월 24일자 『일성록日省錄』 기사 중 정조가 온양 행궁에 행행했을 당시의 포상자 명단 속에 금정역리의 신분으로 한 차례 나온다. 그는 당시 67세였다.

다산은 금정역에 부임한 지 보름여 만에 천주교도 중 금정역 인근의 지도자 김복성을 붙잡아 와서 단번에 자백을 받아냈다. 다시 13일 뒤에는 그 김복성이 네 명의 천주교도를 더 데리고 와서 이들을 배교시키는 성과를 거뒀다. 관찰사 유강이 그렇게 탐문하고도 여의치 않던 일을 다산은 한 달도 안 되어 처리했다. 하지만 그 과정이 액면 그대로 믿기에는 뭔가 석연치 않은 구석이 있다. 마치 준비된 연출을 보는 듯한 느낌마저 든다.

금정역이 있던 충남 청양군의 다락골 줄무덤 성지. 병인박해 때 순교한 천주교도의 시신을 몰래 매장한 곳이다. 충청도 내포 일대는 천주교의 못자리로 불려온 신앙의 중심지였다.

내포의 사도 이존창 검거기

성주산의 이존창

다산은 금정찰방 시절에 쓴 일기 『금정일록』에서 천주교라는 말을 몹시 아꼈다. 천주교도 검거 사실도 드러내서 적지 않았다. 8월 17일 김복성 문초 이후 한 달이 지난 9월 19일 일기에 "성주산의 일로 순영巡營에 보고하였다"라는 내용이 한 줄 보인다. 천주교 관련 내용은 이런 식으로 늘 얼버무렸다. 닷새 뒤인 24일에 다산의 앞선 보고에 대해 관찰사 유강이 답장을 보내왔다.

죄인을 붙잡아 오는 일을 날마다 몹시 기다리고 있습니다. 날짜를 헤아려보니 오늘이면 너무 늦는군요. 이제껏 자취가 없는 것으로 보아 혹 낌새를 알아 미리 피한 듯합니다. 깊은 산골 궁벽한 골짜기는 몸을 감추기가 몹시 쉬워 이처럼 늦어지는 것인가요? 몹시 의아하고 답답합니다. 잡아 온 뒤의 일은 마땅히 그대에게 들어보고 서로 상의해 처리할 테니, 염려하지 마십시오. 성주산의 일은 이미 비밀 공문을 발송하였습니다.

성주산에서 대체 무슨 일이 있었던 걸까? 성주산은 앞서 다산이 금정으로 내려올 때 수원유수 조심태가 홍산과 성주산, 청양의 언저리 깊은 산속에 천주교도들이 몰래 모여 숨어 산다고 하니 잘 살피라고 했던 곳 중 하나다.

금정역 인근의 천주교도들을 붙잡아 취조해서 자백을 받은 뒤, 이를 통해 얻은 정보로 다산은 막 바로 성주산 쪽 천주교도 검거에 나섰고, 9월 19일에 중간보고를 올렸던 것으로 보인다. 닷새 뒤 관찰사는 다산이 죄인을 붙잡아 오기를 기다리고 있는데, 여태 소식이 없어 답답하다는 뜻을 적었다. 다산은 앞의 보고에서 자신이 성주산의 천주교도들을 붙잡아 올 경우 이들의 신병 처리에 대해 모종의 부탁을 했던 듯하다. 알았으니 염려 말라는 말이 그것이다.

다산이 보고한 성주산의 일이란 바로 충청도 지역의 천주교 지도자였던 이존창(1759-1801)의 검거와 관련된 일이었다. 이존창이 누구인가? 그는 권철신, 권일신, 이기양 등과 사제 관계로 이어져 교회 창립기부터 천주교에 입교해, 가성직제도 당시부터 10인의 신부로 활동했던 교계 핵심 인물이었다. 그는 내포 지역에서 교회의 확장에 전념하다가, 진산사건이 일어난 1791년 11월에 충청도관찰사 박종악에 의해 체포되었다. 이때 그는 배교를 선언하고 바른길로 돌아오겠다는 서약을 쓰고 석방되었다. 하지만 이는 교회 유지를 위한 형식적인 배교에 불과했다. 1791년 12월 30일에 이존창은 홍산으로 이주하였다.

다블뤼 주교는 서울과 경기, 충청도와 전라도에서 체포된 수많은 순교자들이 모두 내포 지역 교회와 연관이 있고, 1850년대 조선 천주교 신자의 대부분은 이존창이 초기에 입교시킨 사람들의 후손이라고 썼을 정도로 이존창은 초기 교회에서 중추적 역할을 담당했던 거물이었다.

이존창과 주문모 신부의 겹치는 동선도 추적이 필요하다. 1794년 연말에 입국해서 1795년 1월 4일에 한양에 도착했던 주문모 신부는 그해 부활절까지 조선말을 배우고 성사를 주면서 바쁘게 지냈다. 1795년 4월에 이존창은 계동 최인길의 집으로 찾아가 주문모 신부를 만나, 함께 지방 교회 순회에 나섰다. 먼저 양근 윤유일의 집에 들렀고, 이후 고산 자신의 집과 전주 유관검柳觀儉의 집을 거쳐 상경했다. 주 신부의 지방 순회는 이존창과 유관검이 보호와 안내를 맡았다.

당시 주문모 신부는 이존창에게 "권한도 없이 성사를 집행하였으니 어떻게 그 보석을 다할 수 있겠는가? 순교만이 그대에게 용서를 구해줄 걸세"라고 말했다. 이로부터 이존창은 마음으로 순교를 준비했다. 다블뤼 주교가 쓴 친필 비망록『조선주요순교자약전』에 나오는 내용이다.

상경 직후 한영익의 고발로 5월 12일에 최인길과 윤유일, 지황이 죽을 당시 주 신부는 극적으로 창동 강완숙의 집으로 피신했다가, 충청도 연산連山 땅 이보현李步玄의 집에 숨어 두 달 남짓을 머물렀다. 그는 근 1년 뒤인 1796년 5월에야 다시 서울로 돌아왔다. 이후 2년간 창동과 정동의 몇몇 지도급 천주교인의 집을 며칠씩 돌아가며 묵었다. 이는 1801년 3월 15일 주문모 신부가 더 이상의 희생을 피하려고 자수하여 의금부에 끌려가 심문받았을 당시 공초 기록을 정리한 내용이다.『추안급국안推案及鞫案』에 나온다.

다산, 이존창을 직접 체포하다

다산이 이존창 체포 비밀 보고서를 올렸던 즈음, 주문모 신부는 금정역과 그다지 멀지 않은 충청도 연산 이보현의 집에 은신해 있었다. 당시 관변 기록에서 주문모의 존재는 철저하게 함구되었다. 이존창은 이때 부여 홍산을 떠나 보령 성주산 인근에 숨어 있었던 듯하다. 다산은 이존창의 소재에 대한 정보를 김복성을 통해 들었고, 이후 자수를 권유하는 이면 접촉이 이루어졌다. 한 달 뒤 이존창의 검거를 직접 진두지휘한 것도 다산이었다. 그 내막은 1795년 겨울에 서울로 복귀한 뒤 새로 충청도관찰사로 내려가게 된 이정운李鼎運에게 보낸 다산의 편지「오사께 답함答五沙」에 보인다.

편지의 맥락은 따로 살피겠고, 해당 대목만 보이면 이렇다.

저 이존창이란 자는 목숨을 구해 달아난 한낱 백성에 지나지 않습니다. 설령 이자가 바람과 비를 부르고 둔갑술에 은신술을 써서 오위영五衛營의 병졸을 풀어도 능히 잡을 수 없는 자인데 제가 꾀를 내고 계책을 편 덕택에 하루아침에 체포했다 하더라도 오히려 스스로 공으로 삼기에는 부족합니다. 하물며 그는 이름

189

을 바꾸고 자취를 숨겨 이웃 고을에 거처를 피한 자에 지나지 않습니다. 이미 그가 있는 곳을 알아서 장교 한 사람과 병졸 하나를 데리고 가서 묶어 온 것이니, 이는 마치 동이 속에서 자라를 잡은 격입니다.

다산은 검거를 피해 성주산에서 변성명하고 은신해 있던 이존창을 장교 한 사람과 병졸 하나를 대동해 포승줄로 묶어 왔다. 그의 은신처를 정확히 알고 있지 않았다면 불가능한 검거였다.

그런데 다블뤼 주교는 자신의 비망기에서 당시 충청감사가 관장에게 이존창의 체포를 명하자, 관장이 이존창의 은신처를 알아내려고 그의 부모를 체포하여 고문하므로 이존창이 어쩔 수 없이 직접 출두했다고 조금 다르게 적고 있다. 관장이라면 이존창이 살고 있던 홍산의 현감이었을테고, 부모가 체포되어 고문을 당하자 성주산에 숨어 있던 이존창이 다산을 통해 자수했던 사정이 된다.

다산이 이존창을 체포한 당사자임은 1795년 12월 24일, 정조가 중희당에서 충청도관찰사로 떠나는 이정운과 만나 나눈 『일성록』의 대화에도 나온다.

정조는 이날 이정운을 따로 불러 말했다.

"충청도에 사학이 근래 들어 자못 극성스럽다. 듣자니 정약용이 견책을 받아 보임된 뜻을 잘 알아, 사학의 우두머리를 감영의 옥에 가두었다고 알려왔다. 경이 감영에 도착한 뒤에 엄하게 조사하여 매섭게 징계함이 좋겠다."

정조는 정약용이 이존창을 붙잡아 와서 감영의 옥에 가두었다는 충청도관찰사의 비밀 보고를 받았던 것이다. 또 1797년 2월 23일 『일성록』에도 "재작년에 이존창이 금정찰방의 염찰廉察에 걸려, 관찰사에게 말해 감영의 감옥에 붙잡아 가두었다"라고 썼다.

모종의 묵계, 또는 거래

나는 이 대목에서 당시 내포 지역의 천주교회 조직과 다산 사이에 모종의 묵계가 있었을 가능성을 의심한다. 김복성에 이은 이존창의 체포는 주문모 신부를 놓친 이후 불어닥친 검거 선풍에서 천주교회의 조직을 살리고 인근에 피신 중이던 주문모 신부를 보호하기 위한 고육책이었을 가능성이 높다.

다산과 김복성, 이존창 사이에는 우리가 알 수 없는 다짐이나 언약이 있었고, 그 약속은 앞서 관찰사 유강이 다산에게 보낸 편지에서 잡아 온 뒤의 일은 그대와 상의한 뒤에 처결하겠다고 한 언급에서 저간의 사정을 짐작게 된다. 아무 약조 없이 김복성이 지도자 이존창의 은신처를 다산에게 덥석 알려주지는 못했을 것이다. 설령 알려준다 해도 이존창이 달아날 마음이 있었다면 다산을 얼마든지 따돌릴 수 있었다. 김복성의 문초와 이존창의 검거 사이에는 한 달 이상의 간극이 있었다. 중재와 설득에 적지 않은 진통이 있었다는 뜻이다.

다산과 이존창은 1785년 명례방 추조적발 이전부터 익히 알던 사이였다. 두 사람은 초기 교단의 가성직 신부 10인에 함께 포함되어 있었다. 권일신의 갑작스러운 사망과 이승훈의 배교 이후 천주교계에서 이존창의 영향력은 절대적이었다. 그런 그가 다산의 손에 순순히 잡혀 감영에 갇힌 것은 뜻밖이다. 1791년 박종악에게 그랬던 것처럼 배교 서약만 하면 석방해주겠다는 이면의 약속 같은 것이 있었기 때문일 것으로 본다. 또 한 가지 당시 조선 교회로서는 주문모 신부의 종적을 캐는 추적의 손길에서 관심을 딴 데로 돌려놓아야 할 필요도 절박했다.

다산이 이존창을 붙잡을 수 있을 것 같다고 올린 보고를 바탕으로 충청도관찰사 유강은 이미 정조에게 그 내용을 비관秘關 즉 비밀 공문으로 보낸 상태였다. 이후 다산은 포교와 포졸 한 사람씩 단 두 사람만 데리고 성주산의 은신처로 이존창을 찾아가 아무 저항 없이 그를 묶어 감영으로 호송했다. 수행 인원이 단둘뿐이었다는 것은 저편에서도 다산이 올 것을 미리부터 알고 있었다는 뜻이다. 이미 모든 조율이 끝난 상태에서 다산은 이존창과 만났던 셈이다.

겉으로 공개적인 배교 상태에 있었고, 천주교도 검거의 특명을 띠고 금정찰방으로 내려온 다산을 이존창이 체포 위험을 감수하고 만났던 것은 다산이 주문모 신부 피신에 결정적 도움을 주었다는 사실을 이미 알고 있었기 때문일 것이다. 이존창의 검거는 말이 체포이지 실제로는 자수에 가까웠고, 다산에게 천주교회 책임자급을 검거하게 하여 힘을 실어줌으로써, 관심을 주문모 신부에서 딴 데로 돌리려는 천주교회 내부의 필요성이 맞아떨어진 일종의 거래가 아니었을까 한다.

『벽위편』에는 조정에서 주문모의 비밀 체포를 위해 얼마나 공을 들였는지 적은 내용이 있다. 뒤에 포도대장까지 오른 이해우李海愚가 주문모 신부를 체포하려고 무진 애를 썼는데, 거의 잡을 뻔하다가 놓친 것이 여러 번이었다. 그때마다 주문모 신부는 여자들이 타는 가마를 타거나, 혹 상복을 입고서 포위망을 아슬

아슬하게 빠져나갔다. 실제로 마주쳐 지나고도 놓친 적 또한 몇 차례였다. 1801년 신유사옥辛酉邪獄 당시 사건 담당자가 이해우를 찾아가 묻자, 이해우는 주 신부의 추적 과정을 적은「염문기廉問記」한 묶음을 내주었을 정도였다.

천주교도 검거에 공을 세워 천주교 관련 혐의를 벗으라는 정조의 당부를 다산은 이렇게 실천에 옮겼다. 한편 다산이 금정찰방으로 있는 동안 처리해야 할 일 중 다른 한 축은 그대로 남아 있었다. 그것은 이 지역의 성호학통으로 공서파 입장에 서 있던 남인들과 관계를 개선하여, 이를 통해 서학을 버리고 정통 유학으로 완전히 전향했다는 보증을 받아 오는 일이었다. 천주교도 검거뿐 아니라, 남인 내부에서의 세탁도 정조와 채제공이 요구했던 명령 속에 들어 있었다. 다산은 이존창 검거를 마무리하자 이 문제로 눈길을 돌렸다.

10장

전향 선언

전향과 충돌

이삼환과 이인섭

금정찰방 시절 다산은 「서암강학기西巖講學記」와 「도산사숙록陶
山私淑錄」을 지었다. 천주교를 극력 배척하는 성호 우파 남인과의
접촉면을 넓히고 퇴계와 성호를 정학으로 높여, 천주교 낙인을
지우려는 의도가 담긴 저술이다. 일종의 전향 인증의 모양새를
얻고자 한, 순수하지만은 않은 글이었다.

다산은 부임 직후부터 부지런히 이 지역 남인들을 만났다. 이
지역 남인의 좌장은 목재 이삼환이었다. 성호 이익은 그의 종조
부從祖父였다. 안산 첨성리에서 출생해 어려서 성호에게 직접 배

웠다. 1763년에 이병휴李秉休의 양자로 입적하면서 충청도 덕산으로 거처를 옮겼다. 처음 천주교가 들어와 문제가 되자, 1786년에 그는 「양학변」을 지어 천주교의 위험성을 지적하고 반대의 뜻을 명확히 했다. 1791년 충청도관찰사 박종악이 정조에게 올린 보고서를 모은 『수기』에는 이삼환이 중심을 잘 잡고 있어서 그가 사는 마을에 천주교도가 한 명도 없다는 내용이 포함되어 있었다.

다산은 금정에 도착하자마자 이삼환에게 편지를 썼다. 핵심을 추리면 이렇다. 임금께서 여러 차례 정학 숭상을 이단을 물리치는 근본으로 삼는 뜻을 밝혔다. 성호가 회재晦齋 이언적李彦迪과 퇴계 이황의 바른 맥을 이어 정학의 기치를 높이 세웠다. 하지만 정작 성호의 문집이 세상을 뜬 지 32년이 되도록 초고 상태로 방치되어 있으니, 가까운 절에서 함께 모여 집중적으로 정리 작업을 진행하자.

이어 다산은 자신의 이 제안이 이승훈과 상의한 일임을 말했다. 처음 금정으로 내려올 때 다산과 이승훈이 하룻밤을 함께 자면서 이 같은 상의가 있었을 것이다.

다산의 편지에 대한 이삼환의 답장은 1795년 8월 5일에 도착했다. 이삼환은 자신이 하려 해도 엄두조차 못 내던 일을 다산이 나서서 함께 작업하자 하니 굳이 마다할 이유가 없었다. 다만 서두르는 주체가 다산인 것만은 조금 걸렸다. 공연히 다산의 주도로 성호의 저술이 정리되면 또 다른 구설을 야기할 염려도 없지 않았다. 다산에 대해 반감을 품은 젊은 축도 적지 않았다.

8월 7일에는 나주목사로 있던 이인섭李寅燮의 편지가 금정에 도착했다. 다산의 견책 사실을 알고 위로차 보낸 글이었다. 편지는 "이번에 그대가 견책당한 것은 실로 성상께서 옥으로 만드시려는 지극한 뜻에서 나온 것이니, 이를 위해 감축드리오. 지금을 위한 계책으로는 정주程朱의 글을 부지런히 읽음만 한 것이 없을 것이오. 하지만 앞서의 허물을 덮고 새롭게 들은 것을 드러내려고 억지로 읽기만 하고 깊이 믿지 않는다면, 천 번을 넘게 읽어 자기 말처럼 외운다 해도 아무 실효가 없을 것이오"로 시작되고 있었다.

이인섭은 아버지 정재원의 벗이었고, 성호의 제자였다. 다산의 서庶누이가 이인섭의 서자와 혼인하여 사돈을 맺은 각별한 인연도 있었다. 글 속 '앞서의 허물'은 천주교를 믿은 것을 말하고, 금정에 와서 '새롭게 들은 것'은 퇴계와 성호의 학문일 터였다. 이인섭은 겉으로 시늉만 해서는 아무 소용이 없으니, 진실로 깊이 믿어 반드시 실행에 옮길 것을 당부했다.

그는 또 이렇게 덧붙였다. 퇴계 선생은 동방의 대현이시다. 일생 동안 주자의 글을 높이고 믿어서 한 글자도 어긋남이 없었다. 근세의 유자들이 비록 그 잘못을 지적한 바가 있다 해도, 그들의 학문은 반드시 퇴계에는 미치지 못한다. 어찌 이들의 말을 믿고 퇴계를 믿지 않을 수 있겠는가? 사람이 퇴계와 같다면 충분하고, 공부도 퇴계와 같이 해야 옳을 것이다.

요컨대 이인섭은 다산에게 천주교 신앙을 온전히 버려, 퇴계의 추종자로 거듭날 것을 충고했다. 뒤에 다시 쓰겠지만 금정 시절 다산이 쓴 「도산사숙록」은 이인섭의 편지에 대한 답장이나 같았다.

금정역 인근에는 채제공의 일가들이 많이 살고 있었다. 이 또한 채제공의 배려였다. 다산이 금정역에 도착하자, 8월 5일에 채제공의 가까운 친척인 채준공蔡俊恭과 채홍선蔡弘選이 찾아와 인사를 하고 갔다. 정조와 채제공은 다산에게 천주교도 검거와 퇴계 및 성호를 추종함으로써 천주교와의 완전한 결별을 입증하라고 요구했다. 여기에 이인섭의 편지까지 더해져, 일종의 라이언 일병 구하기 작전이 가동되고 있었다.

냉랭한 시선, 이도명과의 논전

8월 17일에 김복성을 잡아 문초한 다산은 8월 23일에는 예산으로 건너갔다. 한강동寒岡洞의 이수정李秀廷을 문상하기 위해 간 걸음이었다. 인근의 남인 학자들이 모두 모이는 자리였기 때문이다. 문상을 마친 다산은 인근 천방산千方山에 사는 남인 처사 이도명李道溟과 이광교李光敎의 집을 찾았다.

이도명은 그 지역의 명망 있는 선비였다. 젊어 몇 차례 과거에 응시했으나 급제하지 못했다. 이후 그는 과거를 포기하고 성리학 공부에 잠심했다. 문을 두드리자 삼베옷에 대나무 갓끈을 맨 그가 예를 갖추어 다산을 맞았다. 산림처사의 기운이 맑았지만 어딘가 싸늘한 기색이 있었다. 몇 차례 대화가 오가면서 두 사람의 생각 차가 확연하게 드러났다. 다산은 이도명의 공부하는 태도와 자세가 답답했고, 이도명은 자기보다 나이도 어린 다산이 훈계하듯 하는 말투가 못마땅했다.

다산이 먼저 포문을 열었다.

"그대는 스스로를 닦는 공부에만 힘쓰고 세상을 위해 쓰는 공부에는 관심이 없군요. 어째서 선왕의 도를 강습하고, 성인의 학문을 열어 성물成物하는 공부를 행하지 않으시는지요?"

어째서 자신을 위한 공부만 하고 세상에 보탬이 되는 공부를 하지 않느냐고 나무란 것이다.

이도명은 불쾌함을 누르고 한껏 자세를 낮췄다.

"제가 공소空疏해서 아는 것이 없습니다. 스스로를 닦기에도 겨를이 없는데 어찌 세상을 위한 공부를 하겠습니까?"

나이는 이도명이 훨씬 위였지만, 다산은 3품의 당상관을 지냈던 터라 처지가 현격했다. 고집스러운 시골 선비와 좌천된 관리의 대화는 평행선을 긋고 더 이상 길게 이어지지 않았다. 그사이에 서로에게 앙금이 남았다.

닷새 뒤인 8월 28일, 여전히 예산 이수정의 상가에 머물던 다산에게 앞서 한 번 만났던 이광교가 이도명의 편지를 들고 왔다. 이도명은 겸손하게 서두를 열었다. 젊어서 세월을 헛되이 보내다가 뒤늦게 공부의 깊은 맛을 알게 되어, 이것으로 삶을 끝마치고자 한다고 썼다.

편지 끝에 그가 슬쩍 칼끝을 보였다.

이번에 그대가 동량棟樑의 자질과 훌륭한 재능으로 우리 학문에 마음을 두어, 스스로를 지나치게 깎고 덜어내어, 저처럼 배우기를 원하면서도 제대로 하지 못하는 자를 곡진히 돌아보시니, 그대는 어찌 참으로 옆 사람이 비난하고 비웃는 것을 깨닫지 못하고 이 같은 거동이 있는 것입니까?

곧이곧대로 옮긴 이도명의 말뜻은 이랬다. '지금 그대가 나를 훈계하고 다닐 때인가? 너나 잘해라. 곁에서 그대의 행동을 비난하고 비웃는 줄을 정녕 모른단 말인가?' 이도명은 철저한 성호 우파의 지식인이었고, 퇴계의 추종자였다. 다산이 『금정일록』에 실어둔 이도명의 이 편지도 상당 부분 퇴계가 제자들에게 준 편지글을 짜깁기해서 지은 글이었다. 지난 닷새 동안 삭이지 못한 분노가 편지 속에 묻어 있었다. 수록한 편지는 앞뒤로 생략된 부분이 많다.

제2차 논쟁

다산은 즉각 붓을 들어 답장했다. 문집에 실린 「방산 이도명에게 답함答方山」이 그것이다. 앞쪽에 길게 예의를 갖췄다. 그런 뒤에 본론을 꺼냈다. 겸손도 좋지만 공부는 개물성무開物成務, 즉 사물의 이치를 살펴 세상의 일을 이루는 데로 나아가지 않으면 안 된다. 군자가 함양 공부에 힘쓰는 것은 베풀어 쓰기 위함이니, 먼저 나를 이루고[成己] 남을 이루어주는[成物] 데로 나아가야 한다. 하지만 그대는 겸양이 지나치고 함축이 너무 깊어 남을 이끌어 깨우치는 일에는 관심이 없으니 이것을 안타깝게 생각한다.

10월 26일에 다시 이도명의 답장이 도착했다. 이번엔 서두의 인사말이 짧았다. 대뜸 본론으로 넘어갔다.

그대가 나를 나무란 것은 크게 정리에 닿지 않으니, 무슨 소문을 들었는지는 모르겠으나 어찌 이처럼 뜬금없는 말을 편단 말이오? 그대는 예전에 자신의 허물을 몰래 감추고서 저쪽에서 나와 이쪽으로 들어온 분간을 능히 자백하지도 않은 채 구차스럽게 미봉하였소. 한갓 삿됨을 물리치고 바름을 붙들어 세우는 뜻을 품어, 모호하게 행동하고 애매하게 넘기면서 풍파를 부추기는 세상에 처하고 있구려. …… 설령 괴이함을 감추고 처음에 미혹되었던 탄식이 있더라도 능히 본디 지닌 성품을 되돌려 굳세게 노력한다면 점차 고명한 경지에 다다를 것이오. 그렇게 한다면 옥구슬이 진흙 속에서 더렵혀졌더라도 씻고 닦으면 신명께 바칠 수 있는 것과 다름없을 것이오. 그런데도 그대는 지금 도리어 자기처럼 하지 않는다고 탄식을 하고 있으니 이게 어찌 된 셈이오?

글의 핵심은 이랬다. '그대가 천주교 문제로 견책을 입어 여기까지 쫓겨 온 터에, 자신이 천주교 믿은 잘못을 명백하게 해명도 하지 않으면서, 모호하고 애매한 태도로 남을 가르치려 드니 참으로 해괴하지 않은가? 깊은 반성은커녕 자기처럼 안 한다고 난리니 이게 무슨 소리인가?' 배척의 뜻이 노골적으로 드러났다. 고개를 숙이고 들어와도 받아줄지 말지인데, 도리어 훈계하려 드느냐는 뜻이었다.

다산은 이도명의 냉랭한 폭언에 꿈쩍 않고 답장했다. 이런 것은 다산의 특기였다. 상대가 기가 질려 나가떨어지기 전에 결코 자기 편에서 먼저 논쟁을 그치는 법은 없었다. 후배가 공부가 정밀치 못하면 도와 바른길로 돌아가게 하는 것이 맞지, 오는 사람을 외면해 거절하는 것이 군자의 도리인가? 어떻게 먼저 한계를 두어 상대와 나를 편으로 가르려고만 하느냐고 다산은 반박했다.

두 사람은 끝내 화합하지 못했다. 이도명은 자신들을 이용하려는 듯한 다산의 태도가 불쾌했고, 다산은 선을 그어 배척하는 그의 편협한 태도가 불편했다. 이도명은 10월 27일에 이삼환을 좌장으로 남인 학자들이 봉곡사鳳谷寺에 모여 연 강학 모임에도 끝내 모습을 드러내지 않았다. 모임의 주선자가 다산이었기 때문이었다.

이도명이 이삼환에게 써 보낸 「방산산인시고方山散人詩稿」. 이 글에는 성호의 학문에 대한 존경심이 드러나 있다. 그럼에도 이도명은 봉곡사에서 열린 성호 저서 정리 작업에는 참가하지 않았다. 다산이 보기 싫어서였다. 성호기념관 소장.

봉곡사에서 열린 성호 학술 세미나

어찌 저리 설쳐대는가?

1795년 10월에 이존창의 검거가 이루어지자, 숨을 돌린 다산은 정조와 채제공을 떠올리며 다음 스텝을 밟기 시작했다. 다산은 10월 26일부터 11월 5일까지 열흘간 온양 봉곡사에서 성호의 종손인 이삼환을 좌장으로 모시고 성호 이익의 『가례질서家禮疾書』 교정 작업에 들어갔다. 성호의 저술은 어지러운 초고 상태여서 정돈된 책의 모양새와는 거리가 멀었다. 게다가 이 정리 작업은 그 추진 과정에 난관이 많았다.

다산은 금정에 도착한 직후 이삼환에게 편지를 써서 성호가 남긴 저술을 정리해야 한다고 주장했다. 이도명과 처음 격돌한 이튿날인 1795년 8월 24일에는 덕산군 장천리로 이삼환을 직접 찾아갔다. 다산은 성호의 문집과 경전에 대한 저술이 이제껏 방치되었는데, 이삼환의 춘추가 높아서 지금이 아니면 다시 기회가 없을 것이라고 압박했다.

이삼환이 서글픈 표정으로 대답했다.

"『성호사설星湖僿說』은 이미 한 차례 정리해서 어지럽지 않지만, 『질서疾書』 연작은 뒤죽박죽이어서 내가 죽고 나면 속사정을 알 사람이 없을 걸세."

9월 3일에 다산은 석문에 사는 진사 신종수申宗洙와 함께 근처 오서산烏栖山에 올랐다. 오서산은 금정역에서 20리 정도의 거리에 있었다. 다산은 오서산 인근 사찰에 여럿이 모여 성호의 저술을 교정하는 작업을 진행할 심산이었다. 사흘간 사전 답사를 겸한 유람을 마치고 돌아와 다산은 이삼환에게 바로 편지를 썼다.

용봉사龍鳳寺는 황폐하고 누추해서 머물 수가 없겠고, 천정암天井菴은 너무 높아 올라가기가 어렵겠습니다. 내원內院의 사찰 하나가 그런대로 괜찮았습니다. 이곳에서는 20리이고, 계신 곳에서는 60리여서 건강을 회복하신 뒤에 이재위李載威 등 여러 사람과 함께 『가례질서』와 그 밖에 긴요하게 작업해야 할 책을 가지고 곧장 절로 오십시오. 이후 승려를 보내 제게 알려주시면 어떠실는지요? 종이와 먹, 그리고 양식 마련에 드는 비용은 마땅히 제가 마련하겠습니다.

확실히 다산은 서두르고 있었다. 장소 물색에 그치지 않고, 제반 비용까지 자신이 다 댈 테니 하루라도 빨리 작업을 진행하자고 졸랐다. 이삼환은 등이 떠밀려서라도 이 작업을 진행하지 않을 수 없는 처지가 되었다. 당일 인편에 이삼환의 답장이 바로 도착했다. 『금정일록』에 실린 짧은 답장에서 이삼환은 다산에게 감사의 뜻을 표한 뒤 끝에 가서 "다만 내 정신이 어두워 보내온 글의 뜻을 잘 알 수가 없으니 안타깝소!"라고 썼다. 비용을 다산이 전담하겠다고 한 내용을 두고 한 말일 것이다.

다산의 이 같은 적극적 행보를 두고 당시 이도명을 비롯한 이삼환 주변 남인들의 여론이 요란했다. 제깟 게 뭔데 저리 설쳐대는가? 해도 우리가 알아서 할 터인데 제가 웬 난리인가? 그자가 천주교로 얻은 제 잘못을 덮으려고 나서는 일에 우리가 왜 멍석을 깔아주는가? 이런저런 비난 여론이 들끓었다.

9월 14일에 다산과 함께 부여 정림사지와 조룡대, 고란사 등을 유람했던 윤취협尹就協에게 당시 다산이 보낸 편지 중에 이런 내용이 있다.

좌명左明이란 자가 누구인지 모르겠으나, 괴롭게 저를 헐뜯고 비방한다니 진실로 그 낯짝을 한번 보아 특별한 구경거리로 삼고 싶습니다. 듣자니 석문으로 오겠다는 약속이 있다던데, 그에게 금정역으로 잠깐 들르게 해도 무방합니다.

한곡閑谷의 이문달李文達에게 다산이 보낸 두 번째 답장에도 "그만둘 수 없는 일이라면, 싫어하는 자가 혹 헐뜯어 비방한다 해도 어찌 하지 않을 수 있겠습니까?"라는 표현이 보인다. 다산이 봉곡사에서 이삼환과 함께 성호의 저술을 정리하는 작업의 추진 과정이 결코 순탄치 않았음을 보여준다.

난감해진 이삼환은 비용을 전담하겠다는 다산의 뜻을 꺾고, 들끓는 여론을 잠재우려고 절이 아닌 자기 집에서 모이자고 바꿔 제안했다. 다산은 다시 설득 편지를 썼다. 일을 너무 크게 벌이는 것이 아니냐는 염려는 십분 이해하지만, 처음 참석하겠다고 약속했던 사람들이 집에서 하겠다고 하니 아무도 가려 하지 않는다. 또 원래 가려 했던 내원의 절은 중들이 모두 옴이 올라 머물 수가 없는 형편이라고 한다. 그래서 조금 거리가 멀기는 하지만 예산의 석암사石巖寺에서 모이는 것이 어떠냐고 수정 제안했다. 석암사는 지금 온양 봉곡사의 다른 이름이었다. 편지 끝에 다산은 "깊이 생각하셔서 용단을 내려 저의 소망에 부응해주십시오"라고 썼다.

봉곡사의 학술 세미나

곡절 끝에 이삼환의 부름을 받은, 다산에게 비교적 우호적인 젊은 층들이 참여 의사를 보여왔다. 10월 26일에 다산이 먼저 도착하고, 이튿날 이삼환이 노구를 이끌고 합류하면서 본격적인 편집 작업이 시작되었다. 이삼환과 다산을 포함해 내포 지역 남인 학자 13인이 한자리에 모였다. 다산은 이후 장장 9일간 계속된 봉곡사 합숙과 이때 오간 문답과 시문을, 날렵하고 꼼꼼한 필치로 빠짐없이 정리해 「서암강학기」란 기록으로 남겼다. 정조가 진작 감탄했던 다산의 속필速筆이 다시 한 번 빛을 발했다.

한편 이때 정리한 책이 하필 『가례질서』였다. 가례는 관혼상

제에 관한 예법을 다뤘고, 그중에서도 제례祭禮의 비중이 가장 컸다. 제사를 거부하는 천주교도라면 결코 이런 작업에 나설 리 없었으므로, 『가례질서』의 편집에 다산이 주도적으로 나선 것은 모양새가 절묘했다.

질서란 빠를 질疾 자를 쓰는 것에서 알 수 있듯 책을 읽다가 퍼뜩 떠오른 생각을 재빠르게 적은 메모라는 의미다. 사실 성호의 『질서』 연작은 그때그때의 메모를 산만하게 묶어둔 것이어서 전작全作으로서 체계를 갖추지 못한 초고 상태였다. 다산이 작업의 범례를 정하고, 이삼환이 좌장이 되어 참석자들이 원고를 분량대로 나눠 정서하는 작업을 시작했다.

당시 봉곡사에는 눈이 한 자나 쌓여 있었다. 조촐한 겨울 숲의 풍광이 아름다웠다. 새벽에는 냇가로 나가 얼음을 깨고 샘물을 떠서 양치하고 세수했다. 종일 작업을 마친 저녁에는 산에 올라 산보했다. 어린 시절 화순 동림사東林寺에서 형과 함께 났던 겨울을 떠올리게 하는 광경이었다. 낮 동안은 『가례질서』의 난고亂藁를 베껴 썼다. 정서를 마친 것은 이삼환이 그 즉시 대조하여 교정했다. 여럿이 한꺼번에 달려들자 작업 속도가 눈부셨다.

밤중에도 열기가 가시지 않아 늦도록 학술 토론이 진지하게 벌어졌다. 여러 사람이 각자 궁금한 점을 질문하면 이삼환이 대답했고, 다산은 그 옆에서 모든 문답을 속기록으로 남겼다. 문답 내용은 「서암강학기」에 생생하게 남아 있다.

이 문답 과정에서도 다산은 자루에 든 송곳처럼 날카로운 끝이 비어져 나왔다. 다산의 경전 이해는 성호 우파의 보수적 관점과는 상당한 거리가 있었다. 참석자 중 한 사람인 오국진윷國鎭이 성호의 『사칠신편四七新編』에 대해 물으며 퇴계의 본뜻을 질문했다. 이삼환이 성호의 사단칠정론四端七情論은 퇴계를 바탕으로 했고, 율곡栗谷 이이李珥의 기발설氣發說은 채택하지 않았다며 퇴계에 기우는 뜻으로 답변했다.

그러자 다산이 이삼환의 대답에 수긍하지 않고 끼어들었다. 예전 정조에게 올린 『중용강의中庸講義』에 대한 답변에서 펼쳤던 율곡에 기우는 자신의 뜻을 과감하게 개진했다. 핵심은 퇴계와 율곡이 말한 이기理氣의 개념이 서로 같지 않은데 이것을 뒤섞어 혼동한 결과 개념 적용에 편차가 발생했다는 것이었다. 그러니 이것은 각자의 이론이 있는 것이지, 누가 맞고 누가 틀리냐의 문제가 아니지 않느냐고 했다. 미리 준비된 듯 정연한 다산의 논리 앞에 이삼환은 제대로 된 반박을 내놓지 못했다.

이렇게 열흘이 지나자 어지러운 원고 뭉텅이에 지나지 않았던 『가례질서』가 수미가 일관된 완성된 저작으로 변해 있었다.

실로 30년 묵은 체증이 내려가는 쾌거였다. 이들은 이듬해 다시 모여 나머지 저술을 마저 정리해 『성호전서星湖全書』로 묶기로 다짐하며 헤어졌다. 이 같은 교정과 학술 토론은 다른 참석자들이 일찍이 해본 적 없는 신선한 경험이었다. 이들은 모두 성호의 저작을 새롭게 탄생시켰다는 뿌듯함과 자부심에 들떠서 산을 내려갔다.

다산은 금정역에 돌아간 뒤 이삼환에게 자신이 품었던 미진한 질문을 목록화해서 두 차례나 질문지를 더 보냈다. 수십 항목에 걸친 질문에 대해 이삼환도 작심하고 꼼꼼한 대답을 적어 보냈다. 이 내용 또한 「서암강학기」에 빠짐없이 남아 있다.

이삼환의 다산 평

봉곡사에서 열린 열흘간의 성호 학술 세미나는 예상외로 큰 성과를 남기고 마무리되었다. 시끄럽던 비방이 조금 가라앉았다. 이삼환은 작업 과정에서 다산이 보여준 놀라운 추진력과 전체를 장악하고 부분을 놓치지 않는 안목에 진심으로 감탄했다. 「서암강학기」 끝에 실린 「봉곡교서기鳳谷校書記」에서 이삼환은 이렇게 썼다. 성호 선생이 남긴 저술이 많아 미처 탈고하지 못했는데, 문하에서 직접 수학한 분들은 세상을 떠났고, 후배들은 학식이 얕아 책임을 감당할 사람이 없었다. 그러던 중 정약용이 금정찰방으로 내려와 이 책의 수정을 스스로의 임무로 삼아 자신을 재촉하여 이 작업을 마칠 수 있었노라며 감격했다.

『금정일록』에 실린 다산에게 보낸 편지에서 이삼환은 또 이렇게 말했다.

그대를 전부터 모르던 바는 아니었으나, 열흘간 함께 지내보니 더더욱 감탄하고 열복하였소. 내가 보니 마음이 밝게 빛나고 시원스러워 한 점의 머뭇대고 구차한 뜻이 없었소. 비록 자신이 잘못하여 실수가 있더라도 반드시 있는 것은 있다고 하고 없는 것은 없다고 하여, 그 잘못과 그 잘못을 고친 것을 남들이 모두 알게 하려 하였소. 이 어찌 지금 세상에서 흔히 볼 수 있는 것이겠소? 하지만 풍성豊城의 보검은 괴이한 광채가 지나치게 드러나고, 지양地釀의 훌륭한 술은 짙은 향기가 먼저 퍼지는 법이오. 매번 송곳 끝이 튀어나오는 듯한 기운이 많고, 끝내 함축하는 뜻은 적어서 이것이 백옥의 조그만 흠이 되지 않을 수 없소.

34세, 젊은 날의 다산이 훤히 보이는 문장이다. 청년 다산은 어디서나 보석처럼 반짝였지만, 생각지 않은 곳에서 예각을 드러냈다. 잠깐 머금었으면 싶은 대목에서도 자기 생각과 조금만 다르면 멈추지 않고 바로 튀어나왔다. 이삼환은 다산에게, 주자가 진량陳亮에게 준 편지에서 "예로부터 영웅은 전전긍긍하며 깊은 물가에 임한 듯 살얼음을 밟는 듯한 가운데서 나오지 않음이 없었다"라고 한 말을 건네, 함축 공부에 더 힘을 써서 자중할 것을 충고했다. 이삼환의 다산 평에는 원로다운 혜안이 엿보인다. 그는 그 열흘로 누구보다 다산을 정확하게 꿰뚫어 보았다.

성호에 대한 다산의 평가

「서암강학기」 참석자 명단에 누락된 이승훈

한편 「서암강학기」에 실린 13인의 참석자 명단에는 빠진 한 사람이 있었던 것으로 보인다. 이승훈이 바로 그다. 이승훈은 모든 천주교 관련 사건의 출발점이었다. 그는 당시 다산과 함께 주문모 신부 실포失捕 사건에 연루되어 예산에 귀양 와 있었다.

다산은 문집 중에서 개인적으로 얽힌 글에서는 이승훈의 이름을 직접 호명한 적이 한 번도 없다. 시문 속에서 그는 늘 '이 형李兄'으로만 불렸다. 『다산시문집』과 일기 속 이 형은 예외 없이 이승훈을 가리킨다. 『다산시문집』 DB에서 '이 형'이라고 쳐서 얼은 검색 결과는 모두 이승훈이라는 뜻이다. 다산이 사적인 모든 글에서 이승훈의 이름을 지운 것은 1801년 그가 천주교 신앙 문제로 처형당했기 때문이다. 「서암강학기」에도 그의 이름이 들어갔어야 마땅하다. 하지만 편집 과정에서 삭제되었다. 그 근거는 이렇다.

금정으로 내려올 때 다산은 7월 28일에 진위의 갈원에서 이승훈과 함께 하룻밤을 잤다. 둘은 이때 유배와 좌천 기간 중에 해야 할 일을 정리했고, 그중 하나가 바로 성호 저서의 정리 작업을 두 사람이 주도해 진행함으로써 천주교를 벗어났다는 증표를 확실하게 인정받자는 것이었다. 이는 또한 금정으로 내려오려고 서울을 떠나기 직전 찾아가 만났던 채제공, 이가환 등과 상의한 일일 것이다.

다산은 「목재 선생께 올림上木齋書」 제1신에서 "성호 선생의 문집을 정리하는 작업은 간간이 이 형과 상의하시는지요? 혹 근처 조용한 절에서 모이기로 약속해주신다면 더욱 족히 머무르며 모시는 기쁨을 누리겠습니다"라고 썼다. 세 번째 편지에서는 예산의 석암사, 즉 봉곡사에 대해 말하면서, "이곳에서는 약간 멀어도 몇몇 벗들에게는 아주 가깝고, 또 이 형에게 아주 가깝지는 않지만, 계시는 곳에서는 또한 50리에 불과합니다"라고 했다. 이승훈이 이삼환과 접촉해서 문집 정리 작업의 주선과 진행을 맡고 있었고, 장소를 처음 내원의 사찰에서 봉곡사로 옮길 때도 이승훈의 거처에서 그곳까지의 접근 거리를 말했다. 이승훈은 봉곡사 모임에 다산과 함께 발의자 중 한 사람으로 참석했던 것이 분명하다.

또 「목재 선생께 올림」 제4신에서 "어제 이 형이 알려온 일로 한바탕 웃었습니다. 무릇 천하의 모든 일을 나를 좋아하지 않는 자들까지 순수하게 찬탄하게 만든 뒤에 손을 댈 수 있게 한다면, 죽을 때까지 손가락 하나도 움직일 수 없을 것입니다"라고 적었다. 봉곡사에서 교정 작업이 끝난 뒤에도 뒤 담화와 비방 여론이 수그러들지 않았고, 이 때문에 이삼환은 계속 난감한 상황에 놓였다. 위 편지는 그 소식을 이승훈의 편지를 통해 알고 나서 위로차 보낸 것이다.

이승훈과 주고받은 편지

다산과 이승훈도 금정 시절 편지가 자주 오갔다. 1795년 11월 27일에 다산이 이승훈에게 보낸 「만계에게 답함答蔓溪」 제1신에는 이런 내용이 있다. 이승훈은 만천蔓川이란 호를 썼는데, 편지에서는 만계로 적었다.

광주光州의 일은 짖어대는 무리일 뿐이니 대꾸할 것도 없습니다. 하물며 지목하여 부추긴 자가 뻔하고 보면 다만 그의 죄과만 보태지기에 충분합니다. 우리는 마땅히 편안한 상태로 수고로운 저들을 기다려야 합니다. …… 자화子和 이치훈이 성실하게 채집하고 탐문하기를 부지런히 하고 있는 줄은 소식을 들어 잘 알고 있지만, 도움이 못 되고 그저 사람의 마음을 어지럽게 할 뿐입니다. 온양의 물론物論은 놀라거나 괴이하게 여길 것이 없습니다. 무릇 헐뜯고 비방하는 것은 흔히 제 스스로 선동하는 데서 나온 것이 많습니다. 음험하고 불량한 사람이 어쩌다 입에서 나오는 대로 유언비어를 만든다 해도 그 사람은 얼마 되지 않아 잊어버릴 것입니다. 그런데 내가 이를 듣고서 다른 사람에게 변명하고 해명한다면 한 사람이 두 사람에게 전하고, 두 사람이 백 사람 천 사람에게 전할 터이니 어리석지 않겠습니까?

'온양의 물론'이란 온양 봉곡사에서 진행된 교정 작업에 대한 비방 여론을 가리킨다. 이승훈의 동생 이치훈은 여전히 이곳저

곳을 들쑤시며 정보를 염탐해서 시시각각으로 유배지의 형 이 승훈에게 알려주고 있었다. 다산은 비방에 대처하는 방법은 무 대응이라고 말했다. 다산은 해배 후에 쓴 「만계에게 보냄與蔓溪」 에서도 "게다가 놀란 물결과 날리는 모래가 여태도 가라앉지 않 아, 이따금 마음을 어지럽히고 눈썹을 찌푸리게 하는 얘기가 이 따금씩 귀에 들어옵니다"라고 한 것을 보면 당시 다산과 이승훈 의 행보를 두고 남인 내부에서 비난 여론이 높았던 사정을 한 번 더 가늠케 된다.

다산은 진행 경비를 자기가 모두 전담하면서까지 성호 저술 의 교정 작업을 주도했음에도, 오히려 그 때문에 흉흉한 비방이 그치지 않고 일어났다. 그것은 교정 작업의 본래 의도가 순수하 지 않고, 면죄부를 받기 위해 성호의 저술을 이용한 것이며, 이삼 환 등이 이를 알면서도 부화뇌동해서 다산에게 놀아났다는 남 인 내부의 끊이지 않는 구설과 음해에 따른 것이었다.

1791년 진산사건 당시 이승훈 형제와 다산은 일 처리 방식을 두고 갈등이 있었다. 하지만 함께 유배지에 내려와 주고받은 편 지로 볼 때 둘의 관계는 이때까지는 나쁘지 않았다. 다산은 전면 에 나서서 작업 진행을 진두지휘했고, 이승훈은 이면에서 이삼 환과 조율하는 작업을 맡아 역할을 분담했다.

성호의 학문에 대한 다산의 평가

다산은 이삼환을 좌장으로 모시고 성호의 『가례질서』 초고 편집 작업을 마무리했지만, 애초에 성호 이익의 학문 체계에 대해서는 얼마간 부정적인 생각이 강했다. 그것은 강진 유배기인 1811년 겨울에 흑산도의 둘째 형 정약전에게 보낸 「상중씨上仲氏」 속에 자세하다. 앞서 1권 「따르되 추종하지 않는다」에서도 잠깐 부분적으로 소개한 바 있지만 한 번 더 옮긴다.

성옹星翁의 문자는 거의 100권에 가깝습니다. 혼자 생각해보니 우리가 능히 천지의 큼과 일월의 밝음을 알 수 있게 된 것은 모두 이 노인의 힘입니다. 그가 남긴 글을 산정刪定하여 책으로 만드는 것의 책임이 제게 있습니다. 하지만 저는 이미 돌아갈 기약이 없는데, 후량侯良 이재남李載南은 서로 연락조차 하려 들지 않으니 장차 어찌한답니까? 『성호사설』은 지금의 소견으로 마음대로 간추려 뽑게 한다면 『서경』의 「무성武成」과 똑같을까 걱정입니다. 한 면당 10행 20자로 쓸 경우 7, 8책을 넘기지 않고 알맞게 마칠 수 있을 듯합니다. 『질서』 또한 틀림없이 그럴 것입니다. 예전 『주역사전周易四箋』을 엮을 당시 『주역질서周易疾書』를 가져다 보니 또한 어쩔 수 없이 채록한 것이 많더군요. 만약 간추려서 적을 경우 서너 장을 간신히 얻을 만합니다. 다른 경전에 관한 『질서』는 틀림없이 이보다 열 배쯤 될 겝니다. 다만 『예식禮式』의 경우 너무 간소한 데서 잃었을 뿐 아니라, 지금 풍속에도 어긋나고 옛 예법에서도 근거를 찾을 수 없는 것이 이루 셀 수가 없습니다. 만약 이 책을 널리 퍼뜨려 식자의 안목 속에 들어가게 한다면 대단히 미안한 노릇일 터인데 이 일을 장차 어찌합니까?

대단히 놀라운 혹평이 아닐 수 없다. 「무성」 편과 똑같다는 말은 맹자孟子가 『맹자』 「진심盡心」 장에서 "나는 「무성」 편에서 두세 가지 정도만 신빙성이 있다고 본다"라고 한 데서 끌어다 쓴 말이다. 『성호사설』이 열에 두셋 정도만 믿을 만한 내용이라는 것이다. 또 책 한 권에서 서너 장 겨우 건질 수 있겠다 하거나, 아예 통째로 폐기해야 한다고까지 말했다. 이런 책이 안목 있는 사람의 눈에 들어가면 그 망신을 어찌하겠느냐고까지 말했다. 글 속에 나오는 후량 이재남(1755-1835)은 성호 이익의 증손자이다. 다산은 자신보다 일곱 살 더 많은 이재남에게 편지를 보내 『성호전서』를 깎아내고 정리하는 작업의 필요성을 역설했던 모양이다. 이재남은 다산의 무례한 태도에 격분해 답장조차 하지 않았다.

다산은 여기에 그치지 않고 이삼환의 종질 이재적李載績과 이기양의 아들 이총억李寵億에게도 편지를 부쳐 가정 문자, 즉 집안에 남은 성호와 이삼환의 저술을 수습하는 방안을 얘기했지만, 그 또한 답장을 받지 못했다. 다산은 화가 나서 "그 용렬하고 잔약함이 이 지경에 이르렀으니 다시 무엇을 바라겠습니까?"라고 탄식하다가 아예 가련한 인생이라고까지 매도해버렸다. 다산의 각진 성정 한 자락이 드러나 보인다.

다산의 이같이 과격한 편지에 정약전은 이렇게 답장했다.

성옹의 문자를 산정하고자 한다면 진실로 말한 바와 같을 것이네. 하지만 이재남 등 여러 사람은 틀림없이 크게 경악하고 괴이하게 여길 걸세. 그저 그 집안에만 전할 수 있을 뿐이겠지. 하지만 경제에 관한 여러 글은 조정의 계책에 크게 보탬이 있는 내용이라 너무 간략해서는 안 될 것이야.

정약전이 다산에게 보낸 답장 열세 통은 한국학중앙연구원에 소장된 『여유속집與猶續集』 25책 중 제4책에 수록된 다산의 편지 끝에 나란히 실려 있다. 『여유당전서』 편찬 당시 다산의 글이 아니라 하여 모두 삭제해버리는 통에 정약전의 이 편지들은 그간 세상에 알려지지 않았다.

다산의 편지를 받아 든 성호의 증손자 이재남 등이 격분해서 펄펄 뛰었을 것은 불 보듯 뻔하다. 제가 뭐라고 대학자 성호 선생의 글을 깎아내야 한다느니 정리해야 한다느니 건방지게 떠들어댄단 말인가? 그래도 다산은 그것만이 진정으로 성호를 위하는 길이라고 믿어 자신의 의사를 굽히지 않았다.

이렇듯 성호의 학문에 대한 다산의 실제 평가는 그다지 높지 않았다. 성호는 남인들에게 태산교악泰山喬嶽과도 같이 우뚝한 큰 학자임이 분명했지만, 다산의 안목에는 산만하고 체계가 잡히지 않은 성호의 저술이 반눈에도 차지 않았다. 그럼에도 다산은 머뭇거리는 이삼환을 재촉하고, 빈정대고 거부하는 내포 지역 남인들을 어르고 달래, 일체 비용을 직접 부담하면서까지 서암강학회를 밀어붙여 성사시켰다. 정조와 채제공의 특별한 당부가 있었기 때문이었을 것이다. 그만큼 당시 다산은 절박했다.

성호 이익의 『논어질서論語疾書』 첫 면. 필사본으로 이삼환의 양아
버지 이병휴의 친필본이다. 다산은 이삼환을 좌장으로 모시고 성호
의 『가례질서』 초고 편집 작업을 마무리했지만, 애초에 성호의 학문
체계에 대해서는 얼마간 부정적인 생각이 강했다. 성호기념관 소장.

서울에서 온 편지

위로와 격려

───────────

1795년 당시 다산의 동향은 서울 쪽에도 속속 보고가 올라가고 있었다. 여기저기 감시의 눈길도 매서웠다. 9월 24일에 벗 이주신李周臣이 다산을 보러 일부러 먼 길을 찾아와 위로했다. 그 이튿날에는 장령 이일운(李日運, 1736-?)이 다산이 9월 19일에 올린 성주산 이존창 체포 관련 보고를 확인하고, 주변 상황을 점검하기 위해 서울서 내려왔다. 장령은 사헌부의 감찰직이었다.

10월 1일에는 참판 이익운의 편지가 도착했다. 앞서 이익운이 임금의 노여움을 받아 흑산도로 귀양 갈 때 다산이 노량진까지 나가 그를 배웅했었다. 지금은 처지가 뒤바뀌어 있었다.

그대들이 서울을 떠난 뒤로 기괴한 이야기가 변함없이 떠들썩
하구려. 하지만 밝으신 임금께서 위에 계시어 철저히 환하게 밝
혀주시니 오직 마땅히 믿어 두려움이 없어야 할 것이오. 뜻밖의
돌아다니는 이야기쯤이야 무엇을 근심하고 무엇을 두려워하겠
소. 명승이 눈앞에 있고 보니, 내 생각에 시 주머니가 날마다 가
득하지 싶소. 그래도 처량하고 비장한 말은 삼가서 하지 않는 것
이 어떻겠소? 이는 평탄하고 험난함을 차별 없이 보고, 궁함 속
에 있을 때 더욱 굳세어지는 도리가 아니라오. 또한 남에게 속이
좁음을 보이는 경계를 범하는 것이니 함께 살피길 바라오.

이익운은 채제공의 문인이었다. 아마도 이주신이 내려왔을
때 그간 쓴 다산의 시를 가져갔던 모양이다. 다산이 지은 시에
처량하고 비장한 정서가 강하게 드러난 점을 살짝 나무랐다. 군
자라면 잘나갈 때나 역경에 처했을 때나 한결같아야 마땅하고,
시련 속에서 더욱 굳셈을 보여야 마땅하다. 하지만 그대가 금정
에서 지은 시는 속 좁은 모습을 상대에게 보이는 것이나 다름없
으니 그래서는 안 된다고 충고했다. 판서 권엄權{}과 진사 이규진

李奎鎭도 같은 날 편지를 보내 다산을 응원했다. 다산은『금정일록』에 이 편지들을 수록해 기록으로 남겨 기억했다.

처량하고 비장한 말

아닌 게 아니라 다산이 지은 시에는 저도 모르게 울분과 답답함이 묻어났다. 처음 금정역에 도착했을 때는 역루驛樓의 사방이 산으로 둘러막혀 있어 기운을 옥죄는 느낌이 들어 숨이 막혔다.「희작절구戲作絶句」한 수에 그 심경을 담았다.

겹겹의 산 에워싸서 근심겨운 낯 옥죄니	重巒匝帀逼愁顔
갑갑함이 언제나 동이 속에 앉은 듯해.	鬱鬱常如坐甕間
어이해야 번쾌樊噲처럼 사나운 자를 얻어	安得猛如樊噲者
신발 코로 구봉산을 걷어차서 엎어볼꼬.	靴尖踢倒九峯山

산이 나를 포위하고 가뜩이나 수심 겨운 내 얼굴 앞을 막아선다. 좁은 항아리 속에 들어앉아 있는 듯 숨이 턱턱 막힌다. 특별히 남쪽의 구봉산은 가장 높아서 쳐다만 봐도 기가 넘어갈 지경

이었다. 오죽 답답했으면 항우項羽의 수하에 있던 번쾌 같은 장사를 얻어 그의 구둣발 끝으로 그 구봉산을 냅다 걷어차 평지로 만들어버리고 싶다고 썼다.

「자소自笑」에서는 말 그대로 자기 자신을 비웃으며 자조했다.

우습구나 내 인생 살쩍도 안 셌는데	自笑吾生鬢未班
태항산 수레 몰며 험한 길 괴롭다네.	太行車轍苦間關
천 권 책을 독파하여 대궐에 들어가선	破書千卷入金關
한 칸 집을 사서는 푸른 산에 머물렀지.	買宅一區留碧山
그림자 벗을 삼아 바닷가로 왔는데도	形與影隣來海上
이름 따라 비방 생겨 온 세상에 가득하다.	謗隨名至滿人間
누각에서 비를 만나 드높이 누운 것은	小樓値雨成高臥
말 기르는 자리라서 종일 한가해서라네.	似是馬曹終日閒

세상길이 어찌 이다지 고단하고 괴로운가? 아직 귀밑머리가 셀 나이도 아닌데, 세상에 가장 험하다는 태항산의 험준한 길을 수레를 몰고 넘어가는 사람처럼 숨을 헐떡이며 살아왔다. 어렵게 공부해서 과거에 급제한 기쁨도 잠시, 죄인의 몸으로 제 그림자를 동무 삼아 멀리 이 바닷가까지 쫓겨 내려왔다. 이름이 조금

높아지는가 싶더니 비방이 곧이어 따라와서, 온 세상에 나를 비방하는 목소리와 손가락질뿐이다. 이곳에서의 내 직분은 고작 말 기르는 일이다. 아무 할 일이 없어 종일 다락 위에 올라 누워 추적추적 내리는 빗소리를 들으며 하루의 시간을 죽이며 지낸다. 이익운의 꾸지람을 들어도 쌀 만큼 각진 감정이 드러난 시편들이다.

이기경이 보내온 뜻밖의 편지

여기서 한동안 잊고 있던 이름 하나를 호명해야겠다. 10월 7일에 다산은 뜻밖에도 이기경이 보낸 편지 한 통을 받았다. 이기경은 1791년 진산사건 당시 다산 등을 모함한 죄로 함경도 경원으로 귀양 가서 3년 만인 1794년 1월에 석방되었다. 그로서는 이승훈 형제의 책략에 걸려 상중에 원통한 귀양살이를 해야 했으므로, 이를 갈며 복수를 다짐한 세월이었다. 하지만 그의 석방에는 다산의 주선이 있었다. 게다가 그가 없는 동안 다산은 그의 집안까지 돌봐주었다.

1795년 2월 이기경은 사헌부 지평으로 복귀했다. 다산이 금정찰방으로 떠난 사흘 뒤인 7월 29일에는 정6품의 간관인 정언으로 승진했다. 인생길의 엇갈림은 늘 이랬다. 이로써 이기경은 칼자루를 다시 손에 쥐었다. 이기경은 편지에서 계절 인사와 간단한 안부를 묻고 나서, 이삼환과 이도명 등과 왕래하며 지낸다는 소식을 들었다고 썼다. 이기경은 다산이 이도명과 한차례 설전을 벌인 일까지도 이미 손금 보듯 알고 있었던 것이다.

그런데 이어지는 사연이 해괴했다.

아이의 혼사가 바로 10월 26일이라네. 관혼례와 신행 때 쓸 비용을 합쳐보니 아무리 박하게 해도 100냥이 아니고는 손쓸 수가 없겠네. 우리 집은 올해 유독 흉년이 들어, 자네도 알다시피 웬만한 빚낼 길은 5, 6년 이래로 죄 막혀버렸다네. 해서 어쩔 수 없이 힘든 형편에 놓인 자네에게 죽는 소리를 하게 되었네.

이기경은 다산에게 뜬금없이 100냥을 빌려달라고 요청했다. 100냥이면 당시 서울의 웬만한 기와집 한 채 값이었다. 시일이 촉급해 갑작스레 마련이 어렵겠거든 26일 이후라도 괜찮다고 썼다. 제 자식 결혼 비용을 적대적 위치에 있던 다산에게 멀리 금정역까지 편지를 보내 통째로 요구했다. 말이 간청이지 협박이나 다름없었다. 대놓고 말은 안 했지만 네 목숨이 내 손에 달렸으니 네가 살려면 나의 이 정도 부탁쯤은 들어줘야 한다는 뉘앙스였다. 게다가 이삼환과 이도명의 이름까지 거론했다. 네가 요즘 그쪽에 붙어 살 길을 도모해보려는 모양인데 그래봤자 내 손바닥 안에 있다는 암시이기도 했다. 다산의 동향은 사소한 일까지 공서파 내부에서 공유되고 있었다. 섬뜩했다.

경악과 분노

───────────────

느닷없는 이기경의 편지에 다산은 경악하고 격분했다. 이기경의 편지는 돈을 바쳐서라도 내게 무릎을 꿇으라고 요구하고 있었다. 굽힐 다산이 아니다. 다산은 이기경에게 답장을 썼다. 문집에 실린 「이기경에게 답함答李基慶」이 그 글이다. 서두에서 다산은 편지를 읽고 나서 놀라 자빠질 뻔했다면서, 마치 아무 일도 없었던 사이처럼 이 같은 편지를 보낸 것이 놀랍다는 뜻을 먼저 보였다. 이어 그대는 자존심이 너무 세고, 생각을 너무 많이 해서 이 같은 병폐가 있다면서, 쓰다 달다 말도 없이 다짜고짜 큰돈을 보내라고 요구하는 속내를 물었다. 그러면서 시정잡배처럼 이익에 따라 이합집산離合集散하거나 면종복배面從腹背해서 세상의 비방을 자초할 수는 없다고 썼다. 이어지는 내용은 이렇다.

그대나 나나 함께 뉘우침이 있어야 할 사람입니다. 도연명陶淵明이 "지난 일은 어쩔 수 없고, 앞으로는 따를 만함을 안다"라고 한 말은 참 훌륭합니다. 앞서는 나 또한 한 소년이었고, 남 또한 한 소년이어서 혈기가 안정되지 않아 손발을 함부로 움직였었지요. 당시 일이야 어찌 족히 이치로 따지겠소이까? …… 혹 미적대며 지내면서 서로를 의심하고 차례로 놀라게 한다면 오늘 이전의 마음 또한 반드시 간직하기 어려울 테니 두렵지 않겠습니까? 아드님의 혼인이 가까웠으니 진실로 즐겁고 기쁜 일입니다. 무릇 예법이란 집안 형편에 걸맞아야 하니, 성호 선생께서 남기신 『예식』이 있습니다. 어찌 군색한 지경에 이르기야 하겠습니까?

다산은 분을 못 삭이다가 편지를 쓰면서 차츰 결이 가라앉았다. 귀양에서 돌아온 그대나, 좌천되어 쫓겨 온 나나 모두 죄인이니 단지 반성하는 것이 맞다. 지난 1791년의 일은 나도 그때는 어렸고, 이승훈도 젊었던지라 실수가 없지 않았다. 미안하게 생각한다. 하지만 이제 와서 그 일을 이치로 따져 무엇하겠는가?

유감을 내려놓고 진심으로 앙금을 풀고 안부를 나눌 수 있는 사이가 되었으면 좋겠다. 미안하지만 돈은 한 푼도 보내줄 수가 없다. 없으면 없는 대로 형편에 맞게 간소하게 혼례를 치르는 것이 옳다고 본다.

이기경의 편지는 치졸하고 야비했다. 그는 칼자루를 쥐자마자 궁지에 몰린 다산을 한번 툭 건드렸다. 돈을 내라! 그러면 봐줄지 말지를 생각해보겠다. 다산은 정면에서 되받았다. 한 푼도 못 주겠다. 없으면 없는 대로 살아라. 치사하게 굴지 말고. 글은 부드럽게 끝맺었지만 뜻은 결코 부드럽지 않았다. 이기경이 스르렁 먼저 뽑은 칼은 허공만 한 번 갈랐다. 다산은 눈 하나 꿈쩍하지 않았다. 하지만 두 사람의 악연은 이 일로 인해 더 길고 오래 이어졌다.

또 하나의 반성문, 「도산사숙록」

금정에서의 세 번째 미션

이존창 검거와 봉곡사 강학회를 마친 다산은 마지막 하나의 미션을 더 수행했다. 금정에 내려온 직후 나주목사 이인섭이 편지에서 말했던 당부를 실천에 옮긴 것이다. 그것은 정주의 글을 부지런히 읽고 깊이 믿어 그 가르침에 합치되기를 구하되, 모범을 퇴계에게서 찾으라는 주문이었다. 이인섭은 편지 끝에서 "늙은이의 진부한 얘기라 하여 소홀히 여기지 말고, 오직 때때로 스스로를 아껴 맹렬히 실다운 공부에 힘 쏟기 바라오"라고 적었다. '맹하실공猛下實工', 맹렬한 실다운 공부를 어디에 쏟아부을 것인가?

236

다산은 이인섭의 충고를 받아들여 퇴계의 글을 따라 읽기로 작정했다. 『금정일록』에 따르면 1795년 11월 19일에 다산은 『퇴계집退溪集』의 일부를 얻었다. 그러고는 날마다 새벽에 세수를 마치자마자 퇴계가 다른 사람에게 보낸 편지를 하루에 한 편씩 읽었다. 그리고 낮 동안 편지에서 미끄러져 나온 생각을 부연하여 자신에게 비추어 읽었다. 그 방식은 다산의 「도산사숙록」 서문에 상세하다.

「도산사숙록」은 제목 그대로 도산의 퇴계 선생을 혼자서 사숙한 기록이다. 퇴계를 흠모하고 따르겠다는 다짐을 담았다. 읽은 내용은 퇴계가 벗이나 문인에게 준 편지글이었다. 모두 33통의 편지에서 짧은 한 단락을 끊어 인용하고, 이에 대한 자신의 생각을 담담하게 적어 내려갔다.

편지를 통해 퇴계를 사숙하는 일은 처음엔 반성문의 모양새로 시작했던 일인데, 뜻밖에 다산에게 잔잔한 기쁨을 주었던 모양이다. 이익운에게 보낸 「이계수에게 답함答李季受」에서 당시 일을 이렇게 적었다.

제가 근래 퇴계 이 선생께서 남기신 문집을 얻어 마음을 가라앉혀 가만히 살피니 진실로 그 심오하고 아득하기가 후생말류後生

末流가 감히 엿보아 헤아릴 바가 아니었습니다. 그리고 신기하게도 정신이 펴지고 기운이 편안해지며 뜻과 생각이 가만히 가라앉고 혈육과 근맥筋脈이 모두 안정되고 차분해져서, 종전의 조급하고 사나우며 날리던 기운이 점점 내려가는군요. 이 한 부의 묵은 책이 과연 이 사람의 병증에 꼭 맞는 약이 아닐는지요.

『다산시문집』에는 이와 별도로 당시 심경을 노래한 시가 한 수 실려 있다. 「퇴계 선생이 남기신 책을 읽다가讀退陶遺書」가 그것이다.

한가할 제 겨우 보니 물건마다 다 바빠서	閒裏纔看物物忙
이 속에서 세월을 붙들어 맬 길이 없다.	就中無計駐年光
반생은 낭패 속에 가시밭길 연속이라	半生狼狽荊蓁路
일곱 자 몸이 싸움터를 어지러이 떠돌았네.	七尺支離矢石場
만 번 움직임이 한 차례 고요함만 못하거니	萬動不如還一靜
뭇 향기가 외론 향기 지킴만 같겠는가?	衆香爭似守孤芳
도산과 퇴계가 어디인지 아노니	陶山退水知何處
아스라이 높은 풍모 흠모함 끝이 없네.	緬邈高風起慕長

돌아보니 이제까지의 인생은 낭패와 가시밭길의 연속이었다. 한 번도 화살과 돌멩이가 어지러이 날아드는 전쟁터 아닌 적이 없었다. 무엇을 이뤄보겠다고 온통 난리를 치며 부산하게 살아 왔지만, 시골 역으로 내려와 고요히 자신을 돌아보니 아무것도 남은 것이 없다. 1만 번의 움직임을 내려놓고 한 번의 고요로 나를 정화시켜보자. 더 이상 현란한 바깥 향기에 취해 기웃대지 않겠다. 내가 지닌 본연의 향기를 지켜나가겠다. 다산은 퇴계의 편지글을 읽으며 이런 마음을 다잡았다.

한 수만 잘못 둬도 판을 버린다

「도산사숙록」의 내용을 잠깐 소개한다. 퇴계가 참판 박순朴淳에게 보낸 편지에서 다산은 다음 한 대목을 짧게 인용했다.

다만 바둑 두는 자를 보지 못했더란 말입니까? 한 수만 잘못 두면 전체 판이 잘못되고 맙니다. 기묘년의 영수였던 조광조趙光祖는 도를 배워 완성되지 않은 상태에서 갑작스레 큰 이름을 얻어, 성급하게 경세제민經世濟民을 자임하였지요.

이 구절에 대한 다산의 소감은 이렇다.

이 한 단락이야말로 바로 선생의 평생 출처가 말미암은 바이다. 당시에 군자가 뜻을 같이하는 무리를 얻고, 여러 착한 이들이 뒤를 따르니, 마치 기러기가 순풍을 만난 것 같아서 꺾을 수가 없었다. 우리나라에서 어진 이를 등용함의 성대함이 마침내 어그러짐이 없기가 이때 같은 적은 없었다. 그런데도 선생께서 놀라고 두려워함이 이처럼 깊어, 앞서 실패한 일을 거울삼아 늘 경계했다. 군자가 명철明哲함으로 제 몸을 지킴이 이와 같다. 선생께서 정암靜庵의 행장을 지으면서, 세상일을 떠맡는 통에 실패를 불렀다며, 탄식하며 안타까워하는 뜻을 세 번이나 밝히셨다. …… 아! 예로부터 진출하는 데 욕심부리기를 싫증 내지 않는 무리들은 임금이 바야흐로 증오하는데도 오히려 아첨으로 용납됨을 얻으려 하고, 조정이 장차 참소하고 있건만 변명하고 논박하여 나아가려고 한다. 또 백성이 원망하고 있는데도 이를 속여서 덮어 가려 제 지위를 굳건히 하려고 든다. 그러다가 끝내 형세가 떠나가고 운이 다하면 허물과 재앙이 나란히 일어나고, 영수가 한번 무너지자 따르던 무리가 사방으로 흩어져버린다.

공부가 완전히 익지 않은 상태에서 얻은 이름은 결국 자신을 해치는 독이 된다. 바둑판에서 한 수의 패착이 전체 판세를 망가 뜨리듯, 군자의 처신도 단 한 번의 잘못된 판단이 자신을 무너뜨리고 나라에 해독이 됨을 말했다.

또 영천군수榮川郡守에게 보내려 한 편지에서, 퇴계는 "김중문 金仲文이 비록 두 번의 허물이 있었지만, 능히 고친다면 허물이 없는 사람과 같습니다"라고 말했다.

다산은 이에 대해 다음의 소감을 남겼다.

우리는 허물이 있는 사람이다. 당면한 급선무는 오직 개과改過란 두 글자뿐이다. 세상을 우습게 보고 남을 능멸하는 것과 기예를 뽐내고 재능을 자랑하는 것이 각각 한 가지 허물이다. 영화를 탐내고 이익을 사모하는 것, 은혜를 마음에 품고 원한을 염두에 두며, 뜻이 같으면 무리 짓고 다르면 공격하는 것이 각각 한 가지 허물이다. 잡서 보기를 좋아하는 것과 새로운 견해를 내기에 힘쓰는 것이 또한 한 가지 허물이다. 이 같은 여러 종류의 병통이 이루 셀 수가 없다. 한 가지 마땅한 약재가 있으니, 오직 고칠 개 改 한 글자일 뿐이다. 진실로 고치기만 한다면, 우리 퇴계 선생께서도 또한 장차 "아무개는 허물이 없는 사람이다"라고 말씀해주실 터이니, 아! 어찌해야 이 말을 들을까?

다산은 글에서 모두 일곱 가지 허물을 꼽았다. 저만 잘난 줄 알아 남을 우습게 보는 태도, 알량한 재주를 믿고 날뛰는 것, 은혜와 원한을 갚고야 말겠다는 생각, 패거리 지어 몰려다니는 습속, 읽어서는 안 될 잡서에 빠지거나, 남을 이겨먹겠다고 새로운 견해를 내미는 버릇 등을 당장 고쳐야만 할 나쁜 습관으로 나열했다. 이 버릇을 고친다면 퇴계 선생이 아무개는 허물이 없는 사람이라고 칭찬해주실 텐데, 그 칭찬이 듣고 싶다고 썼다. 은연중 퇴계의 편지글 위로 자신을 투사해서 스스로를 돌아보았다.

다산은 「도산사숙록」으로 퇴계를 존모하는 마음을 피력하며 서른세 편의 반성문을 작성했다. 편지 한 통 한 통을 곱씹으면서 삶을 겸허히 때로는 아프게 점검했다. 그가 읽고자 했던 것은 퇴계의 학문이 아니라, 삶과 인간을 바라보는 태도 그 자체였다.

커져가는 비방과 부끄러운 상경

다산이 이 같은 반성문을 작성하고 있는 동안에도 그에 대한 비방은 더 커져만 갔다. 다산의 답장에 앙심을 품은 이기경의 책동이 더해졌을 것은 짐작이 어렵지 않다. 12월 10일에 다산과 함께 충주목사로 좌천되어 떠났던 이가환이 다산에게 편지를 보내왔다. 편지는 "산 밖이 떠들썩한 것으로 보아 기필코 작은 꼬투리로 죄를 얽어냄이 더욱 기이할 듯싶네"로 시작해서 "독랄한 예봉銳鋒이 반드시 장차 옮겨 가 향하리니 그대를 위해 깊이 염려하는 바이오"라는 말로 맺었다. 다산을 해코지하려는 심상치 않은 움직임이 계속 있었던 것이다.

하지만 12월 20일의 인사고과에서 이가환은 "공경公卿의 반열로 고을에 보임되었지만, 앉아서 누름에 여유가 있다"라는 평가를 받았고, 다산 역시 "역에 있으면서 더욱 삼가고 있다"라는 긍정적인 평을 들었다.

12월 22일에 다산은 마침내 상경하라는 임금의 부름을 받았다. 부름을 받은 당일 오후 4시에 그는 짐을 꾸려 전별 자리조차 갖지 않고 총총히 금정역을 떠났다. 다산이 이곳에서의 시간을 얼마나 못 견뎌 했는지 단적으로 드러난다. 이곳에서의 5개월은 다산에게는 가혹하고 끔찍했다. 1795년 7월 26일에 다산은 금정찰방으로 좌천되어 내려와, 정확히 5개월이 지난 12월 25일에 서울 명례방 본가로 돌아왔다.

이 다섯 달 동안 다산은 내포의 사도로 불리던 이 지역 천주교 지도자 이존창을 검거했다. 관찰사와 해당 고을 현감이 애를 써도 못 잡았던 그를 다산은 장교 하나, 포졸 하나만 데리고 가서 붙들어 왔다. 이 일을 마무리 짓자, 성호의 종손 이삼환을 좌장으로 모시고 남인 학자 열세 명과 『가례질서』 편집 정리 작업을 주도했다. 다산은 이삼환을 졸라 비용까지 자기가 다 대어가면서 이 작업을 진행했다. 하지만 이로 인해 남인 내부의 반대파에게 혹독한 비난과 비방을 들어야만 했다.

나 개인의 생각으로 다산은 자신의 생애에서 금정 시절을 가장 부끄러워했을 것 같다. 그는 천주교 신앙을 완전히 버린 것이 아니었으면서 이존창을 검거했고, 성호의 학문을 그다지 높게 평가하지 않았지만 그의 저술 정리에 앞장섰다. 퇴계보다 율곡의 학설에 기울었으나 정작 반성문은 퇴계의 이름 아래에 두었다. 겉보기엔 전향 선언과 반성문 작성으로 면모를 일신한 거듭나기의 모양새를 갖추었어도 실상은 그렇지 않았다. 다산의 이 같은 노력에도 불구하고 여론이 호전되지 않았던 이유는 그가 금정에서 보여준 일련의 행보가 상황 모면을 위한 고육책일 뿐이라고 믿는 시선이 집요하게 달라붙었기 때문이다. 다산 자신도 그 점을 잘 알았다.

與猶堂全書 一集 卷二十二

陶山私淑錄

「도산사숙록」 첫 면. 다산은 퇴계의 편지를 통해 자신을 돌아보는 서른세 편의 반성문을 작성했다. 다산이 읽고자 했던 것은 퇴계의 학문이 아니라, 삶과 인간을 바라보는 태도 그 자체였다.

차려진 밥상을 걸어찬 다산

임금의 계획

———————————

정조는 1795년 12월 20일에 이정운을 충청도관찰사에 임명했다. 같은 날 다산을 용양위龍驤衛 부사직의 임시직으로 서울로 불러올렸다. 다산은 22일에 연락을 받고 금정으로 쫓겨난 지 5개월 만에 서울 명례방 집으로 돌아왔다.

정조는 이정운의 아우인 승지 이익운을 따로 불렀다.

"정약용이 계획을 세워 도적을 잡은 일을 그냥 덮어서는 안 된다. 그 마음의 자취를 마땅히 환히 드러내야 한다. 그대의 형이 충청도 경계에 도달하거든 즉각 장계를 갖추어서 올리는 것이 좋겠다. 내가 마땅히 이를 바탕으로 크게 칭찬하여 그를 등용하고자 한다. 장계는 모름지기 정약용과 서로 의논해서 초고를 잡아 그대의 형이 내려갈 때 가져가게끔 하라."

12월 24일에는 충청도관찰사에 임명된 이정운을 따로 불러 자신의 당부를 한 번 더 직접 전했다.

정조는 다산이 금정찰방으로 있으면서 천주교 지도자 이존창을 체포한 공로를 내세워 복귀 명분으로 삼을 작정이었다. 이정운이 충청도로 내려가기 전에 다산과 함께 장계의 초안을 작성해 가져가게 한 뒤, 도착 즉시 바로 현지에서 조사한 보고인 것처럼 올려 다산의 공을 드러내게 하려는 계획이었다.

이익운은 12월 25일 밤 다산이 집에 도착하기를 기다렸다가 바로 찾아가 임금의 의중을 전했다. 다산은 자신을 이토록 아껴주는 임금의 은혜에 감격해서 눈물을 흘렸다. 이제 자신이 체포 당시 정황을 보고하는 글만 올리면 모든 일이 순조로울 것이었다. 하지만 다산은 뜻밖에도 보고서 쓰기를 단호하게 거부했다.

당시 다산이 이익운에게 한 대답이 『사암연보』에 보인다.

은혜로운 생각은 진실로 망극합니다. 하지만 도적을 체포한 일로 상을 받는 것은 천하에 큰 수치입니다. 내가 초고를 쓸 일도 없을 뿐 아니라, 만약 보고를 올린다면 나는 형님과 더불어 이로 부터 서로 절교할 것입니다.

다 된 밥에 또 코를 빠뜨릴 생각이냐고 이익운이 펄쩍 뛰었지 만 다산은 요지부동이었다.

이튿날 아침 이정운도 다산에게 편지해 이존창 체포 정황을 서면으로 작성해 보고할 것을 재촉했다. 다산은 이정운에게도 「오사께 답함」을 답장으로 보냈다. 성상의 의중을 알고 감격의 눈물을 흘렸다고 하면서도, 사군자는 예의염치를 중시해야 하 는데, 신하로서 마땅히 해야 할 직분을 한 것을 공로 삼아 벼슬 길에 복귀하는 일은 한마디로 염치없는 짓이라며 사양했다.

이어지는 글에서 다산은 자신이 꾀를 내거나 계책을 펴서 이 존창을 체포한 것이 아니고, 그가 은신한 곳을 알아서 마치 동이 속에 든 자라를 건져내듯 묶어 온 것에 지나지 않는다고 썼다. 이것을 공으로 삼는다는 것은 임금을 속이는 짓이라며 펄쩍 뛰 었다. 다산의 편지는 더 길게 이어진다.

하물며 기찰하고 염탐할 적에는 애초에 함께 참여하지도 않아 놓고, 이제 와서 이것을 장황하게 늘어놓아 한 세상의 이목을 속여 진출하는 바탕으로 삼는다면, 또한 잘못되고 군색한 짓이 아니겠습니까? 차라리 죽을 때까지 구덩이 속에서 불우하게 지내더라도 이런 짓은 하고 싶지 않습니다. …… 진실로 집사께서 저의 지극하고 간절한 마음을 생각지 않으시고 감영에 도착하는 즉시 공문을 올리셔서 한 구절이나 반 글자라도 혹 저에게 공을 돌리시는 일이 있다면, 저는 즉시 상소를 올려 집사께서 사사로움에 따라 임금을 속인 잘못을 낱낱이 탄핵하여 상세히 논할 것입니다. 이 지경에 이른다면 장차 꼴이 어떻게 되겠습니까?

시늉이나 겸양만의 사양이 아니었다. 도무지 감당할 수 없는 기세였다. 편지 끝에 다산은 "만약 성상께서 마음을 돌리지 않으시고 억지로 이 같은 일을 하게 하신다면, 저는 변방에 귀양 갈 각오를 하더라도 감히 도적을 체포한 공을 가지고 스스로를 보고서 위에 나열하지 않을 것입니다"라고 한 번 더 다짐을 두었다.

정조의 진노와 미뤄지는 복귀

이 소식을 전해 들은 정조는 진노했다. 금정에 내려보낼 때부터 다짐을 두었던 일이었고, 자신의 의중을 모를 다산도 아니었다. 비난 여론을 무시한 채 어렵사리 구색을 갖춰 복귀시키려는 판에 정작 당사자가 정색을 하고 절대로 못 하겠다고 버티고 나왔다. 화성 성역도 이제 한창 완공 단계로 향하고 있었고, 무엇보다 더 큰 그림을 그리느라 정조는 마음이 무척 바빴다. 한시라도 다산을 곁에 불러올려 함께 처리해야 할 일이 많았다. 그런 속마음을 잘 알면서도 차려놓은 밥상을 걷어차는 다산이 정조는 미웠다.

거짓말을 하라고 한 것도 아닌데 다산은 이때 왜 그랬을까? 무엇보다 떳떳지 못했기 때문이다. 이존창 검거는 검거라기보다 자수에 가까웠다. 당시 다산은 천주교 내부의 비선과 닿을 수 있었다. 주문모 신부에게 쏠린 관심을 이쪽으로 돌려놓기 위해서라도 희생양이 필요하다고 이존창을 설득했을 것이다. 이존창과 다산은 1785년 명례방 집회 이후로 오랫동안 교계 핵심으로 함께 활동했던 사이였다. 둘은 너무도 서로를 잘 알았다. 그런 그를 다산이 제 손으로 검거해 감옥에 넣었다. 다산은 이 일로 자기 이름이 자꾸 오르내리는 것이 못내 부끄러웠을 법하다. 한편 이존창의 경우 1791년에도 충청도관찰사 박종악 앞에서 배교를 다짐했던 전력이 있었다. 어떻게든 교회를 지키고 주문모 신부를 보호해야 한다는 명분 앞에서 자신의 체포는 그다지 고민할 문제가 아니었다.

어쨌거나 다산은 이존창 체포의 공로자로 자신의 이름이 거론되는 것을 한사코 거부했다. 무엇보다 한때 누구보다 열심한 천주교 신자였던 자신이 천주교를 와해시키는 데 앞장선 배신자로 낙인찍히는 것이 싫었고, 더욱이 이를 이용해서 일신의 영달을 꾀했다는 비난을 감당할 자신이 없었다. 한마디로 그는 양심의 가책을 느꼈다. 그의 마음속에 일말의 신앙이 완전히 사라진 것은 아니었기 때문이다.

또 한 가지, 이미 금정 시절부터 서울에서 들려오는 이기경 등의 동향 또한 심상치 않았다. 자신이 주문모의 피신을 도와준 사실도 언제 터질지 모를 뇌관이었다. 어렵사리 온양 봉곡사에서 성호의 『가례질서』 편집을 주도한 일을 두고도 비난과 비방의 강도가 흉흉했다. 이런 와중에 5개월 만에 임금의 특별한 배려로 요직에 진출하는 것은 위험하다는 판단도 있었다. 또 다산과 한편인 이정운이 충청도관찰사로 내려가자마자 이곳을 떠난 정약용의 보고를 받아 그 공로를 상신하는 것은 누가 보더라도 미리 짜고 치는 노름판의 모양이어서 구설이 없을 수가 없었다.

다산의 완강한 거부로 그의 복귀는 한정 없이 미뤄졌다. 그렇게 1796년 새해가 밝았다. 정조는 다산이 자기 뜻을 거스른 일로 단단히 화가 나 있었다. 하지만 시일이 지날수록 다산의 빈자리가 아쉬웠다.

이때 다산의 후임으로 금정찰방이 되어 내려갔던 김이영金履永이 돌아와 보고했다.

"그가 금정에 있을 적에 성심을 다해 백성을 보살피고, 벼슬에 있는 동안 청렴하면서도 근신하였습니다."

이 보고를 들은 정조는 이번에는 노론 영수 심환지沈煥之의 옆구리를 찔러 다산을 등용할 것을 주청케 했다. 정조의 밀찰密札통치는 몇 해 전 공개된 심환지에게 보낸 무려 297통에 달하는 비밀 편지가 공개되면서 분명히 드러났다. 정조는 자신이 원하는 것을 미리 신하에게 귀띔하여 그가 발의한 것처럼 모양새를 갖춰 자신의 뜻을 관철하곤 했다. 예민한 정치 현안일수록 이같이 막후 정치의 수완이 위력을 발휘했다.

이때도 정조는 다산을 위해 대립적 위치에 있던 심환지의 입을 빌렸던 듯하다. 『사암연보』에는 심환지가 정조에게 "정 아무개가 군복의 일로 인해 특명으로 벼슬을 그만두게 한 뒤 이제껏 풀리지 않았습니다. 그 사람은 쓸 만합니다. 게다가 금정에서 백성을 교화시킨 바가 많으니 청컨대 다시 거두어 쓰소서"라고 건의했다고 적혀 있다. '군복의 일'은 1795년 3월 숙직 당시에 융복을 입지 않았다가 견책을 입은 일을 말한다.

정조는 기다렸다는 듯이 이를 윤허하고, 형조록刑曹錄을 통해 다음과 같은 말씀을 내렸다.

"근래 조정 대신의 말을 들으니 충청도 내포 일대가 밖에서 부임한 찰방이 성심으로 교화한 덕분에 괄목할 만한 효과가 있었다 한다. 이에 특별히 중화척中和尺을 하사하노라."

형조록은 죄인에 대한 판결 내용을 기록하여 정기적으로 올리는 보고였다. 공식적인 기록에 근거를 남겨둔 것이다.

죽란시사 결성과 미묘한 시선

다산은 정조가 하사한 중화척(국왕이 중화절을 맞아 신하들에게 하사하던 자)을 받고, 명에 따라 임금이 지은 시 두 수에 대해 화답시를 지어 올렸다. 다산은 이때 올린 시에서 "터럭만큼 보답도 하지 못한 채, 큰 도량의 용서하심 몹시 입었네未有纖毫報, 偏蒙大度容"라고 감사의 뜻을 표했다. 1796년 2월 6일의 일이었다. 하지만 그는 이해 10월까지도 벼슬에 복귀하지 못했다. 그사이에 다산은 집에서 한가하게 묵은 글 상자를 정리하거나 벗들과 왕래하며 지냈다. 고향 초천과 하담 선영을 다녀오면서 원주 법천에 들러 정범조丁範祖 등을 찾아보기도 했다. 벼슬에 임명받지 못한 시일은 이렇듯 생각보다 길어졌다. 이존창을 붙잡은 공으로 벼슬을 하기 싫다고 했지, 벼슬에 나가 역량을 펼칠 생각마저 없었던 것은 아니었기에 당시 다산은 얼마간 채제공에게 상당히 서운한 마음을 품었던 것 같다.

5월 말 다산의 집에서 죽란시사竹欄詩社가 결성되었다. 다산이 쓴 「죽란시사첩서竹欄詩社帖序」를 보면, 이 모임은 동갑인 다산과 채제공의 아들 채홍원이 주도해서 자신들보다 나이가 아래위로 네 살 터울 이내의 소장파 기호 남인들로 구성했다. 대부분이 채제공 옹위 그룹인 채당 인사들이었다. 모두 열다섯 명이 참여했고, 이유수李儒修, 홍시제洪時濟, 이석하李錫夏, 이치훈, 한치응韓致應, 심규로沈奎魯, 윤지눌尹持訥 등이 참여했다. 계원의 명단과 규칙을 적은 계첩契帖이 남아 있다. 채제공은 이 모임의 결성을 축하하는 메시지를 보냈다.

죽란은 다산의 명례방 집 좁은 마당에 대나무로 난간을 쳐서 꽃나무 화분을 길렀기 때문에 얻은 이름이다. 이 모임이 주로 다산의 집에서 열렸기 때문에 시사의 이름도 죽란시사였다. 이 시기에 지은 『다산시문집』에는 남인 원로들에게 자신의 심경을 드러낸 시가 여러 수 실려 있다. 정범조와 윤필병, 이정운과 이익운 형제에게 보낸 시들이다. 생일날이 가까워 안부를 묻는다고도 하고, 모임 자리에 자신도 끼워달라고도 썼다.

한편 「죽란시사의 작은 모임에서 '장맛비가 갓 개어'란 시를 지어 번암 대로께 받들어 보이다竹欄小集, 賦得積雨新晴, 奉示樊巖大老」란 시의 7, 8구에서는 "들판에 벼와 기장 풍년임을 기쁘게 듣고, 조용히 지내면서 성상 은혜 생각하네欣聞野外饒禾黍, 爲是端居念聖明"라 하여 채제공에게 이제는 그만 자신을 불러달라는 뜻을 우회적으로 전달하기도 했다. 하지만 들리는 소식은 없었다. 스스로 박차버린 밥상으로 인한 자업자득의 측면도 없지 않았다.

「죽란시사서치계첩竹欄詩社序齒契帖」. 다산과 채제공의 아들 채홍원이 주도해 소장파 기호 남인들로 구성한 '죽란시사' 참여자 15인의 이름을 적은 것이다.

11장

목민관 다산

회심의 승부수 「변방소」

무관직에 대한 정조의 집착

———————

다산은 1796년 11월 16일에야 마침내 규장각 교서관으로 임금의 부름을 받았다. 이때 상황은 『규영일기』에 보인다. 당시 『사기史記』와 『한서』 중에 정수를 가려 뽑아 『사기영선史記英選』 간행 작업이 막바지였다. 다산의 맵짠 솜씨가 필요했다. 다산은 어명을 받고 채제공의 자문을 받아 유득공柳得恭, 박제가朴齊家 등과 함께 교정 작업에 참여했다.

　며칠 뒤 정조는 다산을 정3품 병조참지兵曹參知에 낙점했다. 1787년 8월에 『병학통兵學通』을 선물하며 장수의 재목으로 칭찬한 이래로, 임금은 틈만 나면 다산을 병조의 무관직에 앉히려 했다. 장차 다산을 병조판서감으로 점찍어둔 터였다. 다산은 그때마다 거부했다. 1795년 2월에도 다산은 병조참지에 임명되었었다. 이때 군호軍號를 잘못 지은 벌로 100운의 시를 하룻밤 사이에 올리는 벌을 받았다. 3월에는 시관으로 부정을 저질렀다는 혐의를 입고, 숙직하면서 군복을 입지 않았다는 죄목으로 의금부에 구금되기까지 했다.

이번에도 다산은 병조참지에 임명된 지 보름 만인 11월 30일에 병을 핑계로 사직을 청했다. 정조가 한 번 더 임명했고, 다산은 다시 사직을 청했다. 임금은 못 이기는 체 12월 2일에 다산을 좌부승지로 올렸다가, 12월 11일에 다시 병조참지에 임명했다. 임금과 신하는 계속 힘겨루기를 하고 있었다.

1797년, 다시 해를 넘기고서도 지루한 시간은 잘 가지 않았다. 다산은 가끔씩 임금의 부름에 따라 교서校書 작업이나 도우면서 할 일 없이 지냈다. 5월, 명례방 집에 석류꽃이 막 피고 보슬비가 갓 개었다. 여름 냄새가 물씬했다. 답답했던 다산은 그길로 서울을 무단이탈해서 불쑥 고향 집이 있는 초천으로 달려갔다. 단오 하루 전날이었다. 모처럼 형님들을 모시고 일가 사람 서넛과 함께 그물을 쳐서 고기를 잡아 건너편 남자주藍子洲로 가서

매운탕을 끓여 맛있게 먹었다. 형제는 내친김에 배를 몰아 천진
암으로 진출했다. 꽃향기에 취하고, 냉이와 고사리, 두릅 등 대여
섯 가지 나물도 실컷 먹고 사흘 만에 서울로 돌아왔다.

답답함을 하소연하다

———————————————

6월 초에 다산은 이조참판으로 있던 족부族父 정범조에게 「여름
날의 술회, 족부 이조참판께 올리다夏日述懷, 奉簡族父吏曹參判」란 장
시를 지어 올렸다. 시 한 수가 5언 660구, 3,300자에 달하는 어
마어마한 장편이었다. 정범조의 평생을 따라가며 그 맑은 정신
과 기개를 높이는 데 3분의 2 분량을 할애했고, 나머지에 자신의
현재 심경을 적었다. 당시 다산은 할 일이 없었으므로, 자신이 지
은 전체 시 중에서 가장 긴 이 작품에 모든 역량을 결집시켜 자
못 비장한 감회를 토로하였다.

이 가운데 자신의 심회를 서술한 한 대목은 이렇다.

실족하여 비이슬의 은택 못 받고   踱蹭違雨露

호젓하게 아침저녁 보내고 있네.   蕭灑送朝晡

달을 보며 오사모烏紗帽를 비뚤게 쓰고	對月欹烏帽
바람 쐬며 막걸리를 들이켠다네.	臨風倒白酤
솔 곁에서 이따금 꾸물거리다	松邊時偓佭
꽃 아래 혼자서 서성대누나.	花下獨踟躕
……	……
아침이면 다조茶竈에다 불을 지피고	茶竈朝添爇
저녁에는 서재에서 홑이불 덮네.	書牀晚掩裯
게을러서 손님 와도 앉아 절하고	慵疏迎客揖
아이와 함께 기며 놀이를 하지.	嬉戲與孩匍

무료한 하루 일과를 진솔하게 그려냈다. 한마디로 미칠 지경
이니 제발 어떻게 좀 해달라는 탄원서나 다름없었다.

동부승지 사직과 「변방소」

이것이 효과가 있었던지, 며칠 뒤인 6월 20일에 다산은 동부승
지로 부름을 받았다. 하지만 처사촌인 홍인호가 당시 좌승지로
승정원에 있었으므로, 인척이 한 기관에 함께 근무한다는 혐의

때문에 다산은 이 부름에 응할 수가 없었다. 이튿날 다산은 그간 자신을 향해 쏟아졌던 비방에 대한 입장을 세세하게 밝힌, 실로 장문의 동부승지 사직상소를 올렸다. 「자명소自明疏」 또는 「변방소辨謗疏」란 이름으로 더 잘 알려진 「동부승지를 사직하며 비방에 대해 변백한 상소辨謗辭同副承旨疏」가 그것이다.

절대 하루 만에 쓸 수 없는 작심하고 쓴 글이었다. 진작부터 준비해둔 회심의 승부수였다. 이 글에서 다산은 자신이 동부승지 자리에 나아가지 못하는 이유를, 오로지 천주교 문제에 초점을 맞춰 장황하다 싶을 만큼 자세하고 솔직하게 썼다. 중간중간 건너뛰며 핵심만 간추려 읽는다.

신은 이른바 서양의 사설에 관한 책을 일찍이 보았습니다. 그저 보기만 했다면 무슨 죄가 되리이까? 마음으로 기뻐하며 사모하였고, 이것으로 남에게 뽐내기까지 했습니다. 신이 서학책을 본 것은 대개 20대 초반입니다. 하지만 세심히 탐구할 수가 없어 그지게미나 그림자도 얻은 바가 없었습니다. 도리어 사생死生의 주장에 휘둘리고, 『칠극七克』의 가르침에 귀가 쏠리며, 삐딱하고 기이하게 변론을 펼친 글에 현혹되었습니다. 유문儒門의 별파로 알고, 문단의 기이한 감상거리로만 보아, 남과 얘기할 때도 아무 거리낌이 없었습니다. 누가 비난하기라도 하면 과문하고 못나서 그러려니 여기기까지 했으니, 본래 뜻은 기이한 견문을 넓히려 한 것일 뿐입니다. 하물며 벼슬길에 나간 뒤로 또 어찌 능히 방외에 마음을 쏟을 수 있었겠습니까? 불행히도 1791년 진산 사건의 변이 일어나, 신은 이후로 분개하고 가슴 아파하며 마음으로 맹세하여 이를 원수처럼 미워하고 역적같이 성토하였습니다. 신의 경우 당초에 서학에 물든 것은 아이들의 장난과 같았는데, 지식이 조금 자라자 문득 원수로 여겼고, 분명하게 알게 된 뒤로는 더욱 엄하게 이를 배척하였습니다. 깨달음이 늦다 보니 미워함도 더욱 심해, 심장을 갈라 보여도 실로 아무 남은 것이 없고, 구곡간장을 뒤져본들 남은 찌꺼기가 없습니다. 이제 전하께서 신을 어여삐 여겨 버리지 아니하시고 다시 이렇게 거두어 쓰셨지만, 매번 사달이 날 때마다 문득 지난 잘못을 허물하신다면 꿈에도 생각이 미치지 않았는데도 더러운 오물을 먼저 뒤집어써서, 지쳐 기운이 빠진 채로 그저 앉아 조롱만 받게 될 것입니다. 이제까지 그래왔으니 앞으로도 어찌 다르겠습니까? 이럴진대 신은 차라리 계속해서 내쳐진 채로 있는 편이 나으니, 신이 때로 굽혀지고 때로 부름 받아 임금의 은혜를 크게 욕되게 하고, 나아가 죄를 더욱 무겁게 지게 되는 일이 없도록 해주시옵소서.

「변방소」는 번번이 자신을 천주교 틀에 가둬 옥죄는 이 사슬을 원천적으로 끊어달라는 탄원에 가까웠다. 사직의 명분은 홍인호와 인척간이어서 승정원에서 동시에 근무할 수 없다는 것이었지만, 상소문 어디에도 이에 관한 내용이 단 한 줄도 없다. 처음부터 끝까지 천주교와 관련된 자신의 입장 해명뿐이다. 다산으로서는 천주교 문제를 공개적이고 과감하게 정면 돌파함으로써 더 이상 이 꼬리표를 달고 벼슬길에 오르지는 않겠다는 승부수를 던진 것이었다.

이를 읽은 정조는 "상소문은 자세히 살펴보았다. 착한 마음의 단서가 마치 봄기운에 만물이 싹터 나오는 듯 성대하다. 종이에 가득 자신에 대해 열거한 내용은 감동하기에 충분하다. 너는 사양치 말고 직책을 맡으라"라는 비답을 내렸다. 이뿐만 아니라 조정 대신들 앞에서 "이후로 정 아무개는 허물이 없는 사람이 될 것이다"라고 말하기까지 했다. 면죄부를 주겠다는 뜻이었다.

진작 써둔 상소문

─────────

사실 이 「변방소」는 금정에 내려가기 전에 이미 초를 잡아둔 것이었다. 당시 충주목사로 좌천되어 간 이가환이 「자명소」를 올렸을 때, 다산도 같이 올릴 작정으로 준비했던 듯하다. 1795년 12월 1일 이삼환이 다산에게 보낸 답장에 나오는 내용으로 미루어 알 수 있다.

『금정일록』에 실린 이삼환의 편지는 이렇게 시작한다.

예전 어떤 사람이 문중자文中子에게 비방을 그치게 하는 방법을 물었다더군요. 그는 "변명하지 말라"라고 대답했답니다. 이는 단지 비방을 그치게 하는 것뿐 아니라, 또한 우리들이 본바탕을 함양하는 공부에 있어서도 마땅히 힘을 얻는 데 보탬이 될 것이니, 어찌 생각하시오.

다산이 「변방소」의 초고를 이삼환에게 보여주며 의견을 구하자, 이삼환은 '무변無辨' 즉 변명하지 않는 것이 비방을 그치게 하는 가장 좋은 방법이라고 대답해준 것이다.

1797년 6월 21일, 다산이 기어이 「변방소」를 올린 뒤 우의정 이병모를 만났을 때, "대감께서 평소 시험 답안을 잘 감별하는 것으로 조정에서 유명하시니, 소인이 올린 상소가 갑작스럽게 지은 것이 아닌 줄을 살펴보고 아셨을 것입니다. 상소문의 초고를 완성한 것이 이미 오래고 보니, 서로 아끼는 친한 벗 중에 절로 읽어본 사람이 많습니다"라고 한 것을 보아도 알 수 있다.

다산의 또 다른 일기 『함주일록』은 1797년 6월 20일 동부승지를 제수받던 날 시작해서 윤6월 초6일까지 근 보름간의 일기다. 일기 전체에 자신의 「변방소」를 두고 오간 조정 대신들과의 대화가 끝도 없이 이어진다. 과장스럽게 느껴질 만큼 칭찬 일색이라, 읽기가 낯간지러울 정도다. 일기에 따르면 이익운과 홍인호뿐 아니라 원수였던 목만중조차 "상소문이 과연 훌륭하다. 그대의 심사가 광명하여 구차하지 않으니, 상소의 뜻이 이와 같음을 진실로 알겠소"라며 칭찬했다. 이 밖에도 일기에는 심상규沈象奎, 오태증吳泰曾, 한만유韓晩裕를 비롯해 모든 조정 대신들이 한입으로 천고의 명소名疏라고 입을 모았다. 병조판서 이조원李祖源은 입에 침이 마르게 감탄한 뒤 서자와 어린 손자를 불러 따로 다산에게 인사를 시킨 뒤, "훗날 이 아이들에게 영공의 상소를 읽히게 하리다"라고 말했을 정도였다. 과연 그랬을까?

곡산부사로 다시 떠나다

빗나간 승부수

───────────────

다산의 「변방소」는 어쨌거나 단연 화제의 중심에 있었다. 고위직 관리가 자신과 천주교에 얽힌 오랜 인연을 솔직하게 밝히고, 현재는 완전히 무관한 상태이니 더 이상 이 문제로 자신을 괴롭히지 말아달라고 공개장을 낸 것이나 마찬가지였다. 또 한 가지, 당초 다산은 혐의를 피하기 위해 동부승지 직임에 나아갈 수 없다고 했지만, 상소문은 금정에서의 활동에도 불구하고 실제로 그가 벼슬길에 나아가는 데 걸림돌이 된 것이 여전히 천주교 문제였음을 보여준다.

본인이 극구 아니라는데도 왜 그랬을까? 당시 천주교는 오리무중으로 종적을 잡을 수 없는 주문모 신부의 영도 아래 나날이 교세를 놀랍게 성장시키고 있었다. 다산이 체포해 감옥에 넣었던 이존창은 영어 상태에서도 1796년과 1798년에 황심을 북경에 밀사를 보내는 일에 관여했다. 주문모 신부가 처음 입국했을 당시 4천을 헤아리던 천주교 신자는 놀라운 확장세를 보이고 있었다. 쉽게 꺼지지 않을 불길이었다. 드러내놓고 말은 않았지만 깊은 위기의식이 감돌았다. 이런 상황에서 천주교의 삼흉으로 지목된 이가환과 다산, 이승훈 등이 여전히 천주교회 내부에 보이지 않는 영향력을 발휘하고 있다는 의심이 쏠리는 것은 어쩌면 자연스러웠다.

다산의 상소문을 본 정조는 더할 수 없는 칭찬을 내렸다. 그런데 『벽위편』에 실린 기사는 다소 의아하다. 다산이 임금의 비답을 받은 이튿날이었다.

정조가 아침에 입시한 승지와 사관들에게 불쑥 물었다.

"어제 정약용의 상소가 어떻던가? 각자 자신의 생각을 말해 보도록 하라."

검열檢閱 오태증이 먼저 입을 뗐다.

"신의 소견에 이 사람은 아직도 천주학을 버리지 못했습니다."

뜻밖의 대답이었다. 『함주일록』에서는 6월 25일, 다산을 만난 서유구徐有榘가 "영공의 상소가 너무 훌륭해서 여러 사람들이 모두 칭찬한다고 합디다"라고 했다. 오태증은 이때 곁에 있다가 "문장 또한 사람을 감동시키기에 충분하오"라고 말했던 장본인이었다. 다산은 오태증의 이 말을 자신의 일기장에 분명히 적어 놓았다. 하지만 임금 앞에서 오태증이 한 말은 전혀 달랐다.

오태증의 대답을 들은 정조가 느닷없이 큰 웃음을 터뜨렸다.

"네 말이 과연 옳다."

자라나는 싹을 어이 꺾으리

『벽위편』에는 이 내용이 『승정원일기』에 나온다고 했는데, 현재의 일기 속에는 없다. 이 대화가 사실이라면, 정조가 겉으로는 칭찬해놓고 다산이 「변방소」에서 그토록 장황하게 펼친 해명을 속으로는 믿지 않았다는 얘기가 된다. 그 속을 알기가 어렵다.

『벽위편』은 "약용이 만약 자수하려 했다면, 상소문의 말이 반드시 질박하고 솔직해서 화려함 없이 조각조각 붉은 마음이 흘러나온 뒤라야 그가 곧은 마음으로 회개하였음을 볼 수 있을 것이다. 그런데 지금은 천언만어로 오로지 수식에만 힘을 쏟았다. 그가 스스로 회개했다고 말한 곳은 고작해야 '벼슬길에 나간 뒤로 또 어찌 능히 방외에 마음을 쏟을 수 있었겠습니까?'뿐이다. 단 한 글자도 아프고 절실한 마음이 없다"라고 콕 찔러 비판했다. 또 항간에서 입을 모아 말했다는 의론을 이렇게 소개했다.

만약 정약용이 능히 진심으로 회개했다면 마땅히 사학의 부류와 서로 끊고, 바른 선비들과는 유감을 풀었어야 맞다. 그렇지 않다면 그 상소는 믿을 수가 없다. 이후 종적을 살펴보더라도 이가환, 이승훈, 홍낙민, 황사영 등과는 친밀함이 예전과 다름이 없고, 홍낙안, 이기경 등과는 원수로 지내는 것이 전날과 같다. 그래서 사람들이 약용 보기를 또한 전날의 약용과 같다고 했던 것이다. 나는 잘 모르겠다. 이 서학이 과연 어떤 점이 좋기에 앞뒤로 30년 동안 끝내 단 한 사람도 머리를 돌리고 마음을 고쳐먹은 자가 없더란 말인가?

6월 27일, 정조는 다산을 다시 동부승지에 낙점했다. 그러자 우의정 이병모가 「변방소」에서 사학을 이단에 견준 것이 적절치 않다고 나무라며 다산을 파직시키는 것이 좋겠다고 했다.

정조의 대답은 이랬다.

"이제 막 자라나는 싹은 꺾지 않는 법이니, 어이 굳이 이렇게까지 해야만 하겠소?"

왜들 저러는지 모르겠다

「변방소」로 던진 다산의 승부수는 오히려 더 큰 구설과 역풍을 불러왔다. 다산은 앞서 이삼환이 "변명하지 말라"라고 했던 충고를 따랐어야 했다. 달이 바뀌어도 소란이 가라앉지 않자, 정조는 때마침 인사고과에서 높은 점수를 받지 못한 곡산부사 이지영을 대신해서 다산으로 전격 교체하라는 인사 명령을 내렸다. 윤 6월 초3일의 일이었다.

이날 정조는 다산을 성정각誠正閣으로 따로 불러 말했다.

"지난번 상소는 글을 잘 지었을 뿐 아니라 마음자리가 환히 밝아서 진실로 우연이 아니다. 이제 막 한 차례 쓰려고 했는데 의론이 괴롭게 많구나. 왜들 저러는지 모르겠다. 대략 한두 해 늦어진다 해도 상관이 없다. 가더라도 또 부를 것이니라. 너무 슬퍼하지 마라. 앞선 고을 원이 치적이 없으니 잘해보도록 해라."

한 말씀 한 말씀이 아프고 또 다정했다.

황해도 곡산부사! 다산은 이렇게 다시 분한 눈물을 삼키며 도성을 떠났다. 참 허망했다. 이날 어전을 물러나며 지은 시 한 수에 다산의 심경이 오롯이 담겼다. 제목은「곡산으로 부임하면서 대궐을 떠나는 날 서글퍼 짓다將赴谷山, 辭殿日悵然有作」이다.

푸른 신발 머뭇대며 대궐 계단 내려설 때	青靴颯沓下螭頭
살뜰하신 임의 말씀 눈물이 절로 난다.	天語諄諄涕自流
등생滕生처럼 절군浙郡 나감 구한 것이 아니요	不是滕生求浙郡
소송蘇頌이 창주滄州에 부임함과 똑같다네.	還如蘇頌赴滄州
규장각의 비단 책갑 행장을 따라오고	奎垣縹帙隨行李
내국의 금빛 환약 이별 근심 달래준다.	內局金丸慰別愁
청석관 서쪽 나서 300리를 더 가면	西出石關三百里
가으내 서리 달에 임 계신 곳 꿈꾸리.	一秋霜月夢瓊樓

송나라 때 등원발滕元發은 강직한 신하였다. 왕안석王安石의 신법에 반대하여 늙었음을 이유로 회남淮南을 맡아 나가게 해달라고 굳게 청하여 절군태수가 되어 떠났다.

송나라 때 소송이 정적의 모함을 받아 창주지사로 떠나게 되었을 때, 황제가 소송에게 말했다.

"경을 쓰려고만 하면 꼭 무슨 일이 생겨 쓸 수가 없게 되니, 운명이 아니겠는가? 오래잖아 경의 바름이 절로 밝혀질 것이다."

다산은 자신이 곡산부사가 되어 떠나는 것이 등원발처럼 자원한 것이 아니라, 소송의 경우에 해당한다고 분하고 억울한 마음을 굳이 감추지 않았다. 정조는 다산의 행낭 속에 교정 중이던 『사기영선』 가제본한 책자를 넣어 임지에서도 이 작업을 마무리해줄 것을 부탁했다. 짐 속에는 며칠 전 『두시杜詩』 교정의 공로로 받은 청심환도 들어 있었다. 이것을 책상맡에 놓아두고 가을 내내 서리 달을 보면서 임금 계신 곳을 꿈꾸겠다고 한 마지막 구절은 안타깝고 애절하다.

장하다, 무죄 방면한다
───────────

1797년 윤6월 7일 새벽, 다산은 쓸쓸하나 씩씩하게 곡산으로 떠났다. 한 고을을 온전히 맡아보기는 이때가 처음이었다. 이후 1799년 4월 24일까지 2년 가까이 다산은 곡산에서 고을살이를 했다. 좌절을 곱씹고 떠난 곡산에서 다산은 목민관으로서 실로 눈부신 치적을 세웠다. 곡산은 전체 면적의 60퍼센트 이상이 산악 지형으로 민생은 피폐하고 탐관오리의 토색질로 악명 높던 곳이었다. 정적들이 사라진 침묵 속에서 다산의 눈길은 온전히 백성의 삶을 향했다.

윤6월 11일, 신임 부사의 행차가 이제 막 곡산 경계로 접어들던 참에 덥수룩한 백성 하나가 불쑥 앞길을 막아섰다.

"누구냐?"

"이계심李啓心이라 합니다."

다산은 내심 깜짝 놀랐다. 앞선 원님 때 아전이 농간을 부려 200냥을 거둘 일에 900냥을 착취한 일이 있었다. 이계심을 앞세운 1천 명의 백성들이 관으로 몰려가 거세게 항의했다. 태도가 불량하다 하여 매질을 하려 하니, 백성들이 이계심을 빙 둘러에워쌌다. 이러지도 저럴 수도 없는 상황이었다.

관노들이 우르르 달려들어 백성들을 마구 쳤다. 다들 흩어져 달아날 때 이계심도 도망했다. 그러는 사이에 말이 걷잡을 수 없이 부풀려져서 흉흉한 소문이 되었다. 다산이 곡산으로 떠나며 하직 인사를 하자, 채제공을 비롯한 대신들이 모두 이계심의 일을 말하며 주동자 몇 놈을 쳐 죽여서 나라의 기강을 바로 세울 것을 당부했다. 그런데 바로 그 당사자가 새로 부임하는 부사의 앞길을 가로막고 선 것이었다.

이계심은 다산에게 잠자코 글을 올렸다. 백성들이 괴롭게 여기는 12조항의 내용이 있었다. 그러면서 자수한다고 했다.

글을 읽고 난 다산이 이계심에게 말했다.

"따라오너라."

아전이 그를 결박하려 하자 다산이 제지했다. 관청에 오른 다산이 이계심을 앞으로 나오게 했다.

다들 긴장한 중에 뜻밖의 말이 흘러나왔다.

"장하다. 네가 형벌과 죽음을 두려워하지 않고 백성의 원통함을 펴주었다. 천금을 준들 너 같은 사람을 얻겠느냐? 가거라. 너는 무죄다."

관장에게 대들고, 무리 지어 소요를 일으킨 뒤 달아나기까지 한 수배자를 새로 부임한 부사가 그날로 무죄 방면했다. 이 소문은 즉각 곡산 고을 전체에 쫙 퍼졌다. 백성들이 덩실 춤을 추며 기뻐했다. 아전들은 대체 이게 무슨 상황인가 싶어 바짝 목을 움츠렸다. 신임 곡산부사의 데뷔 무대치고는 대단히 인상적이었다.

신임 부사의 놀라운 일 처리

곡산 백성이 안도의 한숨을 쉬다

이계심 석방 사건이 화제를 몰고 온 가운데, 곡산 백성의 눈길이 새 부사에게 일제히 쏠렸다. 고마고雇馬庫는 백성에게 세금 외에 가외로 거두는 일종의 기금으로, 공무로 보내는 인편이나 말에 드는 비용을 민간에서 걷는 것이다. 이것이 갖은 폐단의 원흉 중 하나였다. 다산은 1년에 900냥이나 되는 이 비용 지출을 부임 직후 바로 폐지해버렸다. 이 첫 번째 명령이 알려지자 백성들이 안도의 한숨을 쉬었다.

다음은 보민고補民庫 문제에 손을 댔다. 이 또한 한 해에 1천

냥이 넘는 거액을 추가로 징수하고 있었다. 이유를 묻자 감영에서 꿀에 부과하는 세금 때문이라는 대답이 돌아왔다. 감사가 봄가을로 백밀白蜜 3말과 황밀黃蜜 1섬을 징수해가는데, 감영 아전들이 두 배씩 징수해가면서도 지급 액수는 공문에 있는 숫자대로만 지급해왔다는 것이다. 그래서 축난 금액을 보전하려면 어쩔 수가 없다는 대답이었다.

다산이 말했다.

"앞으로는 공문에 적힌 숫자와 빛깔대로만 보내라."

아전들이 대답했다.

"저 승냥이와 이리보다 더한 감영 아전들이 가만있지 않을 것입니다. 해오던 대로 하시지요."

"일단 가서 살펴보거라."

감영으로 간 아전들은 예상대로 문서 수령을 거부당했다. 비장裨將이 감사에게 아뢰자 감사가 뜨끔해서 "저 사람은 고을 백성을 등에 업고 있고, 나는 내 입밖에 없으니 맞싸울 문제가 아니다" 하고 그대로 받게 했다. 감사는 다산이 임금의 총애를 한몸에 받고 있다는 것을 잘 알았으므로 공연한 문제를 만들 생각이 없었다. 보민고 문제의 해결로 해마다 1천 냥이 남게 되자 곡산부의 회계에 갑자기 여유가 생겼다.

다산의 일 처리는 거침이 없었다. 곡산 백성 김오선金五先이 시장에 소를 사러 갔다가 칼을 맞은 시체가 되어 돌아왔다. 근처 도적에게 살해된 것이었는데, 처자식과 마을 사람들이 후환이 무서워 입을 다물고 시신을 그냥 매장했다. 뒤늦게 이 말을 전해 들은 다산은 직접 그 마을로 달려가 현장 조사를 했다. 돌아오는 길에 김오선이 살던 마을에 들러 물었으나 다들 쉬쉬하는 통에 진상을 밝힐 수가 없었다.

밤중에야 단서를 얻어, 토졸土卒 수십 명을 보내 도적의 얼굴을 아는 자를 잡아 오게 했다. 계략을 일러주고 노인령老人嶺 아래에서 엄습해, 김오선을 죽이고 소를 빼앗은 김대득金大得이란 자를 체포해 왔다. 다산은 곡산부 문 앞 저자에서 곤장을 쳐서 김대득을 죽였다. 겁을 먹은 도적 떼가 소문을 듣고는 사방으로 흩어져 달아났다. 부임한 직후 일어난 이 몇 번의 일로 새 부사에 대한 백성들의 환성과 찬사가 일제히 쏟아졌다.

너희가 주인이다

1797년 9월, 낡아 퇴락한 곡산 정당政堂의 벽채가 무너져 내렸다. 수리해야 한다는 여론이 비등했다. 다산은 이렇다 저렇다 아무 대꾸가 없었다.

어느 날 다산은 아전을 불렀다.

"이것이 정당의 설계 도면이다. 이대로 작업을 진행하거라."

아전이 들여다보니, 건물의 세부 설계 도면뿐 아니라 소요되는 재목도 종류에 따라 구분해서, 베어 와야 할 나무의 숫자까지 정확하게 적혀 있었다. 다들 입을 딱 벌렸다. 여기에 더해 다산은 수원 화성 공사에 투입되었던 유형거와 삼륜거三輪車의 도면을 주어 그대로 만들게 했다.

수레가 만들어지자 그날로 작업이 시작되었다. 아전과 장교를 보내 하루 만에 재목 베어 오는 일을 다 마쳤다. 때마침 매서운 추위로 개울과 땅이 얼어붙어 어렵지 않게 운반해서 읍으로 가져왔다.

수레에 실려 재목이 도착하자, 다산은 다시 아전과 장교들을 불러 모았다.

"건물이 무너지는 것은 터를 굳게 다지지 않기 때문이다. 그리고 정당 건물은 규모가 있어야 한다. 다만 너무 화려해서는 안 된다. 이 집은 너희가 주인이다. 나는 임기가 끝나 떠나면 그만인 사람이다. 백성들은 가끔 일 있을 때만 들어오고, 산골 사는 백성은 평생 들어올 일도 없다. 너희 집을 너희가 짓는 일이니 직접 힘을 쏟아야 한다.”

이후 나무를 말리고 다듬는 석 달 동안 터를 다지기 위한 달구질이 그치지 않았다. 흙도 석회와 가는 모래, 그리고 황토를 고루 섞은 삼화토三和土만을 쓰게 했다. 백성들은 신임 부사의 기민한 일 처리에 놀라고, 애정 어린 당부에 감격해 서로 도와 짧은 시간 안에 백성의 힘을 뺏지 않고 일을 마쳤다. 반년 뒤 곡산부에는 번듯한 정당 건물이 우뚝하게 솟았다.

사람들이 기이하게 여겼다

새 정당 곁에는 연못을 파고 정자도 세웠다.

어느 날 달밤, 정자에 나가 앉아 있던 다산이 혼잣말을 했다.

“이럴 때 퉁소 소리를 들으면 한결 운치가 있겠다.”

아전 하나가 나서며 말했다.

“읍내에 장천용張天慵이란 자가 퉁소를 잘 붑니다. 하지만 관아에는 오려 들지 않으니 붙잡아 올까요?”

“붙잡아 올 수야 있겠지만, 그래서야 퉁소를 불려 하겠느냐?

그저 내가 왔으면 하더라고 전하기만 해라."

그러자 신통하게 장천용이 왔다. 하지만 그는 이미 엉망으로 술에 취한 상태였다. 맨발에 옷에 띠조차 두르지 않았다. 그 와중에도 술을 내오라고 야단이었다. 몇 잔을 마시더니 아예 인사불성이 되어 드러누워 버렸다.

다음 날 맨정신에 불러 술 한 잔을 내리자, 그가 말했다.

"퉁소보다 그림을 잘 그리옵니다."

"비단을 가져오너라."

거침없이 쓱쓱 긋는 붓끝에서 온갖 사물이 피어났다. 믿을 수 없는 솜씨였다. 그러고는 술을 달라더니 다시 엉망으로 취해 돌아갔다. 퉁소를 듣자고 이튿날 다시 찾았으나 그는 벌써 금강산 여행을 떠났다는 전언이었다.

술주정뱅이에다 불손하기 짝이 없는 천민이었지만 다산은 그의 재능을 아껴 대우하고 존중해주었다. 그는 제멋대로 굴고 거리낌 없이 행동했으나 다산 앞에서만은 그렇게 하지 않았다. 뒤에 다산이 곡산부사를 그만두고 서울로 돌아가자, 몇 달 뒤 그는 정성껏 그린 산수화 한 폭을 다산에게 보내 그간 감사했다는 뜻을 전했다. 다산은 그를 위해 「장천용전張天慵傳」을 남겼다.

그 글 끝에다 다산은, 못생긴 데다 사지가 뒤틀려 살림도 못하고 자식도 못 낳는 그의 아내 이야기를 소개했다. 그녀는 성품마저 못되어 늘 누워서 장천용에게 욕을 퍼부었다. 하지만 그는 그런 아내를 끔찍이 위했으므로 사람들이 기이하게 여겼다고 썼다. 아마도 다산의 뜻은 장천용보다 잘살고 신분이 있는 사람도 인간의 기본 도리를 지키지 않는데, 그가 그 같은 아내를 버리지 않고 위하는 마음을 사랑한다고 말하고 싶었던 듯하다.

대체 어쩌시려고요?

1797년 겨울 황해감사가 비밀 공문을 다산에게 보냈다. 곡산부에 속한 토산 고을의 장교가 도적을 잡아 오던 중 도적 떼가 들이닥쳐 풀어주었다는 얘기였다. 게다가 장교를 자기들 소굴로 끌고 가서, 여러 두령이 모인 가운데 장교의 죄를 꾸짖고 돌려보냈다는 토산현감의 보고서가 함께 도착했다. 심지어 이튿날 새벽에는 오륙십 명의 도적 떼가 관아로 쳐들어와 소동을 부리기까지 했으니, 곡산부사가 도적의 이 같은 변고를 책임지고 진압해 체포하라는 명령이었다.

공문을 본 장교와 아전들이 동요했다. 진압 계획을 세우려 하자, 다산이 제지했다. 대신 비쩍 마른 아전 한 명과 장교 한 명을 불러 도적 소굴로 다녀올 것을 명했다.

두 사람이 울며 살려달라고 빌자, 다산이 말했다.

"염려 마라. 포승줄도 필요 없고 그저 빈 몸으로 가거라. 내 뜻을 잘 전하고 적장에게 이리로 오란다고 하거라."

다들 놀라 눈을 동그랗게 뜨고 물었다.

"대체 어쩌시려고요?"

다산은 태연했다.

"두고 보면 안다."

과연 사흘 만에 앞서 떠났던 두 사람이 적장 10여 명과 함께 왔다. 조사해보니 그저 평범한 일반 백성이었다.

다산이 말했다.

"너희는 죄가 없다. 집으로 돌아가거라. 대신 저 토산의 장교를 잡아 오너라."

그러고는 붙들려 온 토산장교에게 다짜고짜 곤장을 호되게 쳤다.

다들 놀라 외쳤다.

"대체 왜 이러십니까?"

다산이 대답했다.

"태평한 세상에 어찌 백성이 장교를 끌고 가서 죄를 주고, 관아를 침범하는 일이 있겠느냐? 나는 처음부터 이 일이 무고인 줄 알았다."

토산장교가 평소 못마땅해하던 그곳 백성에게 분풀이를 하려고 없는 일을 잔뜩 지어내 도적 떼로 내몰려고 꾸며낸 사건이었다. 백성들이 휴 하고 놀란 가슴을 쓸어내렸다.

기미를 먼저 알다

1799년 1월에 갑자기 전국적으로 유행성 독감이 돌았다. 전염성이 강해서 감기에 걸린 노인들이 대부분 죽어나갔다. 이 병으로 전국에서 12만 8천 명이 죽었다고 『조선왕조실록』 1월 13일자 기사에 적혀 있다. 다산도 이 병을 호되게 앓고 겨우 회복되었을 정도였다.

하루는 다산이 뜬금없이 관리를 불러 물었다.

"황제의 칙사가 오게 되면 가장 걱정스러운 일이 무엇인가?"

"돗자리입니다. 황해도에서는 배천白川의 강서사江西寺에서만 용수석龍鬚席이 나는데, 칙사가 올 때마다 도내 사람들이 머리를 싸매고 달려가 사는 통에 구하기가 어렵습니다. 곡산은 배천과의 거리도 도내에서 가장 멉니다."

"알았다. 너는 지금 바로 떠나 강서사로 가서 용수석을 사 가지고 오너라."

관리가 고개를 갸웃하며 떠났다. 그가 돗자리를 사 가지고 돌아오자마자, 중국 황제의 붕어崩御를 알리는 칙사가 온다는 기별이 당도했다. 족집게 점쟁이다! 다들 놀라서 술렁거렸다.

다산이 말했다.

"이 병이 의주 쪽으로부터 감염되어온 것을 보면 중국에서 온 듯했다. 황제가 나이가 많았으니 이런 일이 있으리라 짐작했더니라."

곡산에 머문 2년 동안 이런 예는 다 적을 수 없을 정도로 많았다. 다산의 일 처리는 늘 허를 찔렀다. 관아에서 소란을 떨다 달아난 수괴를 오히려 칭찬한 후 무죄 방면하고, 도적 떼를 잡아넣을 줄 알았는데 도리어 포교를 매질했다. 건물을 짓자 하면 딴청을 하다가 목재 계산까지 다 끝낸 설계 도면을 내놓았다. 술주정뱅이 천민 예술가의 역량을 평가해 오히려 그의 존경까지 이끌어냈다. 돌림병이 온 방향을 보고 황제의 죽음을 미리 알았다.

그는 늘 이랬다. 의표를 찌르고 예상을 빗나갔다. 하지만 모두

들 그 결과에 놀라고 과정에 감탄했다. 그 바탕에는 늘 백성에 대한 사랑이 깔려 있었다. 핵심 가치를 세우고 합리적 절차로 진행해 누구든 승복하지 않을 수 없었다. 곡산 시절 다산의 활약은 실로 눈부신 데가 있었다. 각종 아전의 비리와 못된 관행이 발을 붙일 수 없었다. 늘 허덕이던 재정이 충실해졌다. 시달림만 당하던 백성들이 처음으로 국가로부터 존중받는 느낌을 갖게 되었다.

침기부 종횡표의 위력

정당에 내걸린 곡산 지도

곡산부사 부임 직후 다산의 잇단 선정은 백성들의 신망과 기대를 한껏 높였다. 다산은 자리를 잡자마자 고을 지도의 제작을 지시했다. 그것은 10리 단위를 약 20센티미터 길이로 환산해 그린 가로세로 2미터가 넘는 큰 지도였다. 읍성邑城을 그리고 산과 시내의 형세를 그린 뒤, 그 속에 들어앉은 마을을 그렸다. 마을에는 가구 수대로 지붕을 나타내는 △표를 그렸다. 열 집 사는 마을에는 △표 열 개가 그려졌고, 산 아래 외딴집에도 △표 하나를 그려 넣었다. 기와집에 푸른색을 칠하고, 초가집에는 노란색을 칠하자, 마을의 경제 형편까지 눈에 보였다. 도로는 붉은색, 산은 초록색, 물은 파란색을 칠했다.

지도를 작성할 때 실정에 밝은 노련한 아전 몇을 불러 다짐을 두었다.

"이는 백성의 성쇠를 파악하는 기본 자료다. 사실과 다른 정보를 담거나 대충해서는 안 된다. 마을이 커서 파악이 어렵거든 그곳 면장에게 물어서라도 반드시 사실과 일치해야 한다."

지도가 완성되자 그것을 정당의 한쪽 벽 전체에 내걸었다. 각 마을의 이름과 거리, 마을별 주택의 숫자, 초가집과 기와집의 비율까지 색깔별로 칠해진 한 폭의 그림이었다. 전체 고을의 규모와 형세가 한눈에 들어왔다. 관장이 정당에 앉아서도 전체 고을을 손금 보듯 들여다볼 수가 있었다. 공문서를 보내고 심부름꾼을 보낼 때 지도만 보면 왕복 소요 시간까지 가늠할 수 있었다. 이렇게 곡산 고을 전체가 다산의 손안에 들어왔다.

위력적인 침기부 종횡표

다산은 다시 일 처리가 민첩한 아전 몇을 따로 조용히 불렀다.

"이제는 가좌책家坐冊을 만들 것이다. 송나라 때 이른바 침기부砧基簿라 한 것이 이것이다. 침기부는 각 가호별로 토지와 자산을 미세한 것까지 상세하게 기록한 문서다. 호적대장이 있지만 실상과 맞지 않아 엉망이다. 여기서 백골징포白骨徵布니 황구첨정黃口簽丁이니 하는 갖은 폐단이 생겨난다. 호적은 해묵은 것이라 어쩔 수 없다고 쳐도, 이번에 작성하는 침기부는 사실과 한 치의 어긋남이 있어서는 안 된다."

침기부는 남송 때 이춘년李春年이 각 가호별로 전지田地와 택지宅地를 등재해 조세와 균역均役을 매기는 기초 자료로 삼았다는 문서다. 실물은 남은 것이 없다. 다산은 그가 침기부를 작성했다는 기록만 보고, 조선의 상황에 맞춰 침기부 양식을 새로 만들었다. 세금 징수를 위해 아전들이 만든 엉터리 장부는 있었어도, 침기부는 다산 이전과 이후를 막론하고 조선 500년간 어떤 목민관도 만든 적 없던 특별한 장부였다.

다산이 고개를 갸웃하는 아전들에게 가로세로로 칸이 쳐진 표 하나를 내놓았다. 마을별로 한 장씩 작성하게 되어 있었다. 가로축에는 세대주 이름을 쓰고, 세로축에는 품品, 세世, 객客, 업業, 역役, 택宅, 전田 등 무려 19개 항목이 나열되어 있었다. 그 표 아래에는 작성 지침까지 상세하게 적어놓았다.

품은 양반은 사士, 양민은 양良, 중인은 중中 등으로 신분을 적었다. 세는 그 마을에 자리 잡은 지 몇 대째인지를 적게 했다. 객은 다른 지역에서 이주해 왔을 경우, 온 곳과 이곳에 옮겨 와서 산 햇수를 적었다. 택은 집이 몇 칸인지 기록했다. 10은 열 칸짜리 주택이란 뜻이고, 2는 부엌 하나에 방 하나 딸린 두 칸짜리 극빈자 주택을 의미했다. 기와집은 숫자 앞에 '와瓦'를 추가했다. 전은 '10일'은 열흘 갈이 토지를 뜻하고, '10석石'은 20마지기를 뜻했다. 휼恤에는 구휼 대상인 과부, 홀아비, 고아를 표시하게 했다. 집에서 기르는 가축 수와 군역과 세금 관계, 자녀와 노비의 숫자, 가난한 집은 심지어 솥의 개수까지 적게 했다.

표 한 장에 한 마을이 들어가다

빈 표를 받은 아전들이 안 그래도 바쁜데 언제 집집마다 돌아다니면서 호구조사를 한단 말인가 싶어 긴 한숨을 푹 내 쉬었다.

다산이 말했다.

"각자 할당된 마을로 가서 이 표를 채워 오너라. 만에 하나 사실과 조금이라도 다르면 너희에게 죄를 엄중하게 묻겠다. 내가 이를 만드는 까닭은 세금을 더 걷기 위해서가 아니다. 백성들을 성가시게 할 뜻도 없다. 백성의 수령이 되어 그 허실을 정확하게 파악하고자 함이다. 이 뜻을 알려 백성들이 놀라거나 의심하지 않도록 하라."

아전들의 대답이 영 시원치 않자, 다산이 다시 말했다.

"나는 앞으로 이 장부를 믿고 백성의 일을 처리할 것이다. 사실과 맞지 않으면 내가 무슨 면목으로 백성들을 이끌겠는가? 반드시 정밀하게 작성해야 한다. 어느 날 산촌 사는 백성이 들어와 송사할 경우, 나는 너희가 작성한 침기부에 따라 신문할 것이다. 장부에 거짓된 내용이 들어 있다면 탄로 나지 않을 수가 없다. 그러면 너희에게 죄를 묻겠다. 지난번 김오선의 일처럼 살인 사건이 발생하면 내가 직접 그곳에 가서 조사하게 될 것이다. 이때 백성의 가옥 수를 헤아려 이 장부와 맞지 않으면 너희에게 죄를 묻겠다. 조사할 때 다른 사람을 대신 보내도 안 된다. 직접 가거라. 촌백성의 말만 듣고 그대로 받아 적어도 안 된다. 눈으로 직접 확인해라. 출장비는 따로 줄 것이다. 마을에 가서 닭이나 개를 잡아 오게 하거나, 잡비를 거두는 것도 용납하지 않는다. 모든 일은 내가 따로 탐문해볼 것이다."

아전들이 움찔해서 그제야 대답이 크게 나왔다.

이전에도 가좌부家坐簿는 고을마다 있었다. 세금 징수를 위해 호구조사를 할 때마다 가좌부를 작성하곤 했다. 하지만 매 가구마다 수십 줄이나 되는 내용을 복잡하게 적어 책자가 온 방에 가득 찰 지경이어서 실무에 전혀 도움이 되지 않았다. 다산의 침기부 종횡표縱橫表는 한 집의 핵심 기록이 표 한 줄에 다 들어가서한 마을의 형세가 한눈에 들어왔다. 다산은 곡산 고을 전체에서 마을 단위로 작성된 종횡표를 구역별로 나눠 모두 열두 권의 책자로 묶어, 자신의 책상 아래 늘 놓아두었다.

남당리 리포트 분석 예

─────────────

『목민심서』「전정田政」조에 침기부 종횡표의 실제 예시가 두 건 수록되어 있다. 곡산 시절 서쪽 고을 이동리梨峒里와 강진의 남쪽 변두리 마을인 남당리南塘里를 예로 든 것이다. 9세대로 구성된 남당리의 침기부 종횡표를 통해 마을 현황을 분석해보자.

　신분으로 보면 사족士族이 세 집, 양민이 네 집, 중인이 한 집, 사노비가 한 집이다. 양반인 윤세문尹世文과 윤세무尹世武는 이 마을에 7대째 살아온 터줏대감이다. 이름으로 보아 둘은 형제간이

293

다. 윤업尹鏶도 윤세문 등과 한집안으로 보인다. 양민 4호는 말이 양민이지 생활 형편이 말이 아니다. 이억동李億同은 홀아비요, 하조이河召史는 과부, 그리고 오이재吳以才는 맹인이다. 구휼 대상이다. 세 사람이 사는 집은 초가 2칸이다. 방 한 칸에 부엌이 딸린 집이랄 것도 없는 움막이다. 손희운孫喜云은 양민이라도 직업이 장사꾼이어서 다섯 칸짜리 초가에 산다. 고창득高昌得은 중인으로 교생校生이다. 형편이 그중 낫다. 10칸 집에서 산다. 사노비인 백노미白老味는 2년 전 광주에서 이사 왔다. 대장장이 일을 한다. 1남 1녀를 두었다. 이 마을에서 윤세문 형제는 절대적 위치에 있다. 윤세문은 스무 칸 기와집에 살고, 논이 20마지기다. 소가 두 마리, 말도 한 마리가 있다. 현금이 천 냥가량, 사내종과 계집종이 각각 넷씩이다.

표를 잠시만 들여다봐도 그 마을의 정황이 손에 잡힐 듯 보인다. 다산은 소송사건이 벌어지거나, 세금 관련한 탄원이 들어오면 잠자코 침기부를 꺼내 미리 살핀 뒤에 심문을 진행했다. 다음은 이 표를 바탕으로 『목민심서』에서 예로 든 내용이다.

남당리 사는 대장장이 백노미가 그 마을 양반인 윤업에게 고소를 당했다. 백노미가 대장일을 해서 만든 농기구를 여러 번 빌렸는데, 윤업이 삯을 안 주었다. 백노미가 삯을 달라고 조르자 괘

씸하게 여겨 다른 구실을 붙여 그를 고소했던 상황이었다.

다산은 윤업을 부른다.

"백노미는 광주에서 이사 온 지가 고작 2년이다. 너희 윤씨는 씨족이 번성하니, 그를 도와주는 것이 마땅하다. 그의 농기구를 여러 차례 빌려가고도 삯을 안 주어 백노미가 너를 원망하고 있는데, 정작 고소는 그대가 한단 말인가?"

윤업은 아전에게 뇌물을 주어 사전 작업을 해놓은 터라 자신만만하게 들어왔다가 부사의 족집게 같은 나무람을 듣자 한마디 대꾸도 하지 못하고 제 잘못을 인정해야 했다.

한번은 향갑鄕甲, 즉 면장이 군정軍丁 명단을 올리면서 장애인까지 끼워 넣었다.

다산은 미리 침기부를 살펴본 뒤, 즉각 이렇게 꾸짖었다.

"아무개는 근자에 다른 지역에서 이사 왔다. 게다가 홀아비에다 다리를 못 쓰는데 어떻게 군포軍布에 넣는단 말인가?"

힘없는 백성을 짓밟아 농간을 부리려던 향갑은 그 한마디에 깜짝 놀라 납작 엎드려 잘못을 빌었다.

다산의 침기부 종횡표는 이렇듯 현장에서 막강한 위력을 발휘했다. 귀신이 곡할 노릇이었다. 어떻게 새 부사가 구석진 작은 마을에 불구자가 언제 이사 온 것까지 알고 있단 말인가? 아전이나 향갑들은 고을 전체를 손금 꿰듯 훤히 아는 부사의 예리한 지적 앞에 그동안 관행처럼 해오던 가렴주구의 버릇을 버렸다. 분해도 속수무책으로 당하기만 해오던 백성들이 손뼉을 치며 기뻐했다.

다산은 여기서 그치지 않고, 침기부를 기준으로 호적을 재정리하게 했다. 가구 수가 늘고 준 것을 직접 작성하자 간사한 아전이나 이들을 등에 업고 못된 짓을 자행하던 자들이 손쓸 곳이 없게 되었다. 이로써 대번에 고을의 기강이 확실히 잡혔다.

다산은 1797년 윤6월 11일에 곡산부사로 부임했다가 1799년 4월 24일에 병조참지에 제수되어 곡산을 떠났다. 5월 5일에 동부승지로 옮겼다가 하루 만에 형조참의로 보직이 변동되었다. 「변방소」를 올리고 눈물을 흘리며 도성을 떠난 지 근 2년 만의 복귀였다. 2년 가까운 곡산 재임 기간 중에 다산은 중앙 관서에서는 알 수 없었던 지방행정의 허실을 속속들이 들여다보았다. 이 경험이 훗날 『목민심서』와 『경세유표經世遺表』 저작으로 이어졌다. 다산은 어느새 38세의 중후한 나이였다. 정조는 변함없이 다산을 따뜻이 반겨 맞았지만, 지난 몇 해 동안 주문모 신부를 중심으로 놀라운 기세로 교세를 확장한 천주교의 그늘이 다시 다산을 옥죄어왔다.

南塘里 砧基簿	尹世文	尹世武	尹鐥	李億同	河召史	吳以才	孫喜云	高昌得	白老味
品	士	士	士	良	良	良	中	中	私
世	七	七	五	三		二	二	五	
客	科	武	科		漁			校	佑
業	卄二	二十四	十	二	二	二	五	十	三
役	千五	百一					一	百二	
宅	一	一	一	一		一	一	一	一
錢	五三	一	一						
丁	男一	男一	女一	男一	女一	女一		男一	女
女	女一	女一	女一	女				眼一	
老弱				鰥	寡	盲			
恤	四	一	一						
奴婢	四	一	一						
種畜	竹大牛二	牛一	十					牛一	
船	牛二	牛一				大一			
矬	一			一	一				一

『목민심서』에 실린 남당리 침기부 종횡표.

밀사와 밀정, 그리고 명도회

주문모 신부의 행보

한편 1795년 5월 11일, 다산의 도움으로 계동에서 극적으로 탈출했던 주문모 신부는 남대문 근처 강완숙 집 장작 광 속에 한동안 숨어 지내다가 충청도 연산 땅 이보현의 집으로 은신했다. 당시 다산은 인근의 금정찰방으로 내려가 있었고, 주문모 신부는 이존창을 비롯한 이 지역 천주교 신자들의 엄격한 보호를 받고 있다가 1796년 5월에야 서울로 돌아왔다.

이후 조선말을 익히고 조선 풍속에 익숙해지면서 주문모 신부는 신자들과의 접촉면을 차츰 늘려갔다. 신부의 동선은 오로지 강완숙만 알고 있었다. 앞선 학습 효과도 있어서 신앙이 확실히 검증된 극소수 교우들만 몹시 까다로운 절차를 거쳐 신부를 만날 수 있었다. 일반 신자들은 신부의 얼굴조차 볼 수 없었다. 조선 정부가 검거에 혈안이 되어 있었음에도 이처럼 치밀한 조직 관리로 주문모 신부는 끝내 검거를 피할 수 있었다.

주문모 신부는 지치지 않는 열정으로 최소한의 수면과 식사 시간 외에는 오로지 성직 수행을 위해 모든 시간을 바쳤다. 밤에는 미사를 집전하고 성사를 주었다. 낮에는 천주교 관련 책자를 번역하거나 교리서를 썼다.

정조는 주문모 신부가 중국인이어서, 그를 공개적으로 체포하여 처형할 경우 양국 간에 심각한 외교 문제를 야기할 수 있다는 점을 경계했다. 이 점이 바로 한영익의 밀고 이후 이 시기 국가 문서에 주 신부의 이름이 한 번도 나오지 않은 이유다. 정조는 어떻게든 주 신부를 쥐도 새도 모르게 체포해서 조용히 마무리 지으려 했다.

2년 만에 나타난 조선 밀사 황심

조선 천주교회는 주문모 신부가 조선에 파견된 이후, 북경 교회에 어떤 사절도 보낼 수가 없었다. 북경의 구베아 주교는 자신이 파견한 주문모 신부와 소식이 두절되자 뭔가 일이 잘못되어가고 있음을 직감했다. 1795년 연말에 도착한 조선 사신단을 탐문한 결과 조선에서 천주교 박해로 여러 사람이 죽었다는 소문까지 접했다. 구베아 주교는 주문모 신부가 이미 조선 정부에 체포되어 처형되었으리라고 단정하기에 이르렀다.

소식이 두절된 지 2년 만인 1797년 음력 1월 1일(양력 1월 28일)에 황심 토마스가 북경 성당에 나타났다. 그는 양반 신분이었지만 1796년 연말 동지사 일행 속에 마부로 위장 잠입해서 북경에 도착했고, 도착 직후 바로 북경 성당을 찾아왔던 것이다. 그가 구베아 주교 앞에 엎드려 절을 올렸다. 입고 있던 솜옷 저고리를 벗더니 솔기를 조심스레 뜯었다. 그 안에서 얇은 명주 천에 개미 같은 글자로 쓴 두 통의 편지가 나왔다. 하나는 1796년 음력 8월 14일에 주문모 신부가 라틴어로 쓴 편지였고, 다른 하나는 한문으로 쓴 조선 교우들의 탄원서였다.

이 편지를 읽고서야 구베아 주교는 지난 2년간 조선 교회에 불어닥쳤던 검거와 탄압, 그리고 주문모 신부가 어떤 무관의 도움으로 극적으로 탈출한 사정을 비로소 알게 되었다. 조상의 신주와 제사에 대한 북경 교구의 보수적 지침이 조선 교우들의 신앙생활에 얼마나 많은 장애를 초래했고, 양반 남성 신자들의 이탈을 야기했는지도 새삼 알았다.

조선 교회의 교인들은 편지에서, 포르투갈 여왕에게 공식 사절과 함께 수학과 의술 지식을 갖춘 선교사를 조선에 파견해 우호조약을 맺고, 나아가 종교의 자유를 허락케 해달라고 간절히 청원하고 있었다. 이 내용은 1797년 8월 15일에 북경 구베아 주교가 사천 대리 감목 디디에 주교에게 보낸 세 번째 서한에 아주 자세하다.

편지를 전한 황심은 충청도 덕산 용머리 출신이었다. 그는 이존창을 통해 입교한 뒤, 주문모 신부를 한때 피신시켰던 이보현에게 전교했고, 이보현의 누이와 혼인했다. 당시 주문모 신부가 북경에 갈 밀사를 찾는다는 소식을 듣고 신자들은 황심을 천거했다. 황심은 1794년 음력 11월 의주 국경에서 주문모 신부를 기다렸던 사람 중 하나이기도 했다. 이후 그는 1797년과 1799년 등 모두 세 차례나 북경을 다녀왔다. 성유聖油를 받아 오고, 조선 교회가 북경에 보내는 서한을 전달했다. 황심을 통해 단절된 북경과 조선 교회의 연락망이 극적으로 복원되었다.

천주교 조직 내부로 스며든 밀정 조화진

북경으로 밀사가 오가는 사이에 정조는 주문모 신부의 조속한 검거를 위해 장용영莊勇營의 별군직을 시켜 몰래 기찰을 강화했다. 특별히 천주교의 위세가 대단했던 충청도 내포 인근의 검속을 강화했다.

1798년 12월 1일 정충달鄭忠達을 충청병사에 임명한 당일 일이다. 정조가 하직 인사차 들른 정충달에게 고개를 들게 했다.

그러고는 곁에 서 있던 한 사내를 가리키며 말했다.

"두 번 세 번 자세히 보아, 훗날 만나더라도 그의 얼굴을 꼭 기억하도록 하라."

정충달이 충청도로 내려간 지 얼마 되지 않아 그가 찾아왔다. 그의 이름은 조화진이었다. 그는 청교靑橋 조씨의 서출庶出로, 정조에게서 천주교도 색출의 밀명을 받고 내려온 밀정이었다.

그는 이후 붓 매는 필공筆工이나 행상 행세를 하며 이 지역 천주교도의 집을 들락거렸다. 손으로 성호를 긋고 입으로는 기도문을 외우면서 천주교도인 체했다. 가는 곳마다 묵어 자면서 교인들의 실태를 지역별로 자세히 기록해, 연락책이었던 음성현감 노숙盧橚에게 비밀문서로 보고했다. 노숙은 조화진의 보고에 따라 천주교도를 체포하면서 의심을 사지 않도록 조화진도 함께 붙들어 갔다가 뒤로 놓아주는 술수를 부렸다. 이 때문에 천주교도들은 조화진이 밀고자란 사실을 한동안 꿈에도 몰랐다.

1798년과 1799년 두 해 사이에만 조화진의 밀고로 형벌을 받아 죽은 사람이 100명이 넘었다. 교회 측에서 이 모든 일의 배후에 조화진이 있다는 사실을 알게 된 것은 한참 뒤의 일이었다. 이에 1801년 신유사옥 당시 체포된 천주교도들이 조화진을 물고 들어가, 그 또한 여러 달을 감옥에 갇혀 형벌을 받게 되었다. 조정에서는 밀정인 그의 존재를 전혀 몰랐으므로 달리 구원의 손길이 닿지 않았다. 그는 결국 감옥에서 스스로 목을 달아 자살했다. 『벽위편』에 그 내용이 자세하다.

『사암연보』에는 1799년 10월에 조화진이 다산 자신과 이가환을 무고한 일을 적었다. 충청감사 이태영李泰永이 비밀 공문으로 조화진의 무고 편지를 보고했다. 정조는 자신이 파견한 조화진의 보고였음에도 불구하고, 다산과 이가환에 대한 내용을 무고로 규정하고 그 편지를 대신들에게 회람시켰다. 편지 중에는 과거 주문모 신부를 밀고했던 한영익 부자가 천주교 신자가 된 이야기까지 들어 있었다. 정조는 주문모를 밀고했던 한영익이 천주교 신자라고 말하는 것만 봐도 무고임이 증명된다며 불똥이 다산에게 튀는 것을 한 번 더 막아주었다.

교회를 지키려는 눈물겨운 노력

갈수록 신부와 신자의 접촉은 더욱 엄격하게 통제되었다. 신부는 바깥으로 다닐 수가 없었다. 주문모 신부는 1799년 무렵, 북경의 신도 조직의 예를 본떠 명도회라는 교리 조직을 결성했다. 지도자급에게 천주교 교리를 체계적으로 교육시켜, 각 지역 거점별로 신심과 교리를 전파하도록 하려는 목적에서였다. 초대 명도회장에는 다산의 형인 정약종이 임명되었다.

주문모 신부는 회합 장소를 정하고, 집회를 주관할 지도자를 임명했다. 모임에서는 남녀를 구분했다. 명도회 또한 대단히 비밀스럽게 운영되었다. 이 조직의 노출은 곧바로 교회 지도부의 와해를 뜻했다. 거점별 지도자들은 매달 극소수 회원에게 주보성인主保聖人의 표식을 나눠주었고, 회원들은 그것을 받기 위해 위험을 무릅쓰고 모여들었다.

몇 년 뒤 황사영이 백서 사건으로 검거되어 국문을 받을 때 말한 명도회의 운영 방식은 이랬다.

"서교에는 명도회가 있습니다. 3, 4명 또는 5, 6명으로 한 모임을 이룹니다. 먼저 이름을 신부에게 등록한 뒤에 신공神工을 합니다. 신공이란 것은 천주학을 살펴서 남에게 가르치는 것입니다. 1년 동안 신공을 부지런히 한 사람이라야 명도회에 가입이 허가됩니다. 부지런하지 않은 자는 퇴출됩니다."

명도회는 모두 여섯 곳으로 나눠 집회를 가졌다. 이를 6회會로 불렀다. 여섯 장소는 홍필주洪弼周와 홍익만洪翼萬, 김여행金勵行, 현계흠玄啓欽, 황사영, 그리고 김이우金履禹로 추정되는 사람의 집이었다. 중간급 지도자 양성을 위한 소규모 공동체 조직을 운영했던 셈인데, 이 같은 방식은 조직이 점차 전국으로 확대되면서 놀라운 성과를 거두었다. 신부의 입만 쳐다보던 신자들이 명도회의 체계적인 가르침과 교재에 따라 교리를 이해하고 기도 모임을 가지면서 복음 전파를 위해 발 벗고 나서게 되었다.

정약종은 명도회를 이끄는 실질적인 리더였다. 그는 명도회를 좀 더 효율적으로 관리하고, 교리를 체계적으로 전달하기 위해 한글로 쓴 『주교요지』라는 천주교 교리서를 정리했다. 2책 분량으로 매 항목마다 제목이 붙고, 그 제목을 설명한 내용이 나오는 방식이었다. 상책에 32개, 하책에 11개 항목을 두었다. "천주가 아니 계신 곳이 없느니라", "천주는 삼위三位시고 일체一體시니라"와 같은 제목 아래 핵심 교리에 대한 쉬운 설명이 나오고, 중간 이후로는 "불경에 천당 지옥의 즐거움과 괴로움을 의논함이 다 모르고 한 말이라"와 같이 불교와 천주교의 교리적 차이를 설명한 내용이 여럿 있다. 하편에서는 예수의 강생과 부활, 재림을 말하고 천주교 교리를 듣는 대로 즉시 믿어 받들어야 한다는 내용으로 맺었다. 주문모 신부는 이 책을 조선 교회의 공식적인 교리서로 공인했다.

여성 조직은 주문모 신부를 보호하던 강완숙이 총회장을 맡았다. 그녀는 대장부 같은 당찬 기질과 결단성으로 당시 천주교회 내부의 여러 복잡한 문제를 도맡아 감당했다. 정조의 이복동생 은언군이 살고 있던 전동의 양제궁良娣宮까지 주문모 신부를 데려가 그 부인과 며느리를 입교시킨 것도 그녀였다. 그녀들은 명도회 회원으로까지 활동하다가 1801년 신유박해 때 발각되어 사약을 받고 죽었다.

이 같은 활동의 결과로 주문모 신부 입국 전에 4천 명 정도였던 천주교 신자는 당국의 지속적인 검거와 탄압에도 불구하고 1799년 무렵에는 1만 명에 달할 정도로 교세가 크게 확장되었다. 걷잡을 수 없는 기세였다. 교회는 중국에 밀사를 파견하고, 임금은 교회에 밀정을 심었다. 막전과 막후가 다 치열했다.

한양 복귀와 암운

연암 박지원의 탄식

1796년쯤 20대 초반의 젊은이가 연암燕巖 박지원朴趾源을 불쑥 찾아왔다. 연암은 그의 이름을 듣고 속으로 놀랐다. 그는 병자호란 당시 척화파의 수장이었던 청음淸陰 김상헌金尙憲의 제사를 받드는 노론 명문가의 종손 김건순(1776-1801)이었다. 그는 20세에 이미 높은 재주와 해박한 학문으로 천재의 명성이 온 나라에 진동했다.

"어쩐 일로?"

"어르신께 삼가 가르침을 청합니다."

두 사람은 한동안 묻고 대답하며 대화를 이어갔다. 연암의 눈빛에 차츰 실망의 빛이 스쳐 갔다. 그 느낌이 전해졌던지, 두 사람은 점점 말수가 줄고 마침내 입을 다물었다.

김건순이 떠난 뒤 연암이 서글픈 표정을 짓더니 아들 박종채朴宗采에게 말했다.

"내가 그를 꼭 한번 보고 싶었다. 막상 만나보니 그저 가엾은 생각뿐이로구나. 그의 재주는 천하의 기이한 보배라 할 만하다. 천하의 기이한 보배를 간직하려면 단단하고 두꺼운 그릇이 있어야 부서지지 않고 오래 보존할 수가 있다. 내가 그의 그릇 됨을 보니 이 보배를 간직하기에는 부족하다. 아! 안타깝구나."

박종채가 펴낸 『과정록過庭錄』에 나온다.

김건순은 어려서부터 예봉을 드러냈다. 아홉 살에 이미 선도仙道를 배울 뜻이 있었다. 어려서 『논어』를 배울 때 "귀신을 공경하되 멀리하라"라는 대목에 이르렀다.

소년이 물었다.

"공경해야 한다면 멀리해서는 안 되고, 멀리해야 한다면 공경할 수 없습니다. 공경하되 멀리하라는 것은 무슨 말인가요?"

스승은 그만 꿀 먹은 벙어리가 되었다.

김건순은 마테오 리치(Matteo Ricci, 중국명 이마두利瑪竇, 1552-1610)

의『기인십편畸人十編』이란 천주교 서적을 즐겨 읽었다. 그러더니 10여 세에 「천당지옥론天堂地獄論」을 지어 사람들을 경악시켰다. 18세에 양부의 상을 당했을 때, 상복 제도를 옛 문헌에 의거해 변경하였다. 이 일로 유림의 힐책이 잇따르자, 글을 지어 답변했다. 고금의 학설을 끌어와 폭넓게 근거를 대며 주장을 펼쳤는데 문장 또한 놀랍도록 유창했다. 당대 천재로 유명했던 이가 환조차 이 글을 읽고서 "나는 감히 바라보지도 못하겠다"라고 탄복했을 정도였다. 그가 여주에서 한 번씩 서울로 올라오면 그를 만나보려고 사람들이 줄을 섰다. 그는 실로 희대의 천재였다. 안연顏淵이 다시 태어났다는 소문까지 돌았다. 하지만 그 김건순의 방문을 받고 대화를 나눈 연암은 허탈해하고 서글퍼했다.

대체 무슨 대화가 오갔기에 연암은 김건순에게 실망했을까? 『과정록』은 이 말끝에 "얼마 못 가 건순은 그릇된 부류와 사귐을 맺어 폐해지고, 5년 뒤에 천주교에 물들어 죽임을 당했다"라고 썼다. 이로 보아 당시 김건순은 이미 유학의 본령을 떠나 천주교에 심각하게 기울어져 있었던 것으로 보인다. 그는 연암의『열하일기熱河日記』를 읽고서 북경 천주당이나 서학에 관한 생각, 이용후생에 대해 연암에게 묻고 싶었을 것이다.

강이천의 비어 사건과 김건순

이후 김건순은 강이천과 이중배李中培 등 5, 6명과 생사를 같이 하기로 사귐을 맺고, 배를 타고 강소성과 절강성에 가서 북경까지 이르러 서양 선교사들과 만나 이용후생의 방법을 배워 조선에 전할 결심을 했다. 그런 그가 한 시골 교우에게서 미카엘 대천사의 상본像本을 얻어보게 된 일을 계기로, 그는 천주교에 더욱 깊은 관심을 갖게 되었다.

그는 권철신을 밤중에 몰래 찾아가 천주교 교리에 대해 문의했고, 권철신을 통해 김건순이 천주교를 받아들일 준비가 된 것을 알게 된 주문모 신부는 노론 핵심부에 속한 그를 천주교 신자로 끌어들일 경우, 교회 확산에 큰 힘이 될 것으로 믿었다. 주문모 신부는 1797년 가을에 교우인 정광수鄭光受를 통해 김건순에게 편지를 전하고, 8월 어느 날 밤에 홍필주의 집에서 김건순과 첫 대면을 했다.

이 짧은 만남에서 김건순은 천주교를 온전하게 받아들이고, 요사팟이라는 세례명까지 얻었다. 그는 돌아와 벗들 앞에서 공개적으로 천주교 신앙을 받아들인 사실을 천명하고, 성호를 긋고 천주교 서적을 꺼내 보이기까지 했다. 천주교는 이제껏 남인들의 종교였는데, 노론 최고 명문가의 종손이 자발적으로 세례를 받고 천주교 신자가 된 것은 큰 사건이었다. 1797년에 다산이 「변방소」를 써서 공개적으로 배교했다는 소식을 듣고는 김건순이 몹시 슬퍼하며 안타까워했다고 달레는 『조선천주교회사』에서 적고 있다. 김건순에 관한 내용은 황사영의 백서와 『추안급국안』에 실린 관련 심문 속에 상세하게 나온다.

당시 정조의 근심은 진산사건 이후 양반 계층의 상당한 이탈이 있었음에도 불구하고, 천주교 신자의 숫자가 계속 늘어가는 것이었다. 또 하나는 한때 서학에 물들었던 지도층 지식인들 사이에 새로운 세상을 꿈꾸며 역모를 꾀하고 불측한 풍문을 유포하는 책동이 늘어가던 분위기였다. 1797년에 발생한 강이천의 유언비어 사건은 대표적인 경우였다.

강이천은 김건순과 가까운 사이였고, 그 또한 주문모 신부와 만났다. 강이천은 천주교를 받아들이지는 않았지만, 바다 섬으로부터 군대를 이끌고 진인이 건너와서 조선을 멸망시키고 새 나라를 건국하리라는 이른바 해도거병설海島擧兵說을 퍼뜨리며 전국 규모의 비밀 결사체 조직을 실행에 옮기려다가, 1797년 11월 1일에 김신국金信國이 고변하여 역모죄로 고발당했다. 이른바 강이천 비어蜚語 사건이다.

사건이 터져 연루자를 조사하는 과정에서 김건순의 이름이 등장하자, 노론 전체가 발칵 뒤집혔다. 노론의 정신적 지주였던 청음의 종손이 천주학쟁이가 된 사실은 일거에 노론 세력을 깊은 분노와 충격 속으로 빠뜨렸다. 이것은 어떻게 해서든 애초에 없던 일이어야 했다. 노론 전체가 동원된 김건순 구하기 작전이 개시되었다. 하지만 노론의 전면적인 엄호사격에도 불구하고 정작 본인은 자신이 천주교 신자임을 밝히며 배교를 거부했다.

　김건순은 강이천과 엮이면서 역모의 한가운데에 섰다. 그것은 바다 섬에 사는 해상진인海上眞人이니 남곽선생南郭先生이니 하는 이인이 그곳에서 나라를 세우고 마침내 배를 타고 건너와 조선을 무너뜨린다는 놀랍고도 겁나는 시나리오였다. 이 큰 배가 마침 조선 신자들이 북경 교회에 청원했던 포르투갈 여왕의 사자를 실은 배와 겹쳐지면서, 곧 큰 전쟁이라도 날 것 같은 흉흉한 소문에 전국이 술렁댔다. 조기에 차단하지 않으면 한동안 잠잠하던 『정감록』 신앙에 불이 다시 붙을 기세였다. 해묵은 이인좌의 난이 새롭게 호출되었고, 정도령鄭都令의 이름이 은밀하게 사람들 입에 다시 오르내리기 시작했다. 정조와 노론은 총력을 다해 김건순이 강이천 비어 사건에 연루되는 것을 막았다.

채제공의 서거와 다산의 복귀

1799년 1월, 채제공이 80세로 세상을 떴다. 남인의 거목이 쿵 소리를 내며 쓰러졌다. 다산은 곡산에서 서거 소식을 들었다. 그는 멀리서 채제공의 영전에 「채번암 선생 제문祭蔡相國樊巖先生文」을 지어 올렸다.

공께서 나라를 진정시키심	公之鎭國
대산岱山 같고 숭산嵩山 같네.	如岱如嵩
공께서 떠나셨다니	公之云逝
세상엔 공이 이미 없으리.	世旣無公
하늘 보고 땅을 봐도	頻仰天地
휑하니 텅 비었네.	廓然其空
멀리 박한 예물 올려	遙薦菲薄
슬픈 마음 하소한다.	以訴悲衷

채제공과 다산은 평생에 걸친 애증이 있었다. 채제공은 다산의 든든한 원군이었지만, 천주교 문제가 계속 불거지자 채제공은 다산을 버릴 작정을 하고 실행 직전까지 갔다. 다산은 그 아

들 채홍원을 협박해 이를 막았다. 채제공의 만년 기록에는 다산이 잘 보이지 않는다. 그가 서거할 당시 다산은 2년째 곡산부사로 나가 있었다. 평생에 얽힌 파란 많던 인연에 비하면 다산의 제문은 너무나 짧고 무덤덤해서 도리어 사람을 놀라게 한다.

채제공 서거 넉 달 뒤인 1799년 5월 초 다산은 곡산을 떠나 내직으로 복귀했다. 정조는 다산을 형조참의에 임명했다.

독촉을 받고 입시하자 임금의 하교가 있었다.

"원래 가을쯤 너를 부르려 했다. 마침 큰 가뭄이 들어 여러 옥사를 심리코자 들라 했다. 해서海西의 의심스러운 옥사에 대해 올린 네 장계를 보고 옥사의 처결에도 능한 줄을 알았더니라."

그러고는 곁에 있던 형조판서 조상진趙尙鎭에게 말했다.

"경은 모든 일을 참의에게 맡기고 베개나 높이 베고 있으면 될 것이오."

정조는 늘 이렇게 다산에 대한 각별한 신임을 표시하곤 했다.

임금은 다산에게 오랫동안 논란이 되었던 몇 가지 살옥에 대한 재심을 맡겼다. 다산은 살인 사건의 정범으로 7년간 옥살이를 하던 함봉련咸奉連의 옥사를 재심리해서 그녀의 무죄를 주장했다. 임금은 그날로 함봉련을 무죄 석방케 했다. 함봉련이 칼을 벗고는 큰길에서 덩실덩실 춤을 추며 집으로 돌아갔다. 황주 백성 신저실申著實의 살옥도 명쾌한 법리 논쟁을 거쳐 정상참작으로 석방시켰다. 호조 아전 이창린李昌麟의 공금횡령 사건을 두고 다산은 정조와 격렬한 논쟁까지 벌여가면서 임금의 뜻을 꺾고 자기 견해를 관철시켰다. 이 같은 경험이 훗날 『흠흠신서欽欽新書』의 정리로 이어졌다.

무슨 일이든 일단 실무 현장으로 들어가기만 하면 다산의 소맷자락에서는 경쾌한 바람 소리가 났다. 일 처리가 명쾌해서 일체의 군더더기가 없었다. 그 와중에도 1799년 6월 22일에 민명혁閔命赫이 정약전의 사직과 연좌시켜 다산을 탄핵하는 상소를 올렸다. 복귀 후 고작 한 달가량 지난 시점이었다.

이때 다산은 「형조참의를 사직하는 상소문辭刑曹參議疏」를 올려 자신의 소회를 길게 밝혔다. 글 속에 "조정에 선 지 11년간 여러 직책을 거치는 동안 단 하루도 마음 편한 적이 없었습니다"라고 쓴 대목이 짠하다. 그물에 걸린 토끼나 새처럼 옴짝할 수 없이 옥죄는 고통에 밤새 뒤척이며 눈물로 뺨을 적신다고도 썼다. 이때쯤 해서 다산은 벼슬길을 아예 그만두고 은거하려는 결심을 점차 굳혀가고 있었던 듯하다. 사직청원은 받아들여져 다산은 7월 26일에 체직되었다.

10월에는 앞서 정조가 천주교 내부에 심었던 밀정 조화진이 이가환과 다산을 천주교 문제로 다시 저격했다. 임금은 무고라면서 한 번 더 다산을 지켜주었다. 1799년 12월에 넷째 아들 농장農牂이 태어났다. 그리고 해가 바뀌어 운명의 1800년을 만났다. 다산은 자신의 주변을 점점 옥죄어오는 살기를 느끼고 있었다. 전원으로 돌아갈 계획을 실행에 옮기려던 즈음, 1800년 6월 28일, 다산의 마지막 버팀목이었던 정조가 갑작스레 승하했다. 세상과 통하는 모든 문이 일제히 쾅 소리를 내며 닫혔다.

「시호교지諡號教旨」. 1799년 2월 19일 정조가 채제공에게 문숙文肅이라는 시호를 내린다는 문서이다. 문은 민첩하고 학문을 좋아함을 뜻하고, 숙은 마음가짐을 과단성 있게 하는 것을 뜻한다. 수원화성박물관 소장.

12장

닫힌 문 앞에서

쓰러진 거목과 굳게 닫힌 문

영원한 작별과 재앙의 기색

1800년 6월 28일, 정조의 갑작스러운 승하 소식이 조야를 뒤흔들었다. 그 보름 전인 6월 12일 밤에 정조는 갑작스레 다산의 집으로 서리를 보냈다. 내각에서 간행한 『한서선漢書選』 열 부를 보내며, 그중 다섯 부에 책 제목을 쓰라는 분부였다.

당시 정조가 내린 말은 이랬다.

"오래 서로 못 보았구나. 책을 엮을 일이 곧 있을 게다. 즉시 들어오게 해야 하겠지만 주자소鑄字所가 벽을 새로 발라 지저분한 상태다. 월말쯤 들어오거든 경연에 나오너라."

서리는 이 말을 전하며, 책에 제목을 쓰라는 것은 핑계고 그저 안부를 물으시려는 마음인 것 같다고 얘기했다.

다산은 「자찬묘지명」에 이때 일을 이렇게 썼다.

서리가 떠난 뒤 감격해서 눈물을 흘리며 울었다. 마음이 흔들려 불안하였다. 그 이튿날부터 임금의 옥후玉候가 편치 못하시더니, 28일에 이르러 마침내 돌아가셨다. 이날 밤 서리를 보내 책을 내리시고 안부를 물으신 것이 마침내 영원한 작별이 되고 말았다. 군신의 정의情誼는 이날 저녁에 영원히 끝이 났다. 나는 매번 생각이 여기에 미칠 때마다 눈물이 철철 흐르는 것을 금할 수가 없다.

다산은 임금의 붕어 소식을 듣자마자 홍화문弘化門 앞으로 달려가 실성한 사람처럼 울었다.

정조라는 보호막이 사라진 다산을 그저 둘 리 없었다. 목만중과 홍낙안, 이기경이 즉각 움직이기 시작했다. 지금이야말로 다산의 명줄을 끊어놓을 다시없을 기회였다. 이들은 날마다 흉악한 유언비어를 퍼뜨리며 위태로운 말로 세상을 현혹시켰다. 이가환과 정약용 등이 난을 일으켜 사흉팔적四凶八賊을 처단하려

한다고 떠들고 다녔다. 사흉팔적의 명단 속에는 당시 재상과 명사가 절반쯤 들어 있었고, 나머지 반은 홍낙안과 이기경 같은 자기들 부류의 인원을 채워 넣어 모함과 선동을 계속했다.

이재기의 『눌암기략』 속에 뜻밖에 사흉팔적의 명단이 나온다. 사흉은 이재기와 이원규李遠揆, 성영우成永愚, 목인규睦仁圭이고, 팔적은 이 넷에 더하여 조중일趙重日, 윤익배尹益培, 최조崔照, 김정원金鼎元이라고 했다. 이 명단에 『사암연보』에서 언급한 홍낙안, 이기경 등이 아예 빠졌고 재상급의 이름이 없는 것을 보면, 당시 돌아다니던 사흉팔적의 명단이 여러 개였음을 알 수 있다. 다산은 이 같은 모함에 대해 이기경 등이 이가환과 자신을 제거하기 위해 의도적으로 퍼뜨린 유언비어라고 단언했다. 실제로 다산에게는 그럴 힘도 없었다.

재앙의 기색은 점점 다산의 주변을 옥죄어왔다. 5개월간의 국상國喪 기간 중에는 일체의 사건 처결이 중지되었으므로, 이렇다 할 구체적 움직임이 전혀 없었다. 다산은 흉흉한 소문을 뒤로하고 초천으로 돌아왔다. 3형제가 함께 모여 경전 공부를 하며 곧 다가오고야 말 무서운 침묵의 시간을 삼켰다.

태풍의 눈 속에 든 조선 교회

이 태풍 전야의 고요 속에서 도리어 천주교회의 움직임은 전에 비해 부쩍 더 활발해졌다. 국상 중이라 포교들의 기찰 활동이 일절 멈췄고, 온 나라가 불안 속에 정국의 추이를 숨죽여 지켜봤다. 『벽위편』은 당시 정황을 이렇게 묘사했다.

1800년 6월, 임금께서 돌아가시자 옥사도 마침내 풀렸다. 새 임금이 어리신지라 정순대비께서 수렴청정을 하시는 반년 동안 다시 신칙하여 금함이 없자, 천주교도들은 마침내 아무 두려워하거나 거리낄 것이 없게 되었다. 가을과 겨울 이후로는 기세가 배나 성해져서 곳곳에서 설법을 하고, 심지어 부녀자들이 새벽이고 저녁이고 등불을 밝힌 채 거리를 왕래하며 서로 잇달아 자취가 끊이지 않았다. 섣달 무렵에는 성균관 유생들이 밤중에 집에 돌아갈 때 거의 어깨를 부딪칠 정도였으므로 괴이하게 생각해 이전에 보지 못하던 일로 여겼다. 1801년에 옥사가 일어나자 왕래하는 자가 마침내 끊어졌다. 그제야 그들이 모두 천주교도인 줄을 알았다. 서울 시내가 이러했으니, 멀리 떨어진 외읍이야 또한 미루어 알 만하다.

『눌암기략』에는 "1797년과 1798년 사이에 천주교 서적이 크게 성행해서 도서 대여점이 큰 이익을 얻었고, 한글로 된 것이 절반이 넘었다고 한다"라고 썼다. 엄청난 태풍이 몰려오기 직전, 태풍의 눈 속에 든 천주교회는 곧 닥쳐올 절망적 시련을 짐작하지 못했다.

11월 하순, 국상이 끝나자 대왕대비는 노론 벽파로 대신의 진용을 즉각 교체해버렸다. 흉흉한 분위기 속에 12월 19일에 장흥동 어귀를 지나던 기찰포교들이 어느 집 안쪽에서 딱딱 무언가를 치는 소리를 들었다. 투전판이 벌어진 것으로 생각한 포교들이 창을 밀치고 뛰어들었다. 사람들이 여럿 모여 있었는데, 그들이 내 탓이오, 내 탓이오, 하면서 제 손으로 가슴을 치면서 낸 소리였다. 이날은 천주교회에서 말하는 주의봉헌축일이었다. 마리아가 모세의 율법에 따라 아기 예수를 성전에 봉헌한 성모취결례聖母取潔禮 의식을 행하던 중이었다.

각 사람의 품속을 뒤지자 천주교 축일표가 나왔다. 처음엔 이것이 무엇인지 몰라 형조로 가져다 바쳤다. 그제야 이들이 천주교도임을 알았다. 검거를 위해 그 장소로 다시 들이닥쳤으나 사람들은 이미 뿔뿔이 흩어진 뒤였다. 최필공崔必恭 토마스의 동생 최필제崔必悌 베드로와 오현달吳玄達 스테파노가 붙잡혀 갔다. 이를 시작으로 검거 선풍이 불었다. 며칠 지나지 않아 당시 조선 천주교회 총회장을 맡고 있던 최창현崔昌顯을 비롯한 천주교 신자들이 잇달아 체포되어 끌려왔다. 좌우 포도청의 옥사가 금세 가득 찼다. 1801년 참혹한 신유옥사 박해의 서막이 이렇게 열렸다.

책롱 사건으로 체포된 다산 형제

1801년 1월 11일, 대왕대비는 윤음綸音을 발표했다. 오가작통五家作統의 연좌제를 시행해 천주교가 싹조차 나지 않게 뿌리 뽑고야 말겠다는 공개적인 선전포고였다. 정조 통치 시대의 천주교에 대한 처리 방식과는 180도 달라진 태도였다. 이를 기화奇貨로 정적을 천주교도로 몰아 때려잡으려는 상소문과 통문이 그야말로 빗발쳤다. 사람들은 눈이 뒤집힌 것처럼 흥분해 있었다.

이 와중에 1월 19일에 수습하지 못할 큰 사건이 터져 끓는 기름에 물을 끼얹었다. 화색이 닥쳐올 것을 짐작한 정약종은 보관 중이던 교회 서적과 성물, 주문모 신부의 편지와 천주교도 사이에 오간 글이 가득 담긴 책 상자를 한시바삐 안전한 곳으로 옮겨야 한다고 생각했다. 하지만 임대인任大仁 토마스라는 교우가 책

상자를 소나무 가지로 싸서 나뭇짐처럼 꾸며 지게에 지고 가다가, 포졸의 불심검문에 검거되었다. 포졸들은 어설퍼 보이는 나뭇짐 속에 밀도살한 소고기가 들었을 것으로 짐작했다. 짐을 풀자 이상한 책 상자가 나왔다. 그는 즉시 포도청으로 붙들려 갔다.

상자를 열어본 포도대장 이유경李儒慶은 얼굴색이 싹 변했다. 상자 속에는 각종 천주교 서적뿐 아니라 그토록 찾던 중국인 신부의 편지까지 들어 있었다. 다산과 황사영의 편지도 있었다. 정약종의 일기장까지 나왔다. 글 속에는 선왕을 무함한 내용이 일부 포함되어 있었다. 그것은 아마도 선대왕 또한 천주교를 믿었다는 내용일 것이었다. 사안이 몹시 엄중했다. 조정은 잠행 모드로 돌입해 후속 조처를 준비했다.

2월 9일, 사헌부가 마침내 벼르던 칼을 뽑아 들었다. 이가환과 이승훈, 정약용 등을 체포해 국문하고 속히 형벌을 내릴 것을 주청했다. 즉각 체포 영장이 발부되었고, 이들은 모두 포승줄에 묶인 채 의금부로 끌려갔다. 2월 10일에는 옥당에서 차자를 올려, 죽은 채제공이 사학을 두호斗護한 죄를 물어 사후임에도 관작을 추탈할 것을 주장했다. 2월 11일에는 권철신과 정약종이 체포되어 압송되었다. 전면적 공세였다. 한꺼번에 제방이 터진 듯 손쓸 수가 없었다.

다산의 거짓말

2월 10일에 영중추부사 이병모와 영의정 심환지, 좌의정 이시수, 우의정 서용보徐龍輔가 참석한 가운데, 붙들려 온 이가환과 다산, 이승훈 등에 대한 취조가 시작되었다. 심문관은 다산이 예전 천주교를 믿은 자취가 드러나자 그것을 감추려고 「변방소」를 올려 변명한 일과 그 뒤로도 은밀한 곳에서 요상한 짓을 거리낌 없이 행했고, 임금을 속이고도 두려워하지 않았다며 준절히 나무랐다. 이어 책롱冊籠에서 형제와 삼촌, 조카 사이에 주고받은 편지가 나와 요사스러운 행동이 파다하게 드러났으니, 천주교가 임금과 부모의 은혜를 저버리면서까지 그토록 잊기 어려웠던 것이냐고 힐난했다.

다산이 대답했다.

"저도 사람입니다. 임금의 큰 은혜는 죽은 사람을 살려내고 뼈에 살을 붙이는 것과 같았습니다. 어찌 한 치의 거짓이 있겠습니까?"

심문관은 책롱에서 나온 편지에서 다산을 거론한 내용을 두고 날카롭게 따져 물었다. 다산은 편지의 실물을 보여달라면서, "위로 임금을 속일 수 없고, 아래로 형을 증거할 수 없습니다. 오늘 제게는 다만 죽음이 있을 뿐입니다"라고 대답했다.

심문관이 편지를 보여주자, 다산은 누구의 것인지 모르겠다고 대답했다. 다른 편지 한 장을 더 보여주었다. 다산은 역시 모르겠다고 딴청을 했다.

심문관이 다시 물었다.

"여기 편지 속에 나오는 정약망丁若望이 누구냐?"

다산이 대답했다.

"저희 일가에 이런 이름을 가진 사람은 없습니다."

당시 다산의 문답은 『추안급국안』의 심문 기록 속에 빠짐없이 나온다.

다산의 이 대답은 명백한 거짓말이었다. 정약망은 바로 다산 자신이었다. 약망은 다산의 세례명이었다. 심문관은 약망이 세례명 요한의 한자 표기인 줄 모르고, 돌림자인 약若 자 항렬의 이름인 줄로만 알았다. 다산은 자신을 콕 집어 말했는데, 자기 집안에 그런 사람은 없다고 딱 잡아뗐다.

이번에는 심문관이 다산의 편지를 내밀었다.

"이것은 누구에게 보낸 편지인가?"

"황사영입니다."

황사영은 다산의 맏형 정약현의 사위였다. 초기 천주교회의 핵심 인물 중 다산에 가 닿지 않는 사람은 없었다. 심문관의 질문은 편지의 내용을 따라 잇달아 관련 인물들을 호명해냈다.

이튿날인 2월 11일에도 다산은 추국장으로 끌려 나갔다.

어제와 같은 추궁에 다산이 말했다.

"1799년 형조에 근무할 때 『척사방략斥邪方略』을 지어 임금께 바치려 했습니다. 마침 비방을 입어 직책에서 교체된지라 바치지 못했습니다. 이제 이 지경을 당하고 보니, 천주학을 하는 자는 제게 원수입니다. 제게 열흘의 기한을 주시고 영리한 포교와 함께 나가게 해주신다면, 이른바 사학의 무리들을 마땅히 체포해 바치겠습니다."

다산은 이번만큼은 모면하기 어려운 것을 알았다. 다급했던 심경이 이 대답 속에 드러났다. 이날 다산은 곤장 30대를 맞고 실려 나갔다.

처형과 유배

추국청의 형제

다산이 곤장 30대를 맞고 실려 나간 이튿날인 1801년 2월 12일, 책롱 사건의 당사자인 정약종이 추국청에서 심문을 받았다. 오전 오후로 잇달아 열린 추국에서 정약종은 시종 당당했다. 모진 형벌을 받아 죽더라도 천주 믿은 일을 조금도 후회하지 않는다고 그는 말했다. 천주야말로 온 천하의 위대한 임금이요 훌륭한 아버지시니 천주를 섬기는 도리를 모르면 이는 천하의 죄인이요 살아 있어도 죽는 것만 못하다고 했다. 하지만 관련자를 대라는 심문에는 모르쇠로 일관했다.

오후 심문에서 책롱 속에서 나온 정약종의 일기가 문제가 되었다. 일기 속에 "나라에 큰 원수가 있으니 임금이다. 집안에 큰 원수가 있으니 아버지다國有大仇, 君也. 家有大仇, 父也"라고 한 구절이 특히 문제가 되었다. 앞뒤 맥락을 잘라내고 무부무군無父無君의 무리로 천주교를 싸잡아 힐난했다. 특별히 돌아가신 임금에 대해 불측한 말이 들어 있는 것을 문제 삼았다.『눌암기략』에는 정약종이 공초에서 선왕을 무고했다고 썼다. 자세한 설명은 삭제되고 없지만, 앞뒤 맥락으로 보아 정조 임금이 천주교에 대해 부정적이지 않았다는 정도를 넘어, 속으로는 믿었다는 내용이었을 것으로 짐작된다. 당일 추국청에서는 정약종에 대해 하루도 더 이 세상에 살도록 용납할 수 없다는 보고를 올렸다. 개전의 정이 없을 뿐 아니라, 자백의 가능성도 없다고 본 것이다.

그 이튿날인 2월 13일에는 다산이 다시 끌려 나왔다. 이때 다산은 평소 그답지 않게 최창현을 고발했고, 조카사위 황사영은 죽어도 변치 않을 인물로, 자신의 원수라고까지 진술했다. 다산은 천주교의 우두머리로 김백순金伯淳과 홍교만洪教萬을 더 지목했고, 묻기도 전에 천주교도를 체포해 신문하는 방법을 구체적으로 알려주었다. 상황이 워낙 다급했다. 멸문의 화가 저만치서 입을 딱 벌리고 있었다. 절체절명의 순간이었다. 자기가 말한 천주교 지도자들의 이름은 어차피 나올 수밖에 없는 이름이기도 했다. 같은 날 추국장에 끌려 나온 총회장 최창현은 다산이 너를 사학의 괴수로 지목했다는 진술을 들이대자, 그는 지난날 자신이 천주를 배반했던 일을 깊이 뉘우친다며 천주를 위해 기쁘게 죽겠다고 말했다.

다산을 살린 정약종의 문서

이승훈도 같은 날 끌려 나왔다. 추국청에서 다산이 자기 집안이 너 때문에 천주학에 빠지게 되었으니 너를 원수로 여긴다고 했고, 또 네가 1785년 이후 배교했다고 일관되게 주장하나 1785년 이후에 정약용이 너를 천주교 본명인 베드로로 부르며 교유한 증거를 인정했다고 하자, 이승훈이 대답했다.

"지금 정약용이 저를 원수로 여긴다면 저 또한 그를 원수로 여길 것입니다."

이로써 두 사람은 다시 건널 수 없는 강을 건넜다.

이승훈은 예전에 그랬던 것처럼 계속 변명하며 발뺌했다. 명백한 증거를 들이대면 그제야는 말을 슬쩍 바꿨다. 자신에게 조금 유리하겠다 싶으면 없는 말을 지어내 다른 사람을 끌어들였다. 정약전도 이승훈의 물귀신 작전에 말려 끌려들어 왔다. 하지만 정약전에 대한 심문을 마친 뒤 심문관은 특별히 매질하며 심문할 단서가 없다고 문서에 써서 올렸다. 추국청은 이승훈에 대해 "오락가락하며 진술을 번복하는 것이 매우 악랄하다"라고 보고했다.

당시 이승훈 형제와 다산 형제가 모두 끌려와 심문을 받았는데, 『눌암기략』에는 이들의 엇갈린 태도에 대해 기술한 한 단락이 나온다.

정약용과 이치훈은 비록 사학을 두호한 죄가 있지만 본래 사학 죄인으로 다스리지는 않았다. 정약용이 국청으로 들어와 여러 천주교도들이 행한 흉악한 일들의 내용을 자세히 진술하였고, 혹 사람을 물리쳐달라고 청하고는 그들을 기찰하고 체포하는 핵심 정보까지 알려주었다. 그러다가도 말이 두 형에게 미치면, 반드시 고개를 숙이고 눈물을 떨구었으므로, 심문관이 이 때문에 마음이 흔들렸다. 이치훈은 말이 재빠른 데다가 스스로 자신이 천주교를 배척한 일을 밝히려 하면서 그 형 이승훈이 숨기려한 일까지 많이 폭로하였다. 그래서 추국에 참여한 여러 사람이 그를 개돼지처럼 보았다. 이 때문에 정약용과 이치훈은 받은 형벌의 경중이 전혀 달랐다고 한다.

다산은 2월 15일, 17일에도 연이어 끌려 나와 추국을 당했다. 심문장에서 다산은 천주교의 고급 정보를 다 털어놓았다. 핵심 인물들을 지목했고, 체포 방법까지 일러주었다. 심지어 주문모 신부의 거처까지도 알려주었다. 이 일로 다산은 심문관들에게 동정을 샀다.

한편 추국이 진행될수록 다산에게 유리한 증거가 속속 나왔다. 다산을 죽음의 수렁에서 결정적으로 건져낸 것은 아이러니하게도 셋째 형 정약종이었다. 아니 좀 더 정확하게 말하면 정약종의 책롱 속에서 튀어나온 문서가 다산을 살렸다.

문서 속에 있던 다산이 황사영에게 보낸 친필 편지에는 "재앙의 기색이 박두했는데도 이를 하라고 종용한다면 내가 장차 손수 베겠다禍色迫頭, 慫慂爲此, 吾將手刃"라는 말이 들어 있었다. 자기들끼리 주고받은 편지 속에서도 "정령丁令의 말은 모두 공갈이니 겁먹을 것 없네丁令之言, 都是恐喝, 不足動心"라거나, "정령이 안다면 반드시 큰일이 일어날 걸세丁令知之, 則必生大事" 같은 말이 나왔다. 이는 모두 다산이 감옥에 갇혀 있을 때 문서 조사 중에 새롭게 밝혀진 사실이었다. 가장 핵심 증거품에서 다산이 천주교에 대해 일관되게 배척의 태도를 견지했다는 점이 입증된 것이다. 정령은 다산이 당상관을 지냈으므로 정 영감令監을 줄여서 쓴 표현이었다. 다산 집안에서 영감의 호칭으로 불릴 사람은 그밖에 아무도 없었다.

하늘을 보며 죽겠소

2월 21일에는 형 정약전의 스승인 권철신이 옥에서 죽음을 맞았다. 그는 예전 주어사走魚寺에서 강학회를 열어, 유가 경전과 천주학 교리서를 공부했었다. 나흘 뒤인 2월 25일에 감옥에 갇힌 천주교도 전원에게 사형이 언도되었다. 삼흉의 수괴로 꼽혔던 이가환마저 혹독한 고문 끝에 옥중에서 6, 7일간 곡기를 끊고 지내다가 세상을 떴다. 여기저기서 거목들이 쓰러져나갔다.

이승훈, 최필공, 최창현, 홍교만, 홍낙민, 정약종 등 6인은 2월 26일 서소문 밖에서 참수형에 처해졌다. 조선 천주교회의 대들보가 한날한시에 목이 떨어졌다. 형장에서 보여준 이들의 죽음 장면은 참으로 장엄했다.

정조의 특별한 사랑을 받았던 최필공은 결연한 표정으로 형장에 들어가 목을 늘였다. 경험이 부족했던 망나니의 칼날이 허공을 헛돌다가 그의 목을 치니 칼날이 절반쯤 들어가 박혔다. 최필공은 피가 주르륵 흐르는 목덜미로 손을 가져다 댔다. 그러고는 제 손에 묻은 피를 보며 "보혈寶血!"이라고 외쳤다. 그 순교의 피를 먹고 조선의 천주교회가 훗날 거목으로 우뚝 설 터였다. 두 번째 칼날이 허공을 가르자 그의 목이 땅 위에 굴렀다.

예전에 몇 차례 배교를 통해 목숨을 건졌던 홍낙민은 잔혹한 형벌로 뼈가 바스러졌는데도 다시는 천주를 배신하지 않고 진리를 위해 죽겠노라며, "이제야 내 마음이 행복하고 편안하다"라며 기뻐했다. 형장으로 가는 수레에 앉은 그의 표정은 환하게 빛났다. 그는 이조정랑의 높은 지위까지 오른 관리였는데, 평소 공무를 집행하면서도 묵주기도를 빠뜨리지 않았다. 홍낙민의 아들 홍재영洪梓榮은 다산의 큰형 정약현의 셋째 사위였다.

이승훈도 이날 형장의 이슬로 사라졌다. 하지만 그는 끝내 자신의 배교를 철회하지 않았다. 나라는 정작 그에게 천주교 삼흉의 죄를 물어 죽였는데 그는 배교자인 상태로 죽었다. 사흘 뒤 그의 시체가 집으로 운구되었지만 아무도 조문을 오지 못했다. 이 땅에 천주교의 씨앗을 처음 심었던 그의 최후가 이랬다. 그는 두 번 죽었고, 어느 쪽에서도 기억하려 하지 않는 배신의 이름으로 남았다.

정약종의 처형 장면은 깊은 인상을 남겼다. 형장으로 끌려가는 그의 표정에 두려운 빛이라곤 조금도 없었다. 도중에 목이 마르다며 그가 물을 청했다. 곁에서 나무라자, 그는 자신이 물을 청하는 것은 예수께서 십자가에서 행하신 모범을 본받기 위해서라고 대답했다.

목을 베기 직전, 그가 돌연 큰 소리로 외쳤다.

"스스로 존재하시고, 무한히 흠숭하올 천지 만물의 주재자이신 이가 그대들을 창조하셨고 지켜주십니다. 모두 회개하여 본분으로 돌아오십시오. 어리석게 멸시와 조소를 하지 마시오. 당신들이 수치와 모욕으로 생각하는 것이 내게는 영원한 영광이 될 것입니다."

형리가 더 말을 잇지 못하게 그의 입을 막고, 나무토막 위에 머리를 대게 했다. 정약종은 놀랍게도 올려다보며 눕더니 천주가 계신 하늘나라를 바라보며 죽겠다고 선언했다. 사형수가 제 목으로 떨어지는 칼날을 똑바로 보면서 죽겠다고 말한 것이다. 생전 처음 겪는 일이어서, 칼을 잡은 망나니가 오히려 넋이 나갔다. 두려워 칼을 내려치지 못하는 그를 곁에서 윽박지르자, 쳐든

망나니의 칼날이 마지못해 내려왔다. 두려움 때문이었을까? 그 칼에 정약종의 목은 절반밖에 끊어지지 않았다.

정약종이 갑자기 벌떡 일어나 앉았다. 목에서 뿜어져 나온 피가 가슴으로 쿨럭쿨럭 흘러내렸다. 그는 크게 성호를 긋더니 다시 하늘을 보고 누웠다. 두 번째 칼날이 지나고 나서야 신체와 목이 분리되었다. 그의 나이 42세였다.

유배지로 떠나는 다산

다산과 정약전은 옥중에서 정약종과 이승훈 등의 참혹한 죽음 소식을 들었다. 뒤이어 자신들만 죽음을 면하고 유배형으로 감형되었다는 극적인 소식이 전해졌다. 울 수도 웃을 수도 없었다. 이가환과 자형 이승훈이 죽었고, 형님이 죽었고, 사돈인 홍낙민이 죽었다. 정약종이 처형된 이튿날인 2월 27일 새벽에 두 사람은 옥에서 풀려났다. 다산은 배교와 검거 협조의 대가로 기적적으로 목숨을 건졌다. 정약전은 전라도 신지도로 유배가 결정되었고, 다산은 경상도 장기현長鬐縣으로 떠나야 했다.

집에서 매질로 만신창이가 된 몸을 겨우 추슬러, 2월 29일 다산은 유배지로 떠났다. 돌아보니 마흔 생애가 참으로 파란만장했다. 남대문을 나서 석우촌石隅村까지 가족들이 따라왔다. 한강을 건널 때는 두 아들만 남았다. 사평촌沙坪村에서 그날 밤을 묵고, 2월 30일에 두 아들과도 작별했다. 이젠 혼자였다. 앞길이 전혀 보이지 않았다. 언제 돌아올지도 알 수 없었다. 신지도로 떠난 형님의 소식은 이제 물을 수도 없을 터였다.

귀양지의 다산과 주문모 신부의 순교

하담의 작별 인사

1801년 2월 29일에 도성을 떠난 다산은 3월 2일 유배길에 충주의 하담 선영을 들러 성묘했다.

잡초로 뒤엉킨 부친 묘소 앞에서 소리 죽여 신음하듯 울었다.

"아버지, 어쩌다 이 지경에 이르렀을까요? 셋째 형님은 목이 잘려 죽었고, 사위 이승훈도 한날 불귀의 객이 되었습니다. 둘째 형님은 전라도의 신지도로 정배되어 성묘조차 하지 못하고 길을 떠났습니다. 저 혼자 무참합니다. 열심히 산다며 여기까지 왔는데, 이렇게 끝이 날 줄 왜 몰랐던 걸까요?"

회한과 슬픔이 존재의 밑바닥으로부터 끓어올라 숨조차 쉴 수가 없었다.

나졸이 길을 재촉했다. 들르게 해준 것만 해도 길을 한참 돌아 온 셈이었다. 다산은 다시 무덤에 절을 올렸다.

이때의 심경이 시 한 수로 남았다. 「하담의 작별荷潭別」이다.

아버님 아십니까 모르십니까?	父兮知不知
어머님 아십니까 모르십니까?	母兮知不知
집안이 온통 모두 뒤엎어져서	家門欻傾覆
지금에 죽고 삶이 이러합니다.	死生今如斯
남은 목숨 비록 보전한대도	殘喘雖得保
큰 바탕은 이미 다 망가졌지요.	大質嗟已虧
자식 낳고 부모님 기뻐하셨고	兒生父母悅
품고 길러 부지런히 살피셨지요.	育鞠勤携持
마땅히 하늘 은혜 갚으려 했더니	謂當報天顯
이렇게 내쳐질 줄 뜻했으리까.	豈意招芰夷
세상 사람 다시는 자식 낳고서	幾令世間人
기뻐하지 못하게 하고 말았네.	不復賀生兒

다산이 유배지인 장기에 도착한 것은 3월 9일이었다. 관아에 도착 신고를 하고, 이튿날 성 동편 마산리馬山里의 늙은 장교 성선봉成善封의 집에 거처를 정했다. 냇가 돌밭 곁의 외딴 오두막집이었다. 울타리는 잔뜩 높고, 처마 끝엔 그물을 쳤다. 그 위로 긴 창을 꽂아두었다. 연유를 묻자 범과 이리가 많아 그렇다는 대답이 돌아왔다. 여인네의 말씨는 화난 사람처럼 툭툭 끊어져 무뚝뚝한데, 어찌 들으면 귀여운 구석이 있었다.

거처라고 내준 방에 생선 비린내가 진동해 비위를 건드렸다. 생선 기름을 짜서 그것으로 등잔을 태우는 까닭이다. 저녁상을 내왔다. 찬그릇의 돌김을 젓가락으로 집는데 머리카락이 딸려 올라왔다. 돌벼를 푹 삶아 찐 밥은 한술 뜰 때마다 모래가 같이 씹혔다. 상을 물린 다산은 죽은 듯한 긴 잠에 빠져들었다. 밤새 악몽이었다. 죽은 형의 떨어진 목이 눈을 뜬 채 자신을 물끄러미 보고 있었다. 당시 다산의 심경은 시문집에 실린 「기성잡시鬐城雜詩」 27수 속에 자세하다.

신부의 자수와 조정의 곤혹

줄줄이 처형이 이어지던 서울은 돌아가는 상황이 한층 긴박했다. 다산이 마산리 성선봉의 집에 짐을 푼 이틀 뒤인 3월 12일 오후, 웬 낯선 사내가 의금부로 찾아왔다.

아전들이 누구냐고 묻자 뜻밖의 대답이 튀어나왔다.

"당신들이 사방에서 헛되이 찾던 신부요."

이 한마디에 조정이 발칵 뒤집혔다. 1795년 이래 지난 7년간 그토록 붙잡으려고 했어도 신출귀몰 꼬리가 잡히지 않던 중국인 신부가 제 발로 의금부에 나타난 것이다.

정약종을 그토록 고문했어도 신부의 소재는 발설하지 않았다. 신부의 보호자 역할을 자임했던 강완숙과 그의 아들을 붙잡아 죽도록 매질해도 원하는 대답을 얻지 못했다. 당시 주문모 신부는 참으로 고립무원의 처지였다. 의금부에서 추국이 시작된 이후, 감옥에 가득 찬 천주교도들은 잔혹한 고문 앞에 하나둘 무너지면서 서로를 끌어들였다. 신부는 책롱 사건 이후 체포령이 강화되자 정조의 이복동생 은언군 이인李裀의 집인 양제궁으로 숨어들었다가, 며칠 뒤 황해도 황주 땅으로 피신했다. 그사이에 줄줄이 붙들려 간 천주교 지도급 인사들의 목이 연이어 떨어졌다. 지방 상황은 더 참담했다. 신부는 목자로서 자신으로 인해 수많은 교우들이 죽어나가는 것을 더 이상 보고만 있을 수 없었다.

사실 그의 체포는 단지 시간문제였다. 주문모가 심문관에게 "제가 자수한 것은 전적으로 피해 숨을 곳이 없었기 때문입니다"라고 말한 것이 사실에 가까웠다.

포도대장은 소식을 듣자마자 의금부를 찾아가 포도청에서 신부를 체포한 것처럼 아뢰어달라고 요청했다. 죄를 면하고 공을 세울 궁리가 그 짧은 순간에도 진행되었다. 신부의 자수는 조정을 엄청난 혼란에 빠뜨렸다.

3월 15일 1차 문초가 의금부에서 열렸다. 인정신문 위주의 문답이 오갔다. 그는 대국인 청나라 사람이어서 조선 조정은 그의 신병 처리에서 전혀 자유로울 수 없었다. 3월 17일에는 노론 명문가의 종손 김건순이 끌려와 둘 사이에 대질신문이 진행되었다. 결과에 따라 불똥이 다시 노론에게까지 튈 수 있는 긴박한 대면이었다. 김건순과 강이천의 죄목에는 자칫 역모로 번질 수 있는 뇌관이 박혀 있었다.

주문모 처리를 두고 연일 대책 회의가 열렸다. 북경으로 압송해 돌려보내거나 천자께 아뢰어 처리 명령을 기다리자는 측과 제 발로 온 것은 죽기를 바란 것이니 월경죄越境罪 군율軍律을 쓰자는 주장이 팽팽하게 엇갈렸다.

대왕대비전의 전교에 이러지도 저럴 수도 없는 곤혹스러움이 묻어났다. 대비는 소국에서 대국 사람을 함부로 죽일 수가 없고 훗날의 근심을 염려치 않을 수 없다고 했다.

4월 1일에 2차 문초가 끝났을 때는 다시 이렇게 말했다.

"주문모가 자수한 뜻이 끝내 의심스럽다. 그가 진짜 외국인이라면 제 나라로 되돌려보내든 베어 죽이든 간에 장차 두 나라 사이에 틈을 벌리는 일을 만들려는 것인가? 아니면 남의 사주를 받아 사옥邪獄 계획을 어지럽히려는 것인가? 이제껏 그 연유를 모르겠다."

죽이든 살려서 돌려보내든 이제 막 어린 왕을 끼고 수렴청정을 시작한 대비로서는 공연히 청나라를 자극하는 것이 몹시 껄끄러운 문제임에 틀림없었다. 대왕대비는 주문모가 의도적으로 이 사달을 일으켜 조선 조정에 혼란을 줌으로써 작금의 처형 사태를 진정시키려는 책략이 아니냐고 의심했다.

다시 보름 뒤인 4월 17일에 3차 국문이 열렸다. 황사영의 소재를 묻는 질문과 모른다는 대답이 오갔고, 의금부는 군율에 따라 효수할 것을 청했다. 주문모는 이틀 뒤인 4월 19일 오후 4시경, 한강변 새남터[沙南基]로 끌려가 처형되었다.

처형장의 기상이변

주문모 신부의 처형장에서도 기이한 일이 일어났다. 무릎에 서른 대의 매질을 당하고서야 그는 거리로 끌려 나갔다. 신부는 양쪽 귀에 화살을 꿰고 있었다. 중죄인의 표식이었다. 구경꾼들이 구름처럼 몰렸다.

신부가 말했다.

"목이 마르다. 술을 주시오."

군졸이 술 한 잔을 주자 벌컥벌컥 마셨다. 골고다 언덕 위 십자가상에서 목마르다며 포도주를 청했던 예수의 마지막 순간을 재현코자 함이었다.

조리돌림 당하며 도성을 지나올 때 신부가 큰 소리로 외쳤다.

"나는 천주교로 이제 여기서 죽을 것이다. 장차 10년 뒤에 너희 나라 안에 앉은자리에서 불이 일어나리라. 이 위태로운 때가 되면 마땅히 나를 생각하게 될 것이다."

새남터 백사장에 도착한 뒤 관리가 길게 죄목을 읽자, 신부는 목을 늘여 칼을 받았다. 청명한 날씨였다. 그런데 신부의 목이 떨어짐과 동시에 먹장구름이 캄캄하게 몰려들고 광풍이 일었다. 모래사장에 돌이 날리더니 소나기가 쏟아지고 우레와 번개가 번쩍였다. 한순간에 지척조차 분간할 수 없는 어둠이 한양성을 덮쳤다. 예수의 최후 당시와 다를 바 없었다. 장안의 모든 백성들이 다 두려워 떨었다. 형장에 있던 관리들은 소름이 쫙 끼쳤다.

형을 다 마치자 언제 그랬냐는 듯이 무지개가 서고, 폭풍우는 거짓말처럼 가라앉아 해가 다시 나왔다. 이 돌연한 기상이변은 당시에 실제로 벌어진 일인 듯 여러 기록이 한결같다. 『눌암기략』조차 이렇게 쓰고 있다.

그가 형벌을 받는 날은 매번 돌풍이 세게 일었다. 또 목을 베던 날은 큰 우레와 비가 쏟아졌다. 대개 그가 좌도를 끼고 있어 그랬던 것일까?

20세기 초 중국에서 지은 연극 대본 『주문모약전』

이 장면에서 특별히 소개해야 할 중요한 자료가 하나 있다. 2017년 중국 광서사범대학廣西師範大學 출판부에서 펴낸 『한어기독교진희문헌총간漢語基督敎珍稀文獻叢刊』 제1집 10책의 영인본 중 제10책은 중국에서 간행된 조선 천주교회에 관한 한문 기록을 모

았다. 여기에 앞서 1권에서 소개한 바 있던『고려주증高麗主證』과
『고려치명사략高麗致命史略』의 영인본이 실려 있다. 그 끝에 놀랍
게도 주문모 신부의 일대기를 정리한『고려치명주아각백전략高
麗致命周雅各伯傳略』이란 필사본이 수록되어 있다. 20세기 초, 중국
서가회徐家匯 쪽에서 주 야고보(아각백은 세례명 야고보의 중국식 표기다)
신부의 일대기를 모두 10막으로 구성해서 올린 연극 대본이다.

윤유일이 북경 주교를 찾아가, 신부의 파견을 요청하는 권일
신 프란치스코의 장서를 전달하는 장면에서 제1막을 시작해, 주
신부의 순교까지를 다룬 대작이다. 매 1막마다 주요 내용이 8자
2구로 요약되었고, 이어 등장인물을 소개한 뒤, 지문과 대사가
나온다.

이 중 제8막은 제목이 "주 신부가 자수하여 관아에 이르니, 심
판관이 참수형을 판정하다周司鐸自投到衙門, 審判官判定斬首刑"이다.
막이 열리면, 주 신부가 혼자 나와 이렇게 독백한다.

이제 천주의 거룩한 명령이 이미 이르렀구나. 보아하니 고려의
교우들이 이 귀한 고통을 기꺼이 받는 것은 나 한 사람을 살리
려 함이로다. 내가 천주께 빌어 내게 힘을 주시고 용감하고 굳세
게 고통을 두려워하지 않도록 해달라고 간구하리라. 착한 목자

는 양 떼가 목숨을 잃는 것을 잘 보살피는 사람이다. 양 떼를 위해 발 벗고 나서서 목숨을 버리리라. 지금은 천주를 위하고 교우를 위해 목숨을 내던질 때다. 이것이 나의 본분일진대 두려워하지 않겠다.

자수에 앞서 각오를 다지는 대목이다.

제9막은 "형장에 끌려온 주 신부가 치명하매, 큰 우레와 비가 쏟아지는 변고로 사람을 놀라게 하다押法場周司鐸致命, 大雷雨天變驚醒人"로 마지막 죽음의 장면을 그렸다. 연극은 제10막에서 "주 신부가 순교의 영광을 얻고, 고려 사람은 지금껏 그를 잊지 않고 있다周司鐸致命光榮, 高麗人至今不忘"라고 끝난다. 주 신부의 생애를 회고하며 후일담을 낭독하는 것으로 막이 닫힌다.

창작된 지 100년쯤 된 이 놀랍고 흥미로운 필사본 자료는 이제껏 한국 천주교회에 한 번도 소개된 적이 없다. 현대적으로 각색해서 무대에 오를 날이 있기를 기대한다.

20세기 초, 중국에서 주문모 신부의 일대기를 정리한 연극 대본
『고려치명주아각백전략』 표지(왼쪽)와 제8막의 서두 부분(오른쪽).

장기의 노래

흉몽

1801년의 신유박해는 정약종의 책롱이 발각된 것이 도화선이
되었지만, 어린 국왕을 끼고 정권의 전권을 틀어쥐게 된 노론 벽
파가 남인 공서파를 품고 조정에 남아 있던 채제공 세력을 재기
불가능하도록 제거하는 데 더 큰 목적이 있었다. 오래전부터 획
책해왔지만, 번번이 정조의 비호에 가로막혀 실행에 옮길 수 없
던 일이었다.

정조가 갑작스레 무너지자 화성 신도시의 꿈은 즉시 폐기되
었다. 그들은 1799년에 세상을 뜬 채제공의 관작마저 사후 추탈

해버렸다. 천주교 신자가 아니었던 이익운이나 오석충 같은 이들까지 채제공의 측근이었다는 이유로 연좌되어 귀양 가거나 죽음을 당했다. 이로써 조정은 정조의 손때 묻은 남인들은 눈을 씻고 봐도 찾을 수가 없는 노론 벽파의 세상이 되었다. 공서파의 주요 타깃들은 모두 제거되었다. 유일한 예외가 다산이었다. 채제공과 가까웠던 이들은 알아서들 줄을 새로 섰다. 남인의 새로운 수장은 다산의 사촌 처남 홍인호였다.

서울에서 천주교도들의 목이 줄줄이 잘려나가는 동안 다산은 흉몽에 시달렸다. 캄캄한 방에서 잠을 깨면 식은땀이 흥건했다. 소문이 꼬리를 물었으나 확인할 길은 없었다. 꽉 닫힌 방문은 좀체 열리지 않았다. 날은 더워오는데 생선 비린내 찌든 방 안에서 그는 폐인처럼 처박혀 있었다. 방에는 빈대가 들끓어 긁다 보면 피가 흘렀고, 이따금 지네가 벽을 타고 올라 깜짝깜짝 놀랐다. 회한이 왜 없었겠는가? 두려움이 왜 없었겠는가? 언제 다시 금부 나졸이 들이닥쳐 자신을 사지로 끌고 갈지 가늠조차 할 수 없었다. 차라리 서울 소식은 모르는 편이 나았다.

분노와 자조

장기 유배 시절 다산이 쓴 시를 보면 현실에 분노하고 부정하다가 스스로를 자조하고 비관하더니 끝내는 내려놓고 체념하는 마음의 정리 과정이 잘 나타난다. 처음엔 몸과 마음을 가누지 못해 쩔쩔맸다. 「자소自笑」란 시에서는 "온 땅 가득 진창인데 갈기 늦게 요동치고, 하늘 온통 그물인데 날개 마구 펼친 듯해泥沙滿地掉鬃晩, 網罟彌天舒翼輕"라 하여 진창에 갇힌 물고기나, 그물 속에서 날갯짓하다가 옴짝달싹할 수 없게 된 자신을 조소하고, "맑은 때엔 괴롭게 살 맞은 새 되었더니, 남은 목숨 이제는 그물 걸린 고기로다淸時苦作傷弓鳥, 殘命仍成掛網魚"라며 자학했다. 또 "답답하고 고달프게 스무 해를 지내다가, 꿈속에 조금 얻고 깨고 보니 간데 없네圉圉景景二十秋, 夢中微獲覺來收"라고 하여 쭉정이만 남은 삶을 연민했다.

「부용정가芙蓉亭歌」에서는 늦봄 방문을 닫고 틀어박혀 나올 생각을 않는 다산이 안쓰러웠던 집주인이 봄놀이 한번 다녀오자며 안주와 술을 챙겨 나가자고 해서 모처럼 사립문 밖을 나섰던 일을 적었다. 아직 국상이 끝나지 않았던지라 짚신에 죽장을 짚고 사립을 나서던 다산은 갑자기 정조가 살아 계실 때 춘당대春

塘臺로 납시어 꽃구경하며 낚시하던 때가 생각났다. 이에 갑자기 "눈물이 주르륵 가을비처럼 흘러내려, 되들어와 말없이 낯빛만 참담했지泫然淚落如秋雨, 入門無語慘顏色"라고 하고는, 잇대어 정조와 자신 사이에 있었던 지난 추억들을 하나하나 소환하며 애끊는 그리움을 달랬다.

이 와중에도 다산 형제의 남은 목숨을 겨냥한 노림수가 이어졌다. 3월 13일 장령 권한위權漢緯가 다산 형제를 의금부로 불러 국문을 엄하게 가할 것을 주청했고, 3월 16일, 18일, 19일, 20일, 22일, 27일까지 3월 내내 다산 형제를 다시 잡아들여 문초해야 한다는 계청啓請이 하루가 멀다 하고 이어졌다. 이후로도 장기와 신지도로 귀양 간 다산 형제를 다시 불러올려 국문해야 한다는 상소가 10월에 황사영 백서 사건이 터질 때까지 일흔 차례가 넘게 빗발쳤다.

4월 28일, 다산은 장기로 내려온 지 58일 만에 처음으로 집에서 보내온 편지를 받았다. 그 인편에 형님 정약전이 유배지에서 보낸 편지도 함께 당도했다. 신지도에서 두릉으로 소식을 전하면서 다산에게 따로 한 통의 안부를 물은 것이 이때 도착한 것이다. 다산은 시 「사형의 편지를 받고得舍兄書」에서 이때의 심경을 썼다. 그저 몸 성하냐는 몇 줄뿐인 편지에서 다급하고 두서없던 당시의 마음이 그대로 전해졌다. 정약전은 칡넝쿨로 노를 꼬며 시간을 죽이면서, 생선에 질려 먹기 괴로운 심정을 토로하고 있었다. 그는 입이 짧았다.

시「집 하인이 돌아가고家僮歸」에서는 쓸쓸하고 적막한 심경을 이렇게 노래했다.

집 소식 얻고서 좋다 했더니,	謂得家書好
새 근심 또다시 만 가지일세.	新愁又萬端
못난 아내 날마다 운다고 하고	拙妻長日淚
어린 자식 볼 날은 그 언제일꼬.	稚子幾時看
박한 풍속 참으로 안타깝구나.	薄俗眞堪惜
뜬 말에도 아직은 불안하기만.	浮言尙未安
아서라 이 또한 달게 받으리	嗟哉亦順受
세상살이 본래부터 괴로운 것을.	度世本艱難

아들은 편지에서 어머니가 날마다 운다고 썼다. 뜬소문에도 불안한 것은 연일 형제를 다시 끌어 올려 국문해야 한다는 청원이 하루가 멀게 올라간다는 흉흉한 소식 때문이었다. 두 사람을 죽여야만 끝이 날 일이었다.

추록마 이야기

하인이 내려올 때 끌고 온 말 이야기를 잠깐 해야겠다. 다산의 시 「추록마 이야기追鹿馬行」에 나온다. 마재 집에서 기르던 말은 씩씩하고 날래 추록마追鹿馬로 불리던 녀석이었다. 올겨울 눈 속에 갑자기 달아나 석 달가량 멋대로 돌아다녔다. 덕분에 1월부터 벌어진 소동과 2월의 난리 통에 집안의 닭이나 개까지도 모두 약탈당해 성하게 남아난 것이 없는 상황에서 이 말만은 온전할 수 있었다. 소동이 가라앉자 녀석은 제 마구간을 찾아서 석 달 만에 제 발로 돌아왔다. 그래서 하인이 내려오는 길에 그 말을 끌고 왔던 것이다.

당시 안쓰럽던 다산의 마음은, 달아났다가 제 발로 돌아온 말을 보며 새옹지마의 희망 같은 일말의 상징성이라도 붙들고 싶었던 듯하다. 서울 갈 때마다 타고 갔던 그 말이 지금은 소와 한 우리에서 뒹군다. 뛰어난 자질을 이렇게 썩히니 안타깝고 민망하다. 넓은 들판 곳곳이 풀밭인데, 어째서 멀리 달아나지 않고 옛 주인을 찾아왔느냐. 말을 이렇게 해놓고 끝의 두 구절에서 다산은 이렇게 썼다. "사람들 다 날 죽이려 해 마음 홀로 괴롭건만, 아아! 신통한 준마를 사람들은 모욕 못 하리人皆欲殺心獨苦, 吁嗟神駿衆

355

莫侮.” 너희가 나를 아무리 죽이려 들어도 저 준마가 있는 한 나를 어쩌지는 못하리라는 뜻을 담았다.

유배지 생활이 두 달쯤 지나, 시「하지夏至」를 지을 무렵 해서는 마음이 확실히 조금 추슬러졌다.

달은 삼십 일에	月於三十日
하루 겨우 둥글다.	得圓纔一日
해는 일 년 동안에	日於一歲中
긴 날 또한 단 하루.	長至亦纔一
성쇠가 맞물려도	衰盛雖相乘
성할 때는 늘 잠깐.	盛際常慓疾

보름달은 한 달에 단 한 번, 하지는 한 해에 하루뿐이다. 돌고 돈다. 마음이 한결 느긋해졌다. 다산은 이 언저리부터『백언시百諺詩』정리에 몰입하면서 시간을 보냈다. 예전 성호 이익이 우리나라 속담을 정리한『백언百諺』을 지었는데, 운자로 배열하고 빠진 것을 채워 넣어 새롭게 편집했다. 앞부분에는 중국의 속담을 적고, 뒤편에는 우리나라 속담을 4언체 가락에 얹어 정리했다. 우리말 속담 부분의 예를 들면 이렇다.

세 살 버릇 여든 가고	三歲之習 至于八十
한 살 비둘기 산마루를 못 넘는다.	鳩生一年 飛不踰巔
하룻강아지 범 무서운 줄 모르고	一日之狗 不知畏虎
개 꼬리 3년 뒤도 담비 가죽 못 된다.	狗尾三朞 不成貂皮

이런 방식으로 우리말 속담이 150구절이나 길게 이어진다. 다산은 뭐든 손만 대면 그 이전의 모든 것을 업그레이드해 자기 것으로 만들어버리는 힘이 있었다.

『촌병혹치』, 주변 약초로 엮은 처방

6월 9일에는 두릉 집에서 다산의 요청에 따라 의서醫書와 약초를 보내왔다. 다산은 이 책을 붙들고 읽었다. 아플 때는 책을 보며 자가 치료를 했다.

하루는 주인집 아들이 말했다.

"선생님, 이곳 사람들은 아프면 무당을 불러 푸닥거리를 하고, 그래도 효험이 없으면 뱀을 잡아먹습니다. 이 고장에 부디 은혜를 베풀어주십시오."

무료하던 다산의 눈이 반짝 빛났다.

다산은 몇 권의 의서에서 간편한 처방을 뽑고,『본초강목本草綱目』에서 주치主治의 약재를 뽑아 해당 병의 조목 끝에 적었다. 구하기 힘든 희귀 약재는 모두 배제하고 시골 사람이면 누구나 다 아는 주변의 약초만 적었다. 책이라야 40장 남짓이었다. 상편과 하편으로 나눠 각각 술병과 여색으로 인한 병 항목을 상·하편의 끝에 배치했다. 경계의 교훈까지 겸한 것이다. 다산은 이 간략한 책자에다『촌병혹치村病或治』란 이름을 붙였다. 시골 사람의 병을 이 책이 혹 고칠 수 있을지 모르겠다는 뜻이다. 겸손과 유머를 담은 제목이었다. 이로 인해 이곳 사람들이 더 이상 푸닥거리에만 의존하지 않을 수 있게 되었다. 책 원본은 사라지고 다만 서문이 남았다.

다산은 8월까지『백언시』와『촌병혹치』외에『이아술爾雅述』,『기해방례변己亥邦禮辨』등의 저술을 정리하며 소일했다. 이따금 인편이 올 때마다 자식들에게 편지를 보냈다. 그중 9월 3일에 보낸 편지의 한 단락은 이렇다.

내가 밤낮 빌고 바라는 것은 문아文兒(둘째 아들 학유學游)가 책을 읽는 것뿐이다. 문아가 능히 유자의 마음가짐을 지닐 수 있게 된다

면 내가 다시 무엇을 한탄하랴! 밤낮 부지런히 읽어 내 이 같은
고심을 저버리지 말아다오.

9월 6일 임시발任時發의 대자보 사건이 일어나고, 나흘 뒤 신
지도에 유배되어 있던 윤행임(尹行恁, 1762-1801)이 사약을 받았다.
그가 평소 남인 신서파를 두둔해온 것에 박힌 미운털을 뽑아낸
것이다. 잇달아 제천 배론에 숨어 있던 황사영을 찾아가 만나고
돌아오던 황심이 9월 15일에 춘천에서 검거되고, 고문을 못 견
뎌 황사영의 은거지를 밝힘으로써 다산의 유배지로 다시 일장
의 먹구름이 짙게 드리워졌다.

황사영 백서 사건

황사영과 배론 토굴

―――――――――――

황사영(1775-1801)은 천재였다. 16세 나던 1790년에 진사시에 당당히 급제해서 세상을 놀라게 했다. 22세 때 생원시에 급제한 다산보다 6년이나 앞섰다. 이 놀라운 천재의 이야기를 전해 들은 정조가 16세 소년을 따로 불렀다.

임금은 총기가 넘치는 소년의 손목을 잡고서 말했다.

"20세가 되거든 다시 오너라. 내가 너를 중히 쓰겠다."

이후 그는 임금의 손길이 닿았던 그 손목에 명주 천을 감고 다녔다.

황사영의 아내 정난주 마리아는 다산의 큰형님 정약현의 딸이었다. 다산의 누이인 이승훈의 부인은 황사영에게는 처고모였다. 황사영은 다산의 조카사위이자 당이모의 외손자로도 얽혀 있었다. 황사영은 당시 한창 열성으로 신앙생활을 하던 다산 집안의 영향으로 일찍 천주교를 받아들였다. 1798년 서울로 올라온 황사영은 마포의 애오개에 집을 마련했다. 주문모 신부도 여러 번 자기 집에 모셨다. 박해가 시작된 뒤 다산의 입을 통해 천주교 핵심 인물 중 하나로 황사영의 이름이 고발되었다. 이때 다산은 그를 잡는 방법까지 일러주었다. 천주교의 지도부는 이미 궤멸된 상태였으므로, 그마저 잡힐 경우 조선 천주교회에는 더 이상 남은 희망이 없었다.

황사영은 수염이 몹시 아름다웠다. 1801년 2월 중순 이후 그는 자신의 트레이드 마크였던 멋진 수염을 깎아버리고 상복을 입은 채 이상주李喪主로 행세하며 여러 곳을 숨어 다니다가, 3월에 제천의 배론[舟論] 땅에 숨어들었다. 배론은 길이 4킬로미터에 달하는 계곡이 배 모양이어서 얻은 이름이었다. 이곳은 천주교 신자들이 형성한 교우촌으로 옹기를 구워 생활하던 곳이었다.

황사영은 이곳 신자들이 마련해준 토굴에 은신했다. 비탈에 흙을 파서 지은 반움집이었다. 입구는 큰 옹기그릇을 쌓아 막아

밖에서는 토굴의 존재를 알 수가 없었다.

13,384자의 깨알 글씨, 황사영 백서

8월 23일 배론으로 황사영을 찾아온 황심은 주문모 신부가 자수한 후 참혹하게 처형당한 소식을 알려왔다. 모든 것이 절망스러웠다. 황사영은 캄캄한 토굴 속에 등불을 켜고 '음읍탄성飮泣呑聲' 즉, 울음을 마시고 소리를 삼키며 북경 주교에게 조선 천주교회에 불어닥친 광풍을 보고하는 길고 긴 편지를 썼다.

가로 62센티미터, 세로 38센티미터의 명주 천에 매 행 124자에서 96자씩 122행에 걸쳐 썼다. 어두운 토굴 속 가물대는 등불 아래서 황사영은 이 작은 천 조각에 무려 13,384자를 또박또박 흐트러짐 없이 썼다. 피눈물을 흘리며 썼다. 확대경이 아니고는 글씨가 보이지도 않을 만큼 작았다. 옷 속에 넣어 가야 해서 크기가 무조건 작아야 했다. 1791년 진산사건으로 인해 촉발된 신해박해辛亥迫害에서 1801년 신유박해까지 조선 천주교회의 자취와 주요 순교자들의 행적을 낱낱이 적고, 교회 재건 방안을 건의한 내용을 담고 있었다.

『추안급국안』과『눌암기략』에 황사영이 토굴에서 썼다는 일기 이야기가 나온다. 그는 토굴에 있는 동안 지난 조선 천주교회의 역사를 일기장에 기록해왔고, 황심에게서 주 신부의 순교 소식을 듣자 이에 대한 상세한 기록을 더 얹어서 초고를 마련한 뒤 백서에 옮겨 적었을 것이다.

황사영은 이 백서를 황심에게 건네, 북경 교회에 전달토록 할 작정이었다. 황심은 이미 4, 5년 전부터 북경을 왕래하며 조선 천주교회와 북경 교회를 연결하던 신자였다. 하지만 9월 15일 황심이 체포되면서 사흘 뒤인 9월 18일에 황사영은 토굴을 급습한 관원에게 체포되었다. 백서는 그의 옷 속에 둘둘 말린 채 발견되어 압수되었다. 10월 3일 의금부로 이송된 황사영의 백서를 본 조정은 걷잡을 수 없는 충격의 소용돌이에 빠졌다.

1801년 3월, 조선 조정은 중국인 신부 주문모를 처형했지만 의복과 언어가 조선인과 다름없었고, 그 자신이 소주 사람이라고 했으나 조선인으로 간주해 군문효수형에 처한 것으로 사건을 종결한 터였다. 그런데 황사영의 백서에는 주 신부의 입국부터 선교 활동, 그리고 순교 당시의 자세한 정황이 세세하게 적혀 있었다. 자칫 이 백서가 중국 황제에게 들어가 처형의 진상이 폭로될 경우 조선 조정은 그 후폭풍을 감당할 수 없을 것이었다.

이 백서가 혹시라도 다른 경로를 통해 중국에 전달되었을 가능성에 대해 조선 조정은 노심초사했다.

황사영은 백서에서 서양의 큰 배 한 척을 보내 조선 국왕을 협박해서 종교의 자유를 보장케 해달라고 요청했다. 만약 조선 정부가 전교를 허락하지 않을 경우, 중국인 주 신부의 처형 사실을 중국에 알리겠다고 하면 조선 정부가 겁을 먹고 말을 들을 테니, 이를 겁박 카드로 쓸 수 있다고 적었다. 10월 9일부터 황사영의 추국이 시작되었다. 황심과 옥천희玉千禧 등을 끌어내 대질신문을 했고, 취조는 외국 선박을 끌어들여 조선의 임금을 협박해서라도 종교의 자유를 얻게 해달라는 청원의 반역성에 대한 추궁을 중심으로 진행되었다.

다시 끌려온 다산 형제

불똥이 대번에 장기와 신지도로 귀양 가 있던 다산 형제에게로 튀었다. 10월 15일에 다산 형제와 이승훈의 동생 이치훈을 잡아 올리라는 명령이 떨어졌다. 10월 20일에 다산은 다시 체포되어 서울로 압송되었다. 10월 22일, 사헌부 장령 이기경이 기다렸다는 듯이 국문을 청하는 상소를 올렸다. 이번이야말로 다산을 죽일 마지막 기회였다. 이때 황사영은 백서에서 다산에 대해, "전부터 천주를 믿었으나 목숨을 훔쳐 배교한 사람입니다. 겉으로는 비록 천주교를 해쳤으나 속마음에는 아직도 죽은 신앙[死信]이 있습니다"라고 썼다. 배교 상태이지만 다산의 내면에 아직 신앙의 불길이 완전히 꺼진 것은 아니라고 보았던 것이다.

다산의 벗 윤영희(尹永僖, 1761-1828)가 상황을 알아보려고 대사간 박장설을 찾아갔다. 그때 마침 공서파 홍낙안이 박장설의 거처를 방문했다. 윤영희는 그와 마주치는 것이 껄끄러워 옆방으로 피해버렸다.

사정을 모른 채 홍낙안은 들어오자마자 박장설에게 불끈 성을 냈다.

"1천 사람을 죽여도 아무개 한 사람을 죽이지 못한다면 아무도 죽이지 않은 것과 한가지요. 공은 어찌 힘써 다투지 않는 게요?"

박장설이 대답했다.

"저가 스스로 안 죽는데, 내가 어찌 죽인단 말인가?"

그가 돌아가자 박장설이 윤영희에게 말했다.

"답답한 사람일세. 죽일 수 없는 사람을 죽이려고 도모하여 거듭 큰 옥사를 일으키고도, 또 나더러 다투지 않는다고 저 야단

365

이니, 참으로 답답하지 않은가."

그 아무개는 말할 것도 없이 다산이었다. 『사암연보』에 보인다.

이때 막 황해도관찰사 임기를 마치고 돌아온 정일환鄭日煥이 다산이 곡산에서 펼친 선정이 너무도 훌륭했다면서 다산을 두둔했다. 만약 그에게 죽음을 내린다면 반드시 지나친 옥사라는 비난을 부르게 될 것이라며 저들의 책략에 말려들면 안 된다고 영의정을 설득했다. 막상 조정에서도 다산이 이들과 연계된 흔적을 조금도 찾을 수가 없었다.

황심은 10월 24일에 정약종의 하인 김한빈金漢彬과 함께 참수형에 처해졌다. 국문장에서 황사영은 자신이 도망치는 바람에 신부님을 끝까지 지켜드리지 못한 것이 너무 원통해 세상에 살고 싶은 마음이 없다고 말했다. 그는 천주교의 지도자 명단을 대라는 심문에 이미 죽었거나 체포된 40여 명의 명단을 제출했다. 황사영은 사건에 연루된 옥천희, 현계흠과 함께 11월 5일에 처형되었다. 가산이 적몰되고 그의 어머니 이소사李召史는 거제도로 귀양 갔고 아내 정난주 마리아는 두 살배기 외아들 황경헌黃景憲과 함께 제주도로 노비로 끌려갔다.

「토사주문」과 황제의 어이없는 답장

───────────

백서 사건 발생 이후 조선 정부는 주문모 신부를 처형한 일을 더이상 감출 수 없다는 판단을 내렸다. 때마침 동지사가 북경으로 출발해야 할 시점이었다. 10월 27일 대제학 이만수(1752-1820)가 왕명에 따라 황제께 올릴 「토사주문討邪奏文」을 작성했다. 이만수는 예의의 조선에 사적邪賊이 준동하여 정약종 책롱 사건으로 전모를 알게 된 경과와 중국인 신부 주문모 검거, 그리고 황사영 백서 사건의 전말을 두루뭉수리로 얼버무려서 황제께 보고했다.

주문모 신부에 대해서는 처음에 조선 사람인 줄 알고 죽였는데, 뒤늦게 황사영의 백서를 보니 그가 중국 소주부 사람이라 하므로, 황사영의 말을 믿어야 할지 의심해야 할지 모르겠다면서, 사실 여부를 떠나 도리상 이 문제를 황제께 아뢰니 두루 살펴주십사 청하였다. 그러고는 황사영 백서 중에서 조선 정부에 유리한 내용만 발췌 요약해서 13,384자를 16행 923자로 줄여 흰 비단에 써서 첨부했다. 조선 정부로서는 어떻게든 정면 돌파로 중국의 양해를 구하는 모양새를 취해야 했다. 이 앞뒤 맥락 없이 임의로 줄인 백서를 가백서假帛書라 부른다. 황사영의 백서에 대한 후대의 극렬한 반응은 전체 백서가 아닌 이 가백서만을 본 탓

367

이 컸다.

　대왕대비는 황사영을 처형한 11월 5일로 천주교 관련 옥사의 추국을 종결지었다. 이미 처벌받은 이들에 대한 재심을 금하고, 재심을 얻기 위한 교섭마저도 금지했다. 같은 날 다산과 정약전은 다시 강진과 흑산도 유배형이 결정되어 의금부 문을 나섰다. 11월 8일에는 조정에서 사당邪黨을 주토誅討한 일을 종묘에 고유告由하는 문제로 논의가 있었다. 1년 내내 천주교 문제로 피를 너무 많이 보았다. 주문모 신부 처형 사실과 백서 사건을 묶어 황제께 주문까지 올린 상태였다. 또 주모자급이 모두 처형되었다는 판단이어서 이쯤에서 이 문제를 마무리 짓고 국면을 전환할 필요를 느꼈다.

　이듬해 봄 동지사 조윤대(曹允大, 1748-1813)가 들고 온 황제의 짧은 답장은 조선 조정을 머쓱하게 만들었다. 황제는 조선에서 올린「토사주문」을 잘 읽었노라 하고, 보고 내용을 보니 앞뒤가 맞지 않고, 조선 사신 일행이 북경에 와서 외국인과 만나 사귀는 일을 윤허한 적이 없으므로 이들이 선교사와 만나는 것은 애초에 있을 수 없는 일이라고 잘라 말했다. 그러니 사학의 무리가 북경에 와서 서양인의 종교를 배우고 갔다는 말은 의심의 여지없이 잘못된 이야기이며 그들이 꾸며 댄 말이 분명하다고 말했다. 주문모의 처형에 대해서는 아예 한마디도 언급하지 않아서 조선 정부가 가장 마음 졸이던 문제는 그냥 없던 일로 되고 말았다. 대비는 겨우 가슴을 쓸어내렸다.

황사영의 백서는 조선 정부를 강타한 메가톤급 폭발력을 가진 문서였다. 이 때문에 백서는 "천지를 다하고 고금을 통틀어 일찍이 없었던 흉서窮天地亘古今所無之凶書"란 말을 들었다. 사람들은 편집된 가백서만 보고서 황사영의 이름 앞에 거품을 물었다.

조선 정부가 속전속결로 이 사건을 처리하여 덮은 뒤, 이 문서는 의금부 비밀 창고 속에 들어가 세상에 한 번도 공개되지 않았다. 이 문서의 원본은 1894년 갑오경장甲午更張 당시 대한제국 정부에서 의금부와 포도청에 산더미처럼 쌓인 문서를 소각, 정리 처분하면서 세상에 다시 나왔다. 그때 이를 본 관리가 폐기 직전 천주교도이자 자신의 친구인 이건영李健榮에게 백서 원본을 건네주었고, 이건영은 이를 당시 조선 교구장 뮈텔(Gustave Charles Marie Mutel, 한국명 민덕효閔德孝, 1854-1933) 주교에 올렸다. 뮈텔 주교는 1925년 로마 바티칸에서 거행된 조선 천주교 순교자 79위 시복식 당시 이 백서의 원본을 교황 비오 11세에게 봉정했다. 오늘날 바티칸 민속박물관에 황사영 백서의 원본이 소장된 이유이다.

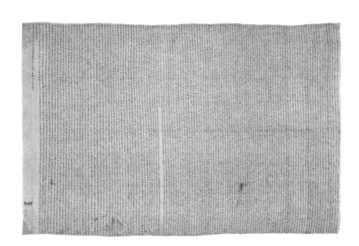

바티칸 민속박물관에 소장된 황사영 백서 원본. 가로 62센티미터, 세로 38센티미터의 명주 천에 13,384자가 빼곡히 쓰여 있다. 절두산 순교기념관 제공.

강진 가는 길

악연의 끝자리

_____

다산은 1801년 10월 20일 밤에 체포되어 27일 옥중에 들어갔다가, 11월 5일에 강진 유배가 결정되었다. 그는 감옥에서 「옥중에서 소동파蘇東坡의 서대시 운에 화답하여獄中和東坡西臺詩韻」란 시를 썼다. 긴 시라 뒷부분의 한 대목만 읽어본다.

밤기운 하늘 바람 모든 것이 서글픈데 　　　　夜氣天風兩慘悽

호두각虎頭閣엔 무서리에 달빛이 낮게 떴다. 　　虎頭霜重月華低

옥리가 추구芻狗를 우습게 봄 알았지만 　　　　已知獄吏輕芻狗

대관臺官 흡사 목계木鷄 같음 오래도록 웃는다.　　長笑臺官似木鷄

다산이 갇혀 있던 의금부의 추국장은 추녀 끝의 기와가 범의 머리처럼 생겼대서 호두각으로 불렸다. 매서운 겨울 추위 속에 밤기운은 뼈를 저미고 바람은 날카로웠다. 범이 아가리를 쩍 벌린 모양의 기와 너머로 갈고리 모양의 상현달이 낮게 걸렸다. 추구는 제사 때 개 모양으로 풀을 엮어서 만든 물건이다. 제사가 끝나면 내다 버리므로 쓸모를 잃고 버림받은 천한 물건을 비유하는 말로 흔히 쓴다. 옥리는 이미 다산이 재기 불능의 상태인 줄을 알아채고 함부로 마구 대했던 듯하다.

시의 주석을 보면 장기에서 의금부로 다시 끌려왔을 때, 다산의 추국을 맡았던 대관은 이기경이었다. 이기경은 제 손으로 다산을 처결하겠다며 작정하고 나섰지만, 결정적인 한 방을 도저히 찾지 못했다. 다산은 자신을 신문하던 이기경이 나무로 깎은 닭처럼 뚱한 표정으로 근엄한 체 데면데면 구는 것이 씁쓸해서 숫제 웃음이 나왔다.

결국 1801년 11월 5일, 다산 형제의 유배 명령이 떨어지자, 이틀 뒤인 7일에 이기경은 다시 다산 형제를 엄히 국문해야 한다는 계청을 올렸다. 허락하지 않는다는 답이 내려왔다. 이기경은 어떻게든 판세를 뒤엎어보려고 그 뒤로도 여러 차례 계청을 올렸다. 하지만 북경 황제에게 「토사주문」을 보낸 일을 계기로 옥사를 서둘러 종결지으려 한 노론 강경파는 전혀 호응하지 않았다. 더 이상의 확전은 득보다 실이 많다고 보았던 것이다. 이기경과 홍낙안은 이번에도 다산을 죽일 수 없게 되자 분이 나서 발을 동동 굴렀다.

주마등같이 스쳐 간 기억

『벽위편』에는 신유옥사 당시 처형당한 사람의 명단과 죄를 적고, 이를 이어 유배형에 처해진 사람의 이름을 나열했다. 그 첫머리에 다산 형제의 이름이 올라 있다. 다산의 이름 아래 적힌 인적 사항은 이렇다.

성은 정丁, 문과에 급제했고 벼슬은 승지다. 목사 정재원의 아들이고, 사적邪賊 정약종의 아우다. 이승훈의 처남이고, 황사영의 처숙이며, 윤지충의 고종사촌이다.

정약종과 이승훈, 황사영은 1801년 신유박해 때 사형당했고, 윤지충은 10년 전인 1791년 진산사건 당시에 죽었다. 이 네 사람은 천주교와 관련된 가장 큰 사건의 중심인물들인데, 다산은 이들 모두와 피를 나눈 형제거나 혈족으로 얽힌 지극히 가까운 사이였다. 이 짧은 설명만으로도 이들이 왜 그토록 다산을 죽이려 했는지 알 수 있다. 이러고도 다산 형제가 살아남은 것이 오히려 기적에 가까웠다.

그뿐이 아니다. 1784년 4월 15일, 두릉에서 서울로 오던 배 위에서 처음 이벽에게 천주교의 교리를 들었다. 당시 다산은 23세였다. 이듬해인 1785년 3월 중순에 명례방에서 천주교 집회를 갖던 중 추조에 적발되었을 때 다산도 그 자리에 함께 있었다. 이벽은 다산과는 사돈 간이었고, 첫 영세 신자였던 이승훈은 친누이의 남편이었다. 1787년 정미반회사건은 다산이 직접 당사자였다. 이즈음 다산은 가성직제도하 10인의 신부 중 한 사람으로 4, 5년간 열심히 활동했다. 1789년 북경에 보낸 이승훈의 편지를 쓴 것도 실제로는 다산이었다고 이승훈은 주장했다.

1791년 진산사건 당사자인 윤지충은 다산과는 사촌 간이었고, 그의 입교 또한 다산 형제의 인도에 따른 것이었다. 1795년에는 배교를 표방한 상태에서도 검거 위기에 처한 주문모 신부의 구출을 극적으로 도왔다. 1801년 책롱 사건을 일으킨 정약종은 그의 친형이었다. 한술 더 떠 백서로 조선을 발칵 뒤집었던 황사영은 다산의 조카사위였다. 정약종의 책롱 속에서는 다산이 황사영에게 보냈던 편지까지 나왔다. 모든 천주교 관련 주요 사건에 다산은 단 한 번의 예외 없이 모두 지근거리에서 연루되었다. 이들이 모두 참혹한 죽음을 당해 형장의 이슬로 사라졌는데, 다산과 그의 형 정약전만은 거짓말처럼 살아남았다.

　돌이켜 생각해보면 기가 막혔다. 정조의 우악한 사랑이 없었다면 그 또한 진작에 신앙을 위해 몸을 내던져 죽었을 몸이었다. 하지만 배교로 끝이 났다. 돌아보면 득의의 시간은 너무 짧았다. 꿈은 컸지만 이룬 것은 아무것도 없었다. 정조의 비원이 담겼고, 자신의 열정이 새겨진 화성 신도시 계획은 임금이 세상을 뜨자마자 그대로 폐기되었다. 화려하게 지어진 새 건물과 그 장한 성곽들은 단청이 채 마르기도 전에 잡초에 덮이고 말았다. 꾸다 만 꿈에서 깬 것만 같았다. 다산은 다 내려놓을 수 있게 된 것이 차라리 속이 후련했다.

놀란 기러기

11월 9일 무렵 다산 형제는 유배지로 출발했다. 길이 하담 쪽과는 방향이 달라 다시 부친의 묘소를 들르지는 못했다. 이날 밤두 사람은 동작 나루를 건넜다. 「밤에 동작 나루를 지나며夜過銅雀渡」란 시를 통해 당시 정황이 드러난다. 남대문을 나서 청파역을 지날 때쯤 해서는 날이 완전히 저물었다. 달빛도 희미해서 길이 자꾸 지워졌다. 배를 타기 위해 백사장을 지나는데 말발굽이 모래에 묻히면서 서걱대는 소리를 냈다. 삭풍이 휘몰아쳐 마음이 더욱 황황했다. 배를 탔지만 상앗대가 얼어붙고, 사공은 추운 날씨에 손이 곱아 노를 젓기 어려울 정도였다. 강을 건너다가 도성 쪽을 돌아보니 남산의 검은 그림자가 짙게 드리웠다. 살아서이 강을 다시 건너올 수 있을까? 형제는 말없이 남산 쪽을 바라보며 눈물을 흘렸다. 「놀란 기러기驚雁」는 다음 날 과천에 와서 간밤의 풍경을 떠올리며 지은 시다.

동작 나루 서편으로 갈고리 같은 달에	銅雀津西月似鉤
한 쌍 놀란 기러기가 모래톱을 건너간다.	一雙驚雁度沙洲
오늘 밤 갈대숲 눈 속에서 함께 자곤	今宵共宿蘆中雪

내일이면 머리 돌려 제가끔 날아가리.　　　明日分飛各轉頭

  깊은 어둠 속 강물 위로 꽁꽁 언 배 한 척이 찌그덕찌그덕 소리를 내며 강을 건넌다. 하늘에는 갈고리 같은 상현달이 아슴푸레 떠 있다. 어둠 속에서 놀란 기러기 한 쌍이 끼룩끼룩 울며 모래톱을 건넌다. 모래톱을 건너 갈대숲에 내려앉겠지. 포근한 눈밭에 앉아 곤한 잠을 청한 뒤, 날이 밝으면 다시 각자 머리를 돌려 제 갈 길을 찾아 떠날 것이다. 다산은 캄캄한 어둠을 뚫고 날아가던 한 쌍의 기러기에서 자신들의 모습을 보았다.

말은 오열이 되고

금강을 건너 11월 21일, 나주 북쪽의 율정栗亭에 당도해 묵었다. 내일 아침이면 형제는 작별해야 했다. 여기서 길이 갈렸다. 다산은 그 막막한 심정을 「율정의 이별栗亭別」이란 작품에 담았다.

띳집 주막 새벽 등불 가물가물 사위는데　　茅店曉燈靑欲滅
일어앉아 샛별 보곤 장차 이별 참담하다.　　起視明星慘將別

맥맥히 입 다물어 둘이 다 말이 없고　　脉脉嘿嘿兩無言

굳이 목청 가다듬다 오열이 되고 만다.　　强欲轉喉成嗚咽

흑산도 아득하다 바다 하늘 닿았건만　　黑山超超海連空

그대는 어이하여 이 속으로 드시는고.　　君胡爲乎入此中

고래는 이빨이 마치 산과 같아서　　鯨鯢齒如山

배조차 삼켰다가 다시금 도로 뱉네.　　吞舟還復噀

지네는 크기가 쥐엄나무 꼬투리 같고　　蜈蚣之大如皁莢

독사는 등나무 넝쿨처럼 얽혔다지.　　蝮蛇之糾如藤蔓

예전 내가 장기읍에 있을 적 생각하니　　憶我在鬐邑

밤낮으로 강진 쪽만 바라다보았었네.　　日夜望康津

생각 날개 펼치다가 청해에서 뚝 끊기면　　思張六翮截靑海

그 물의 가운데서 이 사람을 떠올렸지.　　于水中央見伊人

이제 나 높이 옮겨 교목으로 옮겨 가도　　今我高遷就喬木

진주를 빼버린 채 빈 상자만 산 격일세,　　如脫明珠買空櫝

또 마치 멍청한 못난 아이가　　又如癡騃兒

망령되이 무지개를 잡으려는 것과 같네.　　妄欲捉虹蜺

서쪽 언덕 바로 곁 가까운 데서　　西陂一弓地

아침에 무지개를 분명히 보았지만,　　分明見朝隮

아이가 쫓아가면 무지개는 더 멀어져　　兒來逐虹虹益遠

또 서쪽 언덕에서 다시 서편 옮겨 가네.　　　　又在西陂西復西

　　담담했는데 헤어지는 새벽이 오자 두 사람은 말을 못 잇고 목
부터 멘다. 자기가 갔어야 할 곳인데 어째 형님이 그처럼 아득
하고 험한 곳으로 귀양을 가시는가? 자신의 새 귀양지인 강진은
궁벽한 장기에 견주면 도회지나 같았다. 장기 시절에는 생각이
늘 강진 쪽을 떠돌았다. 그 앞바다인 신지도에 형님이 계셨기 때
문이다. 이제 형님이 있던 곳에 왔지만, 형님은 아득히 먼 서쪽으
로 더 멀어졌다. 형님이 안 계신 강진은 진주는 한 알도 들지 않
은 빈 상자나 한가지다. 무지개를 쫓는 아이처럼, 가까이 갈수록
더 멀어지는 무지개의 심술 앞에 망연자실 맥을 놓고 만 시다.
　　죄는 다산이 더 미웠는데, 조정은 어째서 정약전을 그 험한 흑
산도로 내몰고, 다산은 그래도 비교적 번화한 강진으로 보냈던
가? 당시 강진현감은 공서파 인물로 진작부터 천주학을 몰아내
야 한다고 잇달아 상소를 올렸던 이안묵(李安默, 1756-1804)이었다.
그는 넉 달 전인 1801년 7월 22일 강진현감으로 부임해 와서 범
의 아가리를 딱 벌린 채 다산을 기다리고 있었다. 다산을 굳이
강진으로 보낸 것은 바로 이 때문이었다.

글을 닫으며

글이 이렇게 길어질 줄은 처음 시작할 때만 해도 짐작하지 못했다. 1년쯤 쓰면 생애 전부를 다룰 수 있을 줄 알았다. 글은 이제 겨우 반환점에 도달했다. 여기서 40세 이전까지 다산의 삶을 마무리 짓는다.

글을 쓰는 내내 마음이 짠했다. 젊은 날의 다산은 경쾌하고 비범했다. 반짝반짝 빛났다. 어떤 힘든 상황에서도 그는 회피하지 않고 씩씩하게 정면 돌파했다. 도저히 해낼 수 없을 것 같은 과제도 주어지는 대로 감당해냈다. 그런 그를 정조는 피붙이처럼 아꼈다. 그의 삶 속에 천주교가 끼어들기 전까지는 적어도 삶이 순탄하게 흘러갈 것처럼 보였다. 천주교의 격랑 속에 휩쓸린 뒤 그의 삶은 문득 뒤틀렸다. 험한 물살은 전혀 생각지 않았던 곳으로 그를 떠내려 보냈다. 천주교 문제를 빼고 나면 다산의 젊은 시절은 남는 것이 하나도 없다. 이것이 이 책에서 다소 과도할 정도로 이 문제를 파고든 이유다.

젊은 다산에게는 두 개의 하늘이 있었다. 정조와 하느님이 그것이다. 임금을 따르자니 천주를 버려야 했고, 천주를 따르자니 임금의 사랑이 너무 깊었다. 어느 하나를 위해 다른 하나를 버릴 수 없었던 데 젊은 다산의 고뇌와 번민이 있었다. 천주의 가없는 사랑과 임금의 특별한 은정 사이에서 다산은 길고 깊게 방황했다.

다산은 회갑을 맞은 1822년에 쓴 광중본壙中本 「자찬묘지명」 끝에 다음과 같은 명銘을 실었다. 문집본 「자찬묘지명」에 실린 것과는 전혀 다르다.

임금의 총애 입어   荷主之寵

곁을 모셔 들어갔네.   入居宥密

그분의 복심 되어   爲之腹心

아침저녁 가까웠지.   朝夕以昵

하늘의 은총 입어   荷天之寵

못난 마음 활짝 열려,	牗其愚衷
육경 깊이 연구하여	精硏六經
묘한 이치 통하였네.	妙解微通
간사한 이 설쳐댐은	憸人俔張
널 옥같이 쓰심이라.	天用玉汝
거두어 깊이 감춰	斂而藏之
훌훌 털고 멀리 뜨리.	將用矯矯然遐擧

　하주지총荷主之寵 즉 임금에게 입은 은총과 하천지총荷天之寵 곧 하늘에서 받은 사랑을 나란히 놓았다. 임금의 총애를 받아 곁에서 모시며 사랑받은 일을 먼저 말하고, 하늘의 은총을 입어 경전 공부를 깊이 해서 깨달음에 도달할 수 있었던 일을 이어 말했다. 앞쪽은 1800년 정조 서거 이전 18년간의 일이고, 뒤쪽은 귀양지에서 보낸 18년간의 일일 것이다.

　간사한 자들이 자신을 못 죽여 안달했던 것은 하늘이 자신을 옥처럼 귀하게 쓰기 위해 준 시련일 뿐이라며 스스로를 위로했다. 하지만 이제는 다만 거두어 깊이 숨기고서, 담담하고 초연하게 남은 생을 살겠노라고 다짐했다.

　강진 이전의 다산이 정치가요 행동가요 실무자였다면, 강진 이후의 다산은 학자와 스승으로서의 모습이다. 그의 학문은 현실을 외면한 책상물림의 공부가 아니라 세상을 바꾸고, 삶의 질을 끌어올리며, 기성과의 타협을 거부하는 실천적이고 실용적인 공부였다.

이제 여기서 젊은 날의 다산과 작별한다. 강진 유배 이후의 다산은 지금까지 만났던 다산과는 전혀 다른 다산일 것이다.

정민의 다산독본茶山讀本

파란波瀾 ❷
다산의 두 하늘, 천주와 정조

지은이   정민

2019년 9월 5일 초판 1쇄 발행

책임편집   홍보람
기획 · 편집 선완규 · 안혜련 · 홍보람
디자인   형태와내용사이

펴낸이   선완규
펴낸곳   천년의상상
등록   2012년 2월 14일 제2012-000291호
주소   (03983) 서울시 마포구 동교로45길 26 101호
전화   (02) 739-9377
팩스   (02) 739-9379
이메일   imagine1000@naver.com
블로그   blog.naver.com/imagine1000

ⓒ 정민, 2019

ISBN 979-11-85811-93-2 04900
     979-11-85811-91-8 (세트)

이 도서는 한국출판문화산업진흥원의 '2019년 출판콘텐츠 창작 지원 사업'의 일환으로 국민체
육진흥기금을 지원받아 제작되었습니다.